JN418630

Artist Shin.sukzoo Photography by Park, Kwagangjoon

표지 디자인 _ arium

표지 그림 _ 如小仙 신석주

속지 제호 글씨 _ 藝泉 이중호

꽃도 힘이 드는데
우리도 힘이 들지요

신석주 지음

저
자
서
문

꽃도 힘이 드는데 우리도 힘이 들지요

초판인쇄 2021. 9. 15
초판발행 2021. 9. 23
지 은 이 신석주
펴 낸 이 배병호

펴 낸 곳 도서출판 신원
등록번호 제 22-999호
주 소 서울시 중구 동호로8길 13 유현빌딩 4F
전화번호 02-2231-2882 F. 02-2231-2883
E-mail sinwon21@korea.com

ISBN 978-89-87884-97-4
정 가 16,500원

이 시간까지

나의 어린 시절,
늘
친구들 그리고 더 커서는 동료들, 친지, 사랑하는 그 모든 사람들...
그들하고 있다가 헤어지는 시간에 뒤돌아서게 되면, 내 마음 속에서 무언가 꿈틀거림이 일기 시작했습니다.

"편지를 써야겠다!"

그 사람에게 아직 못 다한 말이 있고, 그 사람에게 어떤 사연을 적어 보내야 한다는 일종의 의무감 같은 글쓰기가 내게 뿌리 깊게 박혀있었습니다. 편지를 부치지 못하면 그런 사연을 일기장이나 혹은 업무노트에 메모형식으로 적어두었습니다. 요즘은 카톡이나 문자메시지의 간단한 형식으로 마음의 표현을 대신하지만, 나는 아직도 전체적으로 보면 더 넓은 범위에서 아날로그식 글쓰기를 여전히 하고 있습니다.

그렇게 세월을 보내고, 평생을 그림 그리는 일 혹은 그림과 관계되는 일에만 종사해 왔습니다. 그러다 이 글쓰기에 대한 갈증은 45살 이후에 국어국문학을 수학하고는 조금 더 체계를 잡게 된 것 같습니다.

아무튼, 이 글쓰기는 내게 있어 그림을 그리는 것, 사랑하는 것들을 포함해 이 모든 나의 생활에 있어 극히 한두 번째로 손꼽히는 즐거운 일입니다.
그동안 여기 저기 참 많은 신문과 잡지에 내 마음을 글로 옮겨 발표해 왔습니다. 오늘 그것을 모아 책을 내겠다고 마지막 편집·탈고를 하면서 사실 부끄럽습니다. 하지만, 물고기에게서 눈물을 볼 수 없듯이 세상과 내가 뒤섞인 마음으로 내어 놓습니다.

부디, 이 글 집輯이 읽은 이들에게 세상사는 감성과 추억, 용기와 희망을 안겨 드릴 수 있는 자그마한 글 씨앗이 되길 바라면서 이것으로 서문을 대신하겠습니다.

書不盡言 言不盡意 　　　　如小仙 신 석 주

차례

첫째 마당 일상의 그림자

둘째 마당 시간속으로

셋째 마당 꽃과 돌壽石 사이에 서서

넷째 마당

한국의 미美에 젖어서

다섯째 마당 내가 꿈꾸는 교육

여섯째 마당

예술가로 산다는 것

일상의 그림자

신석주作 / **黃葉之情(가을을 담다)** / 35cm x 69cm / Watercolor on paper

충무로 디오게네스

영하 20도를 넘나드는 겨울 기온과 남산 기슭에서 내려오는 찬바람 때문에 내 작업실이 있는 이곳 충무로는 사실 겨울 체감 온도가 서울에서 으뜸가는 곳이라 할 수 있다. 이 겨울 거리에서 지난달 난 의미 있는 걸인乞人 한 명을 만났다. 아니 만났다기보다는 그를 훔쳐본 것이 그와의 인연이 된다.

충무로 지하철역 출구 위 환풍기 설치단과 화단 사이에 약 1평 남짓한 빈 공간이 있는데, 몇 년 전부터 그곳에 얇은 합판 몇 개로 가름막이 쳐지고 두꺼운 비닐과 이름 모를 폐자재로 지붕이 만들어지기 시작했다. 그곳은 매우 엉성하게 지어진 공간이다. 도로변에서 조금만 그곳으로 다가가면 윗부분에 널찍한 구멍이 있어 그 안을 들여다 볼 수 있을 정도로 허술해 하나의 작은 쓰레기하치장을 연상하게 한다.

그런데 몇 달 전 그날, 그곳에서 사람이 기어 나오는 것이었다. 이루 말할 수 없이 누추한 옷차림인 그가 사람의 왕래가 뜸한 시간을 내어 기지개를 켜는 것을 내가 목격한 것이다. 그날 이후 나는 그곳이 무척 궁금해지기 시작했다. 그리고는 어느 날 나는 작은 틈사이로 그곳의 안을 들여다볼 수 있었는데 그 순간 난 놀라고 말았다. 그곳 안에는 심한 악취와 함께 사람이 누워 자고 있었고, 먹다 남은 컵라면과 소주병 옆에는 여러 권의 책들이 놓여 져 있었다. 더욱 놀라운 사실은 지하철 환풍기 벽이 그 집 벽면쪽이 되었는데 그 벽에 액자로 만들어진 수채화 한 점이 덩그러니 걸려 있었다. 문제는 그 수채화가 아마추어 화가의 솜씨나 흔히 말하는 이발소 그림과 같은 상업화가 아니라 대단한 내공의 필력과 화력畵力을 지닌 자가 그려낸 명작이라는 것이다. 지나가는 사람들의 시선과 안에 누워 있는 그에게 들킬까 두려운 마음에 긴 시간 보지는 못했지만, 내가 목격한 그 안은 두터운 책들과 그림으로 인해 신비로운 공간으로 내게 다가와 밤마다 그곳이 내게는 한 마법의 작은 성城 같이 느껴져 별의별 상상의 나래를 펴게 한다.

옛 그리스의 키니코스학파의 대표적 철학자로 '디오게네스Diogen s'가 있다. 그는 견유학파犬儒學派의 창시자로 알려져 있는데, 가난하였지만 부끄러움이 없는 자족自足적 생활을 하였다. 이 견유학파는 인간의 행복이란 마음에서 일어나는 자연스런 욕구를 가장 쉬운 방법으로 만족시키는 것이며, 하고 싶은 것을 그대로 자연스럽게 하는 것은 결코 부끄러울 것도 없고 보기 흉하지도 않으므로 감출 필요가 없다는 것이다. 즉, 날씨를 견뎌낼 수 있는 곳이면 어디에서든 잠을 자고, 길거리에서 방뇨하고 싶으면 하고, 옆에 먹을 것이 있으면 먹고, 언제든지 탐이 나는 이성이 있으면 아무데서나 관계할 수도 있다는 것이다. 그런데 인간들은 그런 것들이 수치심을 일으키게 한다고 잘못 교육되어왔고, 그런 풍습과 관습의 제도권 아래서 사람들은 위선에 가득 찬 생활을 하며 괴로워하고 있고, 결국 남이 보지 않는 곳에서 더 많은 악행을 한다는 것이다. 그래서 그는 "개처럼 살라, 그러면 행복하리니!"라고 부르짖으며 자신이 몸소 그런 행동을 하며 살아갔다.

디오게네스는 자연을 거스르고 인간의 본능을 짓누르는 문화나 풍습은 모두 잘못된 것이며, 자연은 원래 우리들에게 아무것도 가진 것이 없어도 잘 살아갈 수 있도록 창조되었다고 강조했다. 그래서 그는 아무것도 필요로 하지 않는 삶을 추구하며 평생 한 벌의 옷만 입고 길거리의 항아리 속에서 살며 그것을 실천했다.

이런 디오게네스에게 몇 가지 유명한 일화가 전해지고 있다. 어느 날 세계를 정복한 알렉산드로스 대왕이 디오게네스가 유명해지자 그에게 가르침을 받고 싶다고 찾아왔다. 알렉산드로스 대왕은 공손하게 대화를 청하며 "그대가 원하는 것이 무엇이오? 내 무엇이든 해 드리리다"라고 말했다. 그러자 디오게네스는 "위대한 왕이시여, 지금 당신은 나의 따뜻한 햇볕을 가리고 있으니 옆으로 한 발짝만 비켜 서 주십시오!" 라고 대답했다. 이만큼 권력과 명예에 관심이 없는 디오게네스에게는 대왕의 방문이 중요한 것이 아니라, 그에게 그 순간 중요한 것은 오로지 따뜻한 햇볕뿐이었던 것이다.

또 한 가지 일화는, 그리스 최고의 부자가 디오게네스를 자신의 집으로 초대했다. 이 부자는 디오게네스를 초대해 놓고 넓고 깨끗한 정원이며 집안의 가구들과 값비싼 그릇 등을 자랑하기에 급급했다. 디오게네스가 보기에도 너무나 크고 깨끗하고 화려한 부자의 집에서 겨우 한마디 하려고 하면 부자는 이내 말을 끊어버리고 계속 자기 자랑만을 해대었다.

그러자 디오게네스는 갑자기 가래침을 한입 물고 있다가 부자의 얼굴에 뱉어 버렸다. 이에 당황한 부자와 하인들이 화를 내자, 디오게네스는 이렇게 말을 했다. "그래요, 당신 집은 몇 시간 동안 보아도 너무 진귀하고 너무 깨끗해요. 그래서 가래침을 뱉을 때가 없어서 결국 당신 얼굴에 뱉었소!"

이렇게 디오게네스는 견유학파의 주장 그대로 그냥 방랑하는 들개처럼 권력이나 세속적인 일에 속박되지 않고, 자급자족하며 단순하고 간소한 생활만을 추구하며, 권력과 세속의 틀에서 벗어나 자유로운 인간 본능의 생활을 실천했던 것이다.

이미 봄꽃이 얼굴을 내밀어 피었지만 이곳 충무로의 밤은 대낮의 분주하고 떠들썩했던 일상에서 벗어나 춥고 스산하기만 하다. 알렉산드로스 대왕과 그리스 최고의 부자가 디오게네스를 찾았듯이 내일 밤은 나도 우리 충무로의 디오게네스 같은 그 노숙자를 찾고 싶다. 뜨거운 오뎅 국물과 소주 한 병을 들고 찾아가 그 간이벽에 걸려 진 수채화 한 점을 보고 싶은데, 자꾸만 며칠 전 그곳에 붙은 '강제철거 예고' 라고 쓰여 진 종이 한 장이 내 마음 속에서 펄럭거리며 찢겨져 나간다.

노인탕

서울 중구 충무로忠武路는 내가 20대 후반부터 일을 해온 그야말로 나의 활동무대이다. 약 40년 전에는 이곳에 목욕탕이 참 많이 있었다. 내 기억 속에는 하마탕, 럭키탕, 중앙탕, 매일탕, 인산탕, 라이온스 사우나, 한주 사우나, 진양사우나를 비롯하여 주변의 신라호텔, 엠버서더호텔, 타워호텔 등의 사우나를 포함하면 10여개가 넘게 있었다.

이곳에는 충무로 주변의 주민들과 직장인들의 휴식처로 인기가 있었고, 운 좋은 날에는 유명 영화배우들과 함께 목욕을 할 수도 있었던 영화와 인쇄문화를 목욕탕 안에서도 만끽할 수 있었다. 그러나 점차 목욕탕이 없어지더니 이제는 겨우 두 개만 남아있는데 그것도 하나는 남성전용사우나이고, 남녀 공용 목욕탕 기능을 갖은 곳은 하나만 남아있다. 모든 것이 대형화가 대세인 시대에서도 이곳 충무로 목욕탕은 여전히 작은 동네 목욕탕 모습으로 쑥 향기를 내뿜으며 그나마 간신히 살아 남아있는 것이다.

말 그대로 “동네 목욕탕, 이제는 추억인가?”

요즘 사람들은 주로 동네의 작은 목욕탕 보다는 대형 사우나와 근교 온천에 대한 선호도가 더 높은 것도 큰 이유이겠지만, 요즘 젊은이들은 대중목욕탕을 잘 안 간다고 하는 것에도 점점 목욕탕이 없어지는 이유 중 하나가 될 것이다.

이곳, 충무로의 목욕탕에 들어서면 우선 마음이 편해진다. 입구에 표를 파는 곳이 없어 목욕탕 안에 들어서서야 돈을 치른다. 바로 그 옆에 있는 헬스 기구에 몇몇 사람들이 운동을 하고 있고, 벽에 붙은 대형 티비TV에서는 요즘 유행하고 있는 '미스 트롯'이 방영되고 있다. 옷을 벗고 탕에 들어서는 순간, 약간 놀란 광경에 내 행동이 조심스러워 진다. 그 이유는 모두가 나보다 나이가 많을 법한 어르신들이 가늠 잡아 10여명 목욕을 즐기고 있기 때문이다. 정말이지 자세히 들여다보아도 60대 초반인 내가 제일 젊다.

그런데, 아주 신기한 것들이 이곳 구석구석에서 발견된다. 보통 대중목욕탕에서 쉽게 볼 수 있었던 눈살 찌푸리는 일이 이곳에는 없다. 자세히 말하면, 샤워기를 틀어 놓고 면도나 양치를 하거나 혹은 샤워기를 잠그지 않고 물이 계속 쏟아지는 그 자리를 비우는 일이 이곳에는 없다. 그리고 비누 하나, 면도기 하나, 수건 하나도 작은 물그릇에 다소곳이 놓여있다. 또한 가래침을 뱉거나 샤워를 하지 않고 탕에 들어서는 일 따위는 이곳에는 없다. 타월도 들어설 때 한 장, 나가서 한 장을 쓰는 정도로 마치 자기 집에서 목욕하는 것처럼 물과 도구를 아끼고, 타인의 시선이나 마음에 해가 되는 행동을 하지 않는 스스로의 준법정신을 이곳 노인 손님들은 지키고 있는 것이다.

탕 옆에 드러눕거나 한증 사우나 칸 문을 열고 닫는 것 또한 신기할 정도로 잘 지켜지고 있는 곳이다. 물론 목욕을 마치고 나와서 선풍기에 머리를 말리고 스킨·로션을 사용하는 것 또한 그동안 대중목욕탕에서 보았던 온 몸에 화장품을 바르는 흉한 모습 따위는 이곳에 없다. 이것 또한 마치 자신의 것처럼 아끼며 사용하고 있는 것이다.

이런 일련의 모습들이 나는 '노인의 장점'이라고 생각한다. 기나긴 인생을 살아오면서 무엇이 올바르고, 무엇이 올바르지 못하다는 것을 노인들은 잘 알고 있고 그것이 몸에 배어 스스로 실천하고 있는 것이다.

노인들에 대한 편견은 일상적인 것이다. 사회가 고령화되면서, 우리는 예전보다 더 많은 노인들을 보게 될 것이다. 식료품 가게에서도 80대 노인들이 있는 줄을 우리는 피하거나, 나이 많은 노인들이 운전하는 차량은 타지 않을려고 한다. 사회가 노인들을 무시한다는 불만은 금세 터무니없는 주장에 불과하게 된 것이다.

우리나라 역시 세계의 고령화와 함께, 아니 더 심각한 고령화를 겪고 있다. 2000년에는 7%의 노인비율로 고령화 사회에 접어들었고, 2018년에 드디어 노인비율이 14%로 육박하면서 고령사회로 도래하였다. 이제 머지않아 2026년에는 초 고령사회를 맞게 될 것이고, 2050년에는 길거리의 3명 중 한명이 노인이 되는 시대를 우리는 살아가야만 한다.

노인에 대한 사회적 편견은 다음과 같다.

첫째, 모든 노인이 다 비슷하다는 것이다. 그러나 실제로는 노인들에게 개인차는 더욱 두드러지게 나타난다. 즉 매우 다양한 특성을 지니고 있다. 노인은 타고난 유전적 차이에 경험과 환경의 차이까지 더해져 개인차가 훨씬 커지게 된다. 둘째, 대부분의 노인들은 수용시설에서 살고 있을 것이라는 편견이다. 그러나 훨씬 더 많은 노인들이 가족과 함께 생활하거나 단독으로 살면서도 생활을 즐기고 있다. 셋째, 많은 노인들이 건강이 나빠서 많은 날을 이불 속에서만 보낼 것이라고 여기는 것이다. 그러나 우리나라의 노인 중 92.4%가 집안일과 바깥일을 모두 혼자 할 수 있을 만큼 건강한 것으로 조사되었다.

넷째, 노인은 새로운 것을 할 수 없다는 것이다. 그러나 노인은 학습속도나 방법의 차이는 있을지라도 새로운 것을 학습하는데 아무런 지장이 없다. 다섯째, 대부분의 노인은 성Sex에 흥미가 없고 또 성적 활동이 불가능하다는 생각이다. 그러나 미국의 통계에서는 노인의 2/3가 70대까지도 성적 활동을 계속 하고 있으며 관심을 가지고 있었다. 여섯째, 노인은 젊은이 보다 죽음을 더 무서워한다는 것이다. 그러나 노인은 오히려 죽음에 대하여 초연한 자세를 가지며 자신의 죽음을 준비하고 있다. 실제로 우리나라의 노인은 미리 자신의 수의壽衣를 좋은 시기에 마련해두거나 조금이라도 젊었을 때 영정사진을 준비해두기도 한다.

그밖에 "노인은 화를 잘 내고 주변사람들과 자주 다툰다. 나이가 들면 노망이 들며 지저분하고 냄새가 난다. 노인은 융통성이 없고 고지식하다. 나이가 들면서 지능이 떨어진다" 등등의 이러한 노인에 대한 편견은 실제로 노인들 곁에서 생활하며 세밀히 관찰해 보면 그 모든 것들이 편견에 불과하다는 것을 깨닫게 된다.

내가 자주 다니는 충무로의 한 목욕탕에서 나는 그러한 생각과 편견이 터무니없다는 것을 새삼 깨닫게 된다. 오늘도 충무로의 이 '노인탕'은 사우나에서의 풍겨 나오는 쑥 내음과 함께 노인의 삶에 또 다른 향기가 배어져 나오고 있다.

뱃속에 따뜻한 정情을 담다

서울에 밥 한 끼에 2천 원짜리 식당이 있다. 종로구 인사동仁寺洞, 좀 더 자세히는 낙원상가 악기점포 길 건너편에 있는 식당으로 간판 이름이 '60년 전통 송해의 집 원조, 소문난 국밥 전문' 으로 되어있는 개업한 역사만큼 긴 상호를 지니고 있는 집이다. 몇 년 전만 해도 추어탕 전문이라는 몇십 년 된 오랜 간판이 있어도 오로지 '우거지 해장국' 하나만을 팔았는데, 이 집이 전국노래자랑 사회자 송해선생님의 단골이라는 것을 알리기 위해 불과 몇 년 전에 자랑 삼아 간판을 바꾼 것이다. 그리고 종로구청에서 그 일대를 '송해 길'로 지정하여 주변의 탑골공원과 종로, 인사동거리 등과 합류되면서 늙음과 젊음이 함께하는 거리로 조성되어 있다.

이집 메뉴는 딱 하나이다. 그것도 가격은 2천원, 요즘 웬만한 김밥 한 줄이나 라면 한 그릇도 3-4천원을 웃돌게 받는 세상에 참으로 믿을 수 없는 가격이다. 이집에 들어서면, 우선 원목기둥을 잘라내어 만든 오래된 두터운 원형 테이블이 눈에 들어온다. 그 테이블 위에는 굵은 소금 한 대접과 고춧가루 한 그릇이 덩그러니 놓여있다. 테이블에 앉으면 주문을 하지 않아도 잠시 후 뚝배기 하나와 깍두기 한 그릇, 그리고 공기밥 하나가 나온다. 이것이 이집의 식단 전부이다.

뜨거운 뚝배기 안에는 소뼈와 내장을 넣어 끓인 국물에 두부와 인심 좋게 수두룩하게 얹은 우거지가 허기진 입맛을 달랜다. 그 맛은 구수하고 진하면서도 한마디로 '시원칼칼' 한 맛으로 다른 집에서는 맛볼 수 없는 아주 독특한 맛이 난다. 뚝배기와 함께 나오는 공기밥은 작지만 나름 고봉밥이다. 그리고 다 먹고 나면 계산대가 따로 없으므로 그냥 식탁 위에 천 원짜리 두 장을 얹어놓으면 되는데, 만약 잔돈이 없다면 주인을 따로 불러 주면 된다.

무엇보다 이집의 손님들은 거의 홀로 오는 사람들이 대부분이라서 낯선 사람과 합석은 기본이다. 만약, 여러 명이 같이 들어오면 주인은 인원을 묻고 잠시 후 주문을 안했는데도 인원수에 맞게 자동으로 그리고 재빨리 식사가 제공된다. 혹 3명이 들어가 2개만 주문하려고 하는 손님이 있다면 그것은 현실적으로 불가능하여 어쩔 수 없이 한 그릇씩 손에 잡고 먹어야 한다. 자주 오는 사람들은 물론 서민이다. 주머니가 가벼운 노인 분들, 취업을 위해 뛰는 구직자 등 근처 직장인들이 대부분 수년째 단골이다. 그렇지만 가난한 서민들만 오는 곳은 아니다.

요즘은 외국인들과 이색체험을 하기 위한 젊은이들로 그 손님 층이 다양해진 것 같다. 그리고 이집은 연중무휴 장사를 하지만, 설날과 추석의 명절, 3·1절, 현충일, 광복절, 개천절, 한글날 등 국경일은 문을 열지 않는 것이 특이하다. 그 외 평소 일요일은 평일과 같이 새벽 4시부터 밤 10시까지 영업을 한다.

어스름한 저녁 무렵이 되면 이 식당 주변의 풍경은 그야말로 서민의 천국으로 변한다. 포장마차의 안주인이 능숙한 솜씨로 만들어내는 김치찜, 생선구이가 철판에서 지글지글 익어가는 소리가 들리면서 중·장년층이 속속 모여든다. 이곳에서 돈 만 원짜리 한 장이면 그야말로 모든 것을 해결할 수 있다는 말이 나올 정도로 모든 것이 저렴한 가격이다. 앞의 해장국 한 그릇에 그 옆 골목 이발소는 이발비용이 3천 5백 원, 막걸리 한 주전자와 두부김치를 먹어도 모두의 가격이 만원미만으로 주머니에 거스름돈 잔돈이 남는다. 그래서 이곳이 "낙원樂園동 인가?" 하는 우스개 섞인 의문이 들곤 하는 것이다.

이 지역은 예전에는 단순히 촌스러움이라는 것으로 대변되었던 곳인데, 이제는 '빈티지'라는 이름으로 재포장되어 다시 사람들의 발걸음을 모으는 유행을 타기 시작했다. 바로 옆 종로서적이 있는 뒤편은 예전의 젊은이들의 거리로 유명한 곳이었지만 이제는 그때의 추억을 더듬는 30~40대의 직장인들이 눈에 많이 띄고, 50~60대를 훌쩍 넘긴 노인 초년생들은 옛 시절의 추억을 벗 삼아 삼삼오오 모여든다.

우리나라 고령사회를 대변이나 하듯 파고다공원길은 그야말로 노인들의 세상인 것처럼 노인 인구 층이 대부분이다. 그 지역의 커피숍을 들어서게 되면 젊은이는 없고 할머니와 할아버지뿐이고, 간혹 멋쟁이 노인들은 알록달록한 의상을 입고 젊은 시절의 혈기를 보여주듯 지르박, 차차차, 월츠 등의 붉은 조명 아래 못 다한 청춘의 아쉬움을 콜라텍 무대 밑에서 불사른다. 그러나 바로 옆 인사동 거리로 진입하게 되면 젊은이들의 거리로 변신되어 정말 이곳은 '늙음과 젊음이 함께하는 공간'이 된다.

나는 일주일에 한 번씩 개최되는 지인들의 개인전이나 전시회 등으로 인사동을 자주 가게 되는데, 그때 마다 허기가 별로 느껴지지 않아도 이 해장국 집을 으레 혼자라도 들린다. 옆자리에 앉아 식사를 마치고 나가는 사람들마다 얼굴에 가득 뱃속의 2천 원짜리 따뜻한 정을 담고 미소를 머금고 문을 나서는 것을 볼 때, 이곳 과는 상반되게 내 작업실이 있는 서울 시내의 밑반찬도 없는 냉면 값이 만 천원(₩.11,000)은 비싸다는 불만 섞인 의구심이 들게 된다. 사실 지금 이 시대 우리의 냉면 값은 너무 비싸다는 생각이 이집을 드나들 때 마다 느끼게 되는 것이 과연 나만의 생각일까.

이것이 회춘回春 인가요?

몇 개월 전 건강종합검진을 받았을 때, 병원을 나서는 순간 기분이 너무 좋아 어린아이처럼 통통 튀는 걸음걸이를 하며 집에 왔다. 왜냐하면, 갑자기 회춘回春을 한 느낌이었기 때문이다. 그 이유는 일 년 전에는 혈압이 조금 높게 나온다며 조심하라고 했는데, 혈압이 정상으로 돌아왔고, 무엇보다 신기한 것은 시력검사 결과였다. 너무 황당한 결과가 나왔기에 두세 번 더 측정을 하여도 결과는 처음과 같았다.

30대 초에 영화관에서 영화를 볼 때, 특히 외국영화 자막을 볼 때 먼 자리에 앉아있으면 글씨가 잘 안보여 안경을 처음 맞추어 썼고, 그 이후 지난 작년까지 평소에는 안 쓰는 안경이지만, 야간운전이나 장거리 운행 때에는 습관적으로 사용했다. 그런데 이상하게도 일 년 전부터 나도 모르게 영화관에서나 야간운전 시 내가 안경을 안 쓰고 있다는 걸 후에 알게 되면서, 이제는 귀찮아서 안경을 쓰는 일이 아예 없다. 그래서 그런 결과가 나온 모양이다.

30대 초에 안경점에서 검진한 내 시력은 왼쪽 0.4/ 오른쪽 0.8이었다. 그리고 그 시력은 60대초 지금까지 그대로 이어져온 것을 나는 매 검진 때마다 확인할 수 있었다. 그런데, 이게 어찌된 일인가? 이번 검진에서 왼쪽 1.2/ 오른쪽 1.5 (헐~~). 환갑나이를 넘긴 초년기노인인 내가 시력이 좋아진 것이다. 어디 그뿐인가? 작년에는 두 눈모두 1.5/1.5가 되었다.

있을 수 없는 일이라 병원원장에게 물어보니, 그런 사람이 간혹 있다는 것이다. 그러면서 나에게 "뭘 잡수셨어요?" 또 "사모님하고 나이차이는 얼마나 나나요?" 뭐 이런 이상한 질문을 하며 의사가 더 함박웃음을 지어댔다.

나 혼자 중얼거린다. "뭘 먹기는...?" 나는 내 평생 동안 친구들이 남자들에게 좋다고 먹는 음식을 아직 한 번도 먹어 본적이 없다. '보신탕補身湯, 추어탕'은 물론이고, 생선회를 그렇게 좋아하여도 '개불, 산낙지'는 안 먹는다. 낙지는 접시에서 조금 있으면 시간이 흘러 움직임이 조용해져야 먹고(ㅋㅋ), 심지어는 아직 오리고기도 먹어본 적이 없다. 원래 좀 모양이 징그럽거나, 이상한 것은 안 먹는 취향이 꼭 나이어린 여자아이 입맛과 같다고 할 수 있다. 그러니 뭘 먹었는지 물어보는 질문이 우스울 수밖에 없고, 아내와의 나이 차이를 물어본 것은 아마도...(?), 이 부분은 독자들의 상상에 맡긴다.

아, 잘 먹는 것이 있긴 하다. 아니 자주 먹는다고 해야 정답일 것이다. 술! 그리고 과일, 야채, 마늘, 생강, 신김치 등. 신김치는 특히 열무김치가 오래되어 하얗게 곰팡이가 낀 것을 걷어내고 먹는 것도 좋아하고, 술은 거의 안 마시는 날이 드물 정도로 좋아한다. 뭐 이런 게 눈에 좋은 걸까? 담배를 끊어서 그런가? 아무튼 이해할 수 없는 일이 요즘 내게 종종 생긴다. 혈압이 약도 안 먹었는데 정상으로 돌아온 것처럼 말이다.

또 이상한 것이 하나있다. 이것도 눈에 관계되는 것인데, 나에게 아직 노안老眼이란 불청객이 오지 않았다. 친구들은 이미 40대 후반에 온 사람도 있고, 보통 50대를 넘긴 내 제자들도 안경을 두 개 가지고 다니거나, 핸드폰 문자를 볼 때 안경을 이마 쪽에 걷어 올리고 글자를 확인한다. 그런데 나는 아직 깨알 같은 '까스명수活命水' 병 뒷면 글씨도 맨 눈으로, 영어사전의 글씨도 맨 눈으로 본다. 참으로 행복한 일이다.

몇년전, 박사학위 논문을 쓰면서 수개월 동안 참고자료 논문과 서적 등을 볼 때 나는 '내가 참 행복한 사람이다!'라는 것을 실감했다. 왜냐하면, 보통 20여 년 전에 출판된 전문서적들은 조판 글씨급수Point가 매우 작다. 그러나 나는 그것을 편하게 읽어 내려갈 수가 있었기 때문이다. 그러나 내 주위 친구들 또래나 간혹 후배, 제자들 사이에서는 그것을 확대 복사하여 사용하는 것을 나는 자주 목격한다.

아마도, 내가 눈이 좋아진 것은 수석을 완상玩賞하고, 화초 기르기를 게을리 하지 않아 천상에서 복福을 내린 것 같다는 결론 밖에 생각나지 않는 수수께끼와 같은 현실이다.

지난 달 누군가가 내게 우스갯소리를 한 것이 생각난다. 그때도 삼삼오오三三五五 우리는 노년기 노안에 대해 얘기하고 있었는데, 한 친구가 이런 이야기를 해서 한바탕 웃었던 기억이 있다. 빵집에 빵을 사러갔는데, 평일인데도 그 집 가게 문이 닫혀있었고, 유리창에 메모가 하나 붙어 있더라는 것이다.

안녕하세요!
고래빵입니다.
금일 요리사 팥이 너무 좋지 않아
빵을 굽지 못했습니다.
갑작스런 휴무로 인해 그냥 돌아가시게 해 드린 점
정말 죄송합니다.

"이게 뭐?" 라고 이 글 독자님들은 생각하겠지만, 글씨를 다시 자세히 정독해보면 '팔'이 아니라 '팥'이라는 것을 알게 된다. 그날 그 빵집은 주인이 팔이 아파서가 아니라, '팥'이 안 좋아서 빵을 굽지 못했다는 이야기인 것이다. 한바탕 웃고 나서 그가 "노안이 오면 모든 걸 대충 읽게 돼!"라고 말을 덧붙였다.

옛 사자성어에 이런 말이 있다. '眼十中九안십중구' 몸이 열이면, 눈은 아홉이라는 말로 눈의 소중함을 나타내는 말이다. 나도 오늘부터 상상치 못한 내 눈의 행운을 오래 간직하기 위해 건강관리는 물론, 더 아름답고 고운 것에 눈을 돌려야겠다.

유배 생활을 해보자

몇 년 전 큰아이의 진로문제로 아내와 다투다가 새벽녘에 차를 몰고 나와 이곳 작업실에서 밤을 지새웠다. 화난 김에 잠시 바람 쐬러 나온 것인데 마침 그때가 학교 논문 작성과 전시회 준비, 기타 수주한 디자인 일이 한꺼번에 몰린 탓에 집 걱정은 하지 않은 채 일에 빠져 20일간을 집에 안 가고 이곳에서 일과 숙식을 해결했다.

그런데 내가 너무 행복했다는 것이 문제일 수도 있다. 아니 난 그것을 즐겼고 만족했으며 그 결과는 대단히 좋았다. 한 달도 채 안 되는 기간에 밤새워 그린 그림으로 두 군데의 전시회를 잘 마칠 수 있었고, 학교 논문도 탈고 했으며, 기업체 디자인 일을 해주어 오랜만에 큰돈도 벌어 아내에게 주었으니 이것이야말로 일상의 생활패턴으로는 해 낼 수 없는 짧은 기간의 대 성과였다.

그때 난 참 행복했다.

약 2주간의 해야 할 일을 빽빽하게 종이에 적어놓고 벽에 붙여놓았다. 남들은 아침 9시가 되어서 일을 시작하지만 난 출근시간이 없으니 새벽 5시면 찬물에 세수하고 곧바로 그림을 그린다. 아침 시간이 되면 냉장고에서 식은 밥을 꺼내 온수기에서 뜨거운 물을 받아 물 말이 밥을 먹고는 또 디자인업무를 시작한다. 마음이 편안하니 아이디어가 샘처럼 솟아오른다.

점심이 되면 가까운 목욕탕에 가서 뜨거운 물에 몸을 담그고 또 해야 할 일들에 대한 구상과 명상에 잠긴다. 주위 식당에 가면 점심때가 지나 사람들이 없으니 주인과 이런저런 세상 이야기를 하며 어제와 오늘의 뉴스를 접하며 느긋한 점심식사를 한다.

다시 작업실에 들어와 어제 그린 그림 앞에서 덧칠도 해보고 혼자서 감상도 해보며 찾아오는 손님들과 차를 내어 담소하는 내 모습은 남들이 보아도 여유롭고 행복해 보였을 것이다. 저녁이 되어도 퇴근 준비를 할 필요가 없으니 또 책상에 앉아 글을 쓴다.

텔레비전도 없다. 창밖의 고요히 이는 밤의 적막 속에 부는 바람결이 내 귀를 연다. 모든 것이 내 생각대로 돌아가고, 모든 것이 그렇게 이루어지고 있었다. 새벽 2시경이 되면 홀로 수석壽石에 물을 뿌리며, 캔 맥주 하나를 들고 돌과 대작을 한다. 그러다 잠이 들고 꿈속에서 꽃을 꺾다 깨어나면 머리맡에 페이지를 접어두고 읽던 책을 읽는다.

그러다가 홀연히 담배 한 대를 물고 새벽 남대문 시장을 구경나간다. 간단히 입을 옷을 사보기도하고 이것저것 구경하다 보면 세상 생활의 모든 활력이 내게로 유입되어 어느새 나는 또 맑은 새 아침을 맞는다. 새벽에 들어와 구석구석 청소를 하고 새로운 물건이 놓일 장소에 디스플레이를 하고 완성된 공간 감각에 감동하다가, 오후에 있을 학교 강의 준비를 하고 거울 앞에서 머리를 빗고 흐트러지지 않는 현실세계로의 넥타이를 동여맨다. 이 모든 것이 하루에 다 이루어지니 이 얼마나 축복의 시간인가. 이렇게 나의 이십일 유배 생활은 흘러갔다.

역사적으로 보면 유배 생활에서 많은 이들은 학술과 예술에서 큰 업적을 이루어냈다. 그 중 추사 김정희秋史 金正喜선생은 제주도에서 9년 동안의 유배 생활을 하면서 낯선 풍토와 음식, 질병, 정신적인 외로움을 이기기 위해 책과 글쓰기에 집중했고 그 결과 자신의 감정을 듬뿍 실은 개성적이고 힘이 넘치는 '송곳으로 철판을 꿰뚫는 힘으로 쓴 글씨' 라는 추사체의 완성을 이루어낸다. 그리고 찾아온 벗에게 '날이 차가운 후에 소나무의 푸르름을 안다'는 전형적인 문인화 〈세한도歲寒圖〉를 그려 세상에 던져준 것이다.

그 외에 다산 정약용茶山 丁若鏞선생도 강진에서의 유배 18년 동안 500여 권의 저서와 문집 269권을 척박한 환경에서 이루어낸다. 이것은 경이롭다 못해 경악할 대 성과이다. 이토록 두 사람은 고통스러웠던 귀향의 시간을 하늘이 준 축복으로 알고 학문연구와 글쓰기에 몰두하여 금자탑을 세웠고 그것은 우리 조선 학술계와 예술계에 있어서 큰 축복을 안겨다 준 것이다.

또한 서포 김만중西浦 金萬重선생은 내 고향 남해도南海島에 유배되어 그 이전의 여느 문인과는 다른 특징을 갖는 『구운몽』과 『사씨남정기』라는 명작을 집필하였다. 그는 말년에 와서 불운한 유배 생활로 일생을 끝마쳤지만, 우리 후세들에게는 많은 문학적 교감을 이루는 그야말로 유배 생활의 최고점을 그곳에서 불태웠다.

현대의 일상은 참으로 분주하고, 퇴근 후의 우리네 삶은 너무도 단순하고 무의미하다. 남의 일에 하루가 지치고 퇴근 후에 몇몇 동료들과 소주 한잔에 그 시름을 달래고는 집에 들어가 텔레비전 앞에서 우린 쓰러져 잔다. 꿈을 좇기엔 너무나 많은 불필요한 시간들이 우리를 감싸고 있는 것이다.

한 번쯤 아니 긴 휴가철이 오면 일상 속의 죄인이 되어 의도된 유배 생활을 해 보는 것도 일상에서 저만치 떨어져 나간 아름다운 자신을 찾는 시간이 될 수도 있다고 나는 생각한다.

까치밥과 소주병

내 작업실 근처에는 크고 작은 식당들이 즐비하다. 아마도 이곳 서울 충무로의 맛 집을 찾아서인지 늘 사람들의 발길이 여기저기 도장을 찍듯 분주하게 움직인다. 그리고 이곳에 다른 곳에서는 쉽게 볼 수 없는 진귀한 일이 하나 있다. 다른 사람들은 어떻게 보았을지는 모르지만, 나는 개인적으로 그 광경이 참 좋게 보이곤 했다.

그 광경은 이렇다. 주위에 노숙자 몇 몇이 아침 10시와 오후 5시 경에는 으레 이곳을 돌아다니면서 식당 바깥에 내어 놓은 빈 소주병들을 하나하나 거꾸로 따르기 시작한다. 그러면 얼마 안 있어 조금씩 남아있던 여러 게의 헌 병에 있던 방울이 모여 빈병 하나에 소주가 가득 차 원래의 소주 한 병 정도가 된다. 어떤 노숙자는 건물구석에 앉아 마시기도 하고, 어떤 자는 휴지로 틀어 만든 뚜껑을 덮은 그 소주병을 마치 금은보화를 얻은 듯 가슴에 소중히 품고 어디론가 사라진다.

그런 광경을 하루에 두 번 볼 수 있었다. 즉, 오전에 오는 것은 식당의 밤손님들이 마신 것이고, 오후에 수거해가는 것은 점심때 손님에게 팔고 내어놓은 병들이 있으니 그렇게 하는 것이다. 그들은 가게에 피해를 입히지 않기 위해 병은 들고 가지 않는다. 단지 빈 병들 속에 조금씩 남아있는 찌꺼기 술을 실험실의 비커를 다루듯 신중한 자세로 한 방울씩 딸아 담는 행위를 한다.

그러나 이제는 그들을 볼 수가 없다. 그중에 머리가 제법 길고 수염은 깎지 않아 앞가슴 팍에 닿고, 추위를 견디려고 담요를 칭칭 감은 러시아 코트 같은 그 옷을 길바닥에 질질 끌며 나타나던 두 눈이 움푹 패인, 키가 크고 인물이 훤칠한 사람이 있었다. 그러나 이제는 그를 이곳에서 나는 볼 수 없다. 그는 늘 초췌한 모습으로 이곳 식당주변에 나타나 빈병을 가득 채운 소주병에 입 안 가득 소주 한 모금을 길게 머금고 어린아이처럼 웃는 미소에 알 수 없는 노래 가락을 흥얼거리며, 왼 쪽 가슴에 넣은 남은 소주병을 두 손으로 안고 떠나던 그 충무로의 또 한 명의 보헤미안을 나는 만날 수 없게 된 것이다.

이유는 '빈병 보증금' 때문이다. 2017년 해가 바뀌면서 달라진 제도 중에 하나가 22년 만에 빈 용기 보증금이 오른 일이다. 올해부터는 빈병, 즉 소주병 100원, 맥주병 130원의 보증금을 돌려받게 되어 그동안은 길거리나 골목 곳곳에 쉽게 버려져 있던 빈병들이 돈으로 보이기 시작한 것이다. 22년 만에 인상되는 이 보증금제도는 신병제조 원가대비 빈병 회수율이 현저히 떨어져 소비설문조사 결과 등으로 종합하여 결정되었다고 하지만 어떤 것이든 처음 시행 때의 여러 가지 불합리한 일이 속출하는 것은 이것도 마찬가지이다.

이 보증금 인상제도는 주류회사가 도·소매점에 지급하는 빈병 취급 수수료를 인상하여 도·소매점의 참여로 활성화 되고, 또한 소비자 반환이 활성화되어 그동안 무분별하게 버려진 후 별도의 수거방식을 통해 많은 비용이 지출되던 재활용의 방식 보다 회수품질이 좋아지는 등의 좋은 의미는 상승되겠지만, 거기에 따른 반대급부적인 상황을 예견하여 소매점이 소비자에게 빈병 회수나 보증금 지급을 거부했을 경우 신고하게 되면 과태료 부과와 함께 신고자 보상금제도 또한 마련되었다. 그러나 벌써부터 여기저기에서 불만의 목소리가 나오는 것은 아마도 보증금 인상으로 인한 제품 값의 인상, 그리고 일부 식당들의 소주와 맥주 값의 무분별한 인상 요인이 가장 크게 와 닿는 문제이다.

이 보증금은 비과세대상이므로 환불받는 금액이다. 그러므로 실질적인 술값 인상과 결부시키는 것은 맞지 않는 일이다. 특히, 식당의 경우 업주가 전량 빈 용기를 반환하여 보증금을 받으므로 보증금 인상에 따른 소주·맥주 값의 인상은 결코 소비자를 기만하는 꼴이 된다는 것을 알아야 한다. 그리고 이 제도가 바람직하게 자리 잡기 위해서는 우리 소비자들 역시 빈병을 깨끗이 보관하여 파쇄破-하여 다시 병을 만들지 않고, 깨끗이 세척하여 재활용될 수 있도록 반환해야하며, 정책적으로도 반드시 마트에서만 교환해줄 것이 아니라 자동판매기와 같은 '무인회수 보증금 반환기' 등의 설치와 같은 제도가 확산되어야 할 것이다.

제도시행이 된 며칠 되지 않은 날, 벌써부터 이곳 주변의 식당들의 바깥에는 그 많던 빈 소주병들이 하나도 보이지 않는다. 돈의 위력을 실감케 한다. 업주들이 그동안은 빈병을 바깥에 너부러지게 내 두었지만 이제는 그것이 돈이 되어 재산가치가 있으니 모두들 식당 안으로 옮겨 보관하는 것이다. 이제는 길거리에서 빈병 모으시는 하얀 머리에 허리가 굽어진 할머니들도 만날 수 없다.

날이 참으로 매섭다. 영세민으로 살면서 빈병을 모아 연탄구입에 보탰던 우리 주변의 그런 할머니들과 내 작업실 주변에서 빈병을 딸아 소주 한 모금을 입에 물고 콧노래를 흥얼거리며 되돌아가 차디 찬 시멘트 바닥에 박스지 하나 깔고도, 낮에 가져 온 빈병 속에 가득한 소주를 들이키며 지난날의 아름다움을 꿈속에서 만나던 그 노숙자는 오늘은 또 어찌 잠을 자는지 나는 걱정이 되고 궁금해진다.

예전의 우리조상들에게는 아름다운 풍습이 있었다. 동물과 자연을 위하는 마음으로 사과나 배, 감 등 과일을 수확할 때, 겨울에 먹을 게 부족한 날짐승들을 위해 다 수확하지 않고 나무에 한 두 개씩 까치밥을 남겨놓았다. 그런 풍습은 지금까지도 그 의미를 살려 농촌 이곳저곳에는 이 추운 겨울날에도 쪼그라든 감 사이로 따사로운 햇볕이 내려앉는다.

우리사회도 이제는 무엇을 시행할 때 그와 상반되는 문제 또한 깊이 생각해 보아야 한다. "쥐를 위하여 항상 밥을 남기고, 부나비를 불쌍히 여겨 등불을 켜지 않는다. 爲鼠常留飯 轔蛾不點燈"고 한 옛사람들의 생각은 곧 우리 인생이 나고 자라는 한 점의 기틀이 된다. 이런 생각이 없다면, 우리는 이른바 흙이나 나무토막과 같은 형체일 뿐이라는 채근담菜根譚의 한 구절이 내 가슴 속에서 기침을 하듯 상기되는 참 추운 밤이다.

나의 공간, 나의 향기

오늘 아내랑 외출해야 하는 내 마음은 무척 무겁다. 내 심사가 이런 이유는 귀가 후 어두운 표정을 지을 아내의 얼굴이 미리 상기되기 때문이다. 예전부터 간혹 있었던 일이긴 하나 젊은 시절에는 "그런 가 보다"하고 속 좁은 아내의 탓으로 돌렸지만, 나도 이제 나이가 드니 그런 것이 꼭 아내의 잘못된 생각만은 아닌 것 같다. 오히려 아내의 눈높이를 못 맞추어주고, 나 나름대로 돈 안 되는 예술 활동과 공부에만 매달린 내 잘못이 이제는 더 크게 느껴진다.

내 마음이 무거운 이유는, 아내와 오늘 초대받은 곳이 부잣집이기 때문이다. 그것도 대한민국에서 최고 비싸다는 주상복합타워 '무슨무슨 펠리스' 라는 곳이다. 다행히 지방에 넓은 땅을 가진 부잣집이 아니라서 그동안 아내에게 들었던 잔소리는 안 나올 것이라는 생각에 조금 안도감이 들지만, 그래도 귀가 후 아내의 표정이 나는 두려운 것이다.

예전에 가끔 있었던 일들이 주마등처럼 지나간다. 그 이유가 오늘 내가 불안해하는 이유가 된다. 기분 좋게 떠난 여행길이 돌아오는 길에 늘 아내는 얼굴빛이 어둡고 한마디 말도 없이 차안에서 한숨만 내쉬었다. 이유를 물어보면, "아까 그 집은 땅도 그렇게 많고 집도 부자인데, 당신은 뭐 했냐?" 라는 핀잔이 나에게 쏟아지기 때문이다.

아무튼 군자君子답지 못한 내 소심한 마음을 쓸어안고 그 집을 들어섰다. 주차장부터 예사롭지 않다. 으리으리한 건물인데, 내차가 입구에 들어서자 자동으로 성문이 열렸다. 그 이유는 미리 내 차번호를 집주인이 경비실에 얘기해놓아서 그런 것이라고 아내가 낄낄대고 웃으며 나에게 설명해주었다. 일층 로비에 들어서자 사업가 제자 부부 둘이서 우리를 기다리고 있었다. 자그마한 내 그림액자를 아내가 자신 있게 건네주고 엘리베이터를 타고 그 집에 들어가는 입구는 그리 좋지 않았다. 그냥 일반적인 복도에 아무런 치장도 없었지만, 바닥과 집 호수가 적힌 벽의 건축자재는 누가 보아도 고급인 것은 분명했다.

그런데, 그 집 안에서 나는 실망하고 말았다. 고급 소파, 처음 보는 외제 냉장고, 벽 크기에 버금가는 TV, 특급호텔에서나 볼 수 있는 침대와 가구, 어마어마하게 큰 화분 두 개. 이것들이 그 집의 전부이다. 사실 그 제자 부부 둘이 그 집 주인이라기보다 그런 것들이 더 큰 위력을 과시하며 주인행세를 하고 있는 것 같았다.

덕분에 예상 외로 돌아오는 길에 나는 아내에게 핀잔맞지도 않았고, 아내는 의외로 밝은 얼굴빛을 띠며 내게 한마디 내 뿜는다. "여보! 저런 집에서는 못 살 것 같아. 창문도 안 열린다잖아요. 역시 우리 강북이 좋아, 인간미가 넘치잖아요.(낄낄~!)" 웬일인지 아내의 얼굴이 무척 밝았다.

그도 그런 것이 그 집에는 주인의 냄새가 나질 않았다. 취미가 무엇인지도 모를 정도로 소품小品이 하나도 보이질 않았다. 보통 집이라는 공간에는 자신이 좋아하는 것들이 많고 적음을 떠나 자리 잡기 마련이다. 어떤 집은 화초가 많고, 어떤 집은 돌이 많고, 어떤 집은 공예품이 많고, 어떤 집은 예전에 '성냥갑 모으기'처럼 자신들이 즐기는 것들이 있게 마련인데 진짜 그 집에는 그런 것이 전혀 없었다. 아마 통장엔 돈이 엄청 많을 거라고 아내가 귀띔해 준 것 밖에는 내 눈에 아무 것도 보이지 않았다.

거기에 비하면, 가난한 우리 집은 쓸데없는 소품들이 너무나 많다. 골동품, 수석, 책, 화초, 도자기, 그림액자, 아내가 만드는 질그릇 공예품, 악기 등. 이런 거 다 팔아도 물론 그 집 근처에도 못가지만 말이다. 반성은 아니더라도 무언가 내 가슴에 이유 없는 큰 돌멩이 하나가 들어와 앉은 건 사실이다.

이제 우리나라도 1인 가구가 500만 시대이다. 전체 가구 가운데 27.9%에 이른다고 한다. 그러나 집 크기, 집값을 떠나 아무리 작은 공간이라도 자신의 공간에는 자신의 향기가 있어야 한다. 화려하고 고급스럽진 않아도 자신이 좋아하고 아끼고 사랑하는 것들로 차곡차곡 꾸민 공간은 자신이 살아있음을 증명해주고, 자신의 생활에 감사하고, 그것을 보고 즐기며 휴식하고, 또 보람차게 하루를 열게 되는 에너지를 얻게 된다. 그런 것을 한마디로 요약하면 '사려 깊은 공간' 이다.

물론 작은 공간은 그곳에 사는 사람을 위축시킬만한 충분한 위력을 가지고 있다. 움직일 수 있는 몸의 동선을 제약하고, 그에 따른 마음의 움직임도 제한시킨다. 이렇게 공간이 작아질수록 마음까지도 작아지기 쉽다. 특히 공간을 자신과 동일시하는 사람일수록 그런 경향은 강해질 수 있다. 그래서 필요이상의 큰집을 선호하는 사람일수록, 집에 투자하는 돈이 많을수록 그 사람들은 집과 자기를 일체화시키며 집의 크기가 권력의 크기라고 생각한다.

그러나 아무리 작은 집이라도 생각을 바꾸고, 머리를 조금 쓰면 작은 공간도 커 보일 수 있는 인테리어를 할 수 있다. 심지어는 집뿐만 아니라 집보다 더 오래 머무는 사무실 업무공간을 자신이 스스로 가꾸며 심리적인 안정감을 얻으려는 사람들이 많아졌다. 그런 사람들을 요즘의 신조어로 '데스크테리어족'이라 한다. 분명한 것은 그 데스크테리어족들에게도 자신의 애완용품 같은 소품들이 반드시 책상 위에 있다는 것이다. 작은 비행기 모형도 있고, 자신의 어린 시절 사진이 있기도 하고, 선인장도 있으며, 심지어는 잘 사용할 것 같지 않은 수공예 스텐드도 있다. 밤늦은 시간까지 사무실에서 머물 때 하루 중 가장 많은 시간을 사무실에서 보내는 그들은 늘 갇혀 산다는 느낌에서 탈피하는 방법이 자신이 좋아하는 소품에서 위로받는 것이다.

사람들은 저마다 좋아하는 '취향'이 있기 마련이다. 그 집에 들어설 때, 그 집을 나올 때 우리는 그 집에서 느낀 그 집만의 향기를 남들이 얼마나 가슴에 오래 간직하는 지를 알아야한다. 아내가 콧노래를 부르며 내가 아끼는 수석을 닦아주는 그날을 기대하며 이글을 줄인다.

주례主禮의 생각과 반성

후학을 지도하는 덕분에 나는 남들보다 이르게 마흔여섯의 나이에 첫 결혼식 주례를 시작으로 요즘에도 가끔 제자들의 결혼식 예식을 맡아 진행하기도 한다. 그런데 이 주례라는 역할이 생각하는 것만큼 쉽지 않다는 것이다.

결혼식을 일주일 앞두고는 내 머릿속이 더 복잡해진다는 것이 솔직한 나의 고백이다. 내가 과연 이들의 혼사에 덕담을 해줄 만큼의 덕이 있는 사람인지, 또한 내 결혼생활은 이들 앞에서 부끄러움 없이 잘 살고 있는 것인지 하는 등등의 내 인생 전체를 반성해보는 자리인 것 같아 마음이 편하지 않았다. 또한 매끄럽지 못한 진행으로 신랑 신부를 비롯한 하객들에게 피해를 주지 않을까하는 약간의 조바심도 생겨 영 편치 않은 심정을 간직한 채 제자들의 결혼식은 하루하루 다가오는 것이었다.

그래서 몇 년 만에 맡아보는 주례이기에 남의 예식을 잠시 훔쳐보기로 마음먹고 나 혼자 미리 모니터링을 해보고자 몇 주 전부터 동네주변에 있는 예식장 몇 곳을 찾아갔다.

첫 번째 본 예식은, 주례가 너무 실망스러웠다.

아마 신랑의 대학 은사님 같은데 주례사의 첫 말투가 "검은머리 하얀 파뿌리가 될 때까지"로 시작하더니 자기 제자인 신랑 자랑만 늘어놓았다.

내가 신부의 가족이 아니라도 정말 짜증나고 지루한 주례사임은 틀림없다. 이렇게 천편일률적인 주례말씀 때문에 일반 예식장에서 그나마 예식을 지켜보던 하객들이 주례말씀이 시작됨과 동시에 곧바로 피로연장披露宴場인 식당으로 내려가 버리는 일이 다반수로 발생하는 것이다. 아직도 위층에선 결혼식이 진행되고 있는데도 말이다.

두 번째 본 예식은, 아마도 주례선생님이 예식장에서 제공해준 전문 주례선생님인 것 같았다. 예식이 시작되기 전 모두가 분주한데 그는 계속 연단 옆에 앉아 사회자에게 신랑신부 이름을 적어달라고 하고는 계속 졸고 있는 듯한 모습이었다.

이렇게 주례를 돈으로 사고파는 세상이 된 것은 이미 어제, 오늘이 아니다. 신랑신부가 예식장에 들어서는 순간까지 얼굴도 모르고 있다가 단상에 올라서서야 처음 얼굴을 보는 경우이니 주례사 역시 또한 일반적 상식 수준의 천편일률적인 말씀으로 채워지는 것은 당연한 것이다. 이렇게 전문주례를 택하는 이유는 아마도 결혼식전에 미리 찾아뵙고 인사드리며 부탁을 해야 하고, 알고 존경하는 윗사람이니 양복 한 벌 값 정도의 지출을 해야 하고, 신혼여행을 갔다 와서도 또 찾아뵈어야하는 번거로움에서 벗어나고자 전문주례를 선호하는 경향이 있는 것 같다. 물론 돈 지출을 우선시 한다면 십 만원 안팎의 돈으로 해결할 수 있는 전문주례선생님이 나을 것이나 틀에 박힌 말과 행동의 일사천리로 군더더기 없이 딱딱 맞아떨어지는 무미건조한 결혼식이 되는 것은 그것을 선택한 신랑신부가 당연히 감수해야 하는 일이 되는 것이다.

원래 결혼식 주례는 은사님이나 덕망 있으신 분이 하는 걸로 알고 있지만 이제부터라도 우리가 생각을 바꿔 봐야할 것이 바로 이 주례의 자격이다.

친척 분 중에서도 하실 분이 있으면 아무래도 전문주례보다 훨씬 신랑

신부를 잘 아는 사이이니 다소 실수도 있고 진행에 매끄럽지 못한 미숙함이 있더라도 신랑신부에게 던져주는 축복의 양은 증가될 것이다. 그리고 꼭 남자만 주례가 되는 것은 아니다. 친척이나 이웃에서 사회적으로 유능한 여성도 주례가 가능한 것이니 아무래도 생면부지의 예식장 전문주례보다는 이런 것들이 더욱 의미가 있을 것이다.

어쨌든 축복은 결코 돈으로 살 수 있는 것이 아니다.

그나마 세 번째 본 예식이 나에겐 충격적이지만 약간의 감동을 일으킨 결혼식이었다. 한마디로 주례선생님이 없는 결혼식이었다. 주례 대신 양가부모님이 차례로 나와서 신랑신부에게 덕담과 성혼선언으로 진행되었는데, 부모님들이 예식에 참여함으로써 하객들에겐 관심과 감동이 더욱 배가 되는 결혼식이었다. 더군다나 신랑신부가 긴장감 없이 행복해하는 얼굴을 모두가 예식의 시작부터 끝까지 바라볼 수 있기에 예식이 끝나는 순간까지 하객들이 움직이지 않고 끝까지 함께하는 것을 볼 수 있었다.

그러나 왠지 인생의 단 한번이고 소중한 부부의 인연을 매듭 묶는 경건한 자리에서 주례선생님이 없다는 것이 예식장을 빠져 나오는 순간까지 내 마음은 편하지 않았다. 이 세상 모든 일에서 특히 소중한 것일수록 격식이 갖추어져야 제 값을 드러내는 것이 바로 진리일 수도 있는 것이다. 우린 너무나 많은 것들을 편리함이란 이름 앞에 지우고 있는 것은 아닐까.

평생 딱 한번 결혼식 주례를 하신 성철스님의 주례사 구절이 생각난다. "두 분은 여기 앉아있는 하객들처럼 살지 마시기 바랍니다" 제자의 결혼식 주례를 앞두고 한 참을 생각해본 말이다.

아름다운 고백

나이 육십도 채 안된 어느 해, 내가 또 결혼식 주례를 맡았다. 그것도 그 달에만 두 번을 섰고, 제자들 덕분에 나이 마흔 여덟에 첫 주례를 섰으니 내 인생 통합 여섯 번째 주례를 선 날이었다. 그 이후 나는 지금까지 결국 결혼식 주례선생 연단에 열 번을 오르게 되었다.

그날, 주례사를 마치고 연단에서 내려오는 나에게 하객 중 한 분인 어느 노신사가 다가와 악수를 청한다. "당신은 명 연사야!" 식당에서도 하객 중 여러 명이 몰려와 주례가 참 재미있고 독특했다고 칭찬 아닌 칭찬을 쏟아내 준다. 여하튼 기분 좋은 일이지만 이제 독자들 앞에 나의 첫 고백을 해야 한다.

나는 어릴 적 심각한 말더듬이였다. 내 말더듬이증이 내 어린 청소년 시기를 여느 아이들과 다른 모습으로 만들어놓았던 것 같다. 말이 별로 없고 늘 혼자 입가에 버드나무 잎을 씹으며 혼자 사색하는 아이(정말 영화 속 장면 같은 ㅋ), 남들은 공을 차고 노는데 혼자 미끄럼틀 뒤에서 땅바닥에 나뭇가지로 그림을 그리고 있던 수줍은 사내아이로 만들어 놓았는지 모른다. 경상도 섬마을에서 올라와 서울에 입학을 했어도 담임선생님이 출석을 부르면 다른 아이들은 모두 "네!" 하고 씩씩하게 대답을 하는데 난 촌티 나는 사투리로 그것도 힘이 쭉 빠진 목소리로 "예~~" 하고 대답을 하면 교실 안은 순식간에 깔깔대는 웃음소리로 왁자지껄 해졌다. 경상도 사투리는 'ㄴ'이 아니라 'ㅇ'으로 대답의 첫소리를 내기 때문이다.

겨우 담임선생님께서 막대기로 탁자를 몇 번 때리고 나서야 교실은 조용해졌고, 내 얼굴은 복숭아 빛이 되어있었던 것이다. 급기야 4학년 때에는 그놈의 '석가탑과 다보탑'에 대한 특징을 공부할 때 "다보탑은 도시의 여인이고, 석가탑은 시골 촌색시와 같다" 대목에서 선생님은 그 석가탑의 특징을 내게 대입하여 나는 그 자리에서 '촌색시'가 되어버렸다. 그것은 졸업 내내 나를 괴롭혔으며 중학교에 들어가서야 다른 별명으로 교체될 수 있었다.

그러나 신기하게도 내가 졸업 내내 학급의 '반장'이었고, '어린이회 회장'이었다는 것이 의심스러워, 요즘 책장 서랍속의 옛날 자료를 뒤져보지만 도저히 믿겨지지 않을 정도로 그 당시 임명장에 기록되어있다. 지금도 기억이 또렷한 한 가지는, 아침조회 때 일어서서 "차렷, 선생님께 경례!"라는 구호가 아마 내가 학교에서 하는 말 처음과 끝 전부였던 것 같다.

도저히 언제부터 무엇 때문인 줄도 모르는 원인으로 나는 점점 더 심한 말더듬이가 되어갔다. 더욱 불행한 것은 유난히도 'ㅅ'자음이 첫 발음으로 오는 단어는 도저히 목구멍 속에서만 울릴 뿐, 입으로 발음되어 나오는 것은 불가능했다는 것이다. 그런데 내 이름에 그 공포의 'ㅅ'이 두 개나 들어있다. '신석주'

불행하게도 이 흔적은 나이 60이 넘은 지금도 유튜브를 촬영할 때 마다 여지없이 되살아난다. 아무튼, 무엇보다 그 당시 제일 두려웠던 것은 선생님이 책을 펼치자마자 "오늘이 4월 3일이니까 43번이 일어나서 62페이지 중간부터 읽어봐!" 같은 지시사항은 정말 나에게 치명적 가슴앓이였고 공포감 그 자체였다. 제발 내가 걸리지 않게 해달라고 눈을 감고 "중얼중얼~" 부처님 예수님 돌아가신 할아버지·할머니를 총동원하여 무언가를 간절히 기도하고 또 기도했던 것이다. "차라리 노래를 부르라고 해 주세요! 노래는 잘할 수 있어요..."

그래도 큰 탈 없이 공군복무를 마쳤고 대학을 거쳐 직장생활과 함께 한 회사의 사장직을 잘 치러낼 정도로 조금씩 말더듬이증세는 나아지고 있었지만, 급할 때나 술이 많이 취했을 때는 여지없이 넥타이가 조여진 목 빈틈을 지나 옛 증세는 나타나기 시작했다.

그러던 마흔 셋 나던 해, 내 인생을 바꿔놓은 한 사건이 시작된다. 늦은 나이에 국문학을 공부하고 싶어 입학한 국어국문학과에서 내가 총회장으로 뽑힌 것이다. 아뿔싸! 이 짓은 그냥 회원들만 잘 이끌면 되는 것이 아니라 매주 교수님들과 학생들 앞에서 학술보고와 친목다짐의 연설을 수시로 해야 하는 직책이었다. 그리고 무슨 무슨 행사가 그렇게 많은지 그때마다 나는 마이크 앞에 서야하는 두려움을 또 껴안은 것이다. "그래. 이것이 내 운명이라면 어린 시절처럼 피할 것이 아니라 이 높고 두꺼운 벽을 내가 허물어 버리자! 할 수 있다! 신.. 석... 주(여기서 또 더듬거리며)"

밤새워 책을 펼치고 "천천히 아주아주 여유롭게, 천천히. 말이 더듬거리려고 할 때는 더 몸짓을 크게 움직이며 마치 배우들이 연설을 하듯 내가 마치 영화를 찍고 있다는 착각을 하면서 하나 둘....더 천천히, 더 손을 펼치고, 때론 주먹을 쥐고, 발걸음도 내딛고, 아주아주 천천히, 더 여유롭게" 끝없이 나를 컨트롤하며 연습은 계속되었다.

잠을 한 숨도 못자 토끼 눈으로 시작한 그 다음날, 결과는 대성공! 정말 믿어지지 않는 현실이 내 눈앞에 펼쳐진 것이다. 십분 동안의 연설에서 몇 번 머뭇거리는 더듬이증상이 약간 있긴 했지만 남들이 눈치 못 챌 정도의 연설로 이것은 내 인생에 있어 말더듬이로 부터의 탈출성공을 알리는 신호탄 같은 것이었다. 그것으로 자신감을 가져 대학 강사 시절 나는 여러 군중들 앞에서 여섯 시간의 마라톤 강의도 잘 소화해 낼 수 있었다.

정말 내게 있어 기적이 일어난 것이다. 이제는 오히려 여느 행사에 참석했을 때 내게 마이크를 안주면 서운할 정도로 나는 이제 남들 앞에서 강연이나 말을 하는데 자신감을 갖게 되었으며 또 그런 일이 많아지기를 기대하는 사람으로 변화되어 있다.

우리는 이렇게 인생을 살면서 누구나 장애가 있었던 이야기 하나 쯤은 갖고 있다. 그리고 그 위기의 순간들이 내 인생을 바꾼 노력의 시간들, 성찰의 순간들로 채워져 가는 것을 경험할 수 있다. 모자라는 것은 결코 부끄러움이 아니다. 남과 다른 것도 부끄러움이 아니다. 변이가 세상을 바꾸듯이 나의 치부가 곧 나의 장점으로 발전될 수 있는 것이다.

이글을 끝내는 순간 제자 한명이 문을 연다. 그녀의 이름은'ㅅ'으로 시작된다. "ㅅ~스~ㅆ~ 선희야" 아직도 'ㅅ'의 더듬이 악惡 습성은 고쳐지지 않았다.

며늘아기야! 내 아들을 부탁해

아내가 아침 일찍 집을 나서 결혼식장으로 향했다. 아들 예식이 정오 무렵이니 미리 예식장에 도착하여 나름 화장 단장도 해야 하며 이것저것 점검해야한다는 생각에서 그러는 것인데, 나는 왠지 무언가 섭섭했다. 아직도 내가 어린아이처럼 같이 가자고 매달리고 싶은 심정이었기 때문이다. 내 나이가 육순六旬이 되었지만 무언가를 인생에서 난생처음 치르는 일은 그렇게 걱정이 되고 긴장이 되는 것인가 보다.

이삼일 동안 비가 내리더니 우리아들 결혼하는 날은 왜 이리도 날이 맑은지 자꾸만 내 눈이 태양에 부신 탓에 눈가에 촉촉한 습기가 내돈다.

시간이 되자, 거짓말처럼 한 사람 한 사람 내가 인생에서 그동안 인연을 쌓았던 사람들이 하나씩 내 앞에, 내 아들과 아내 앞에 나타난다. 무려 나흘이라는 황금연휴를 내 집안 행사 때문에 포기하고 왔다는 말에 더없이 죄스럽고 미안하기만 했다. 그리고 부끄러운 마음 하나는, 옆자리 사돈댁에 자꾸만 내 눈길이 갔던 것이다. 무슨무슨 화환이 그리도 많이 들어오는지 끊임없이 세워져간다. 우리 쪽은 어떤지 한번 고개를 돌려 뒤를 보니 어느새 내가 공부한 인연의 학교들과 내가 인생에서 연緣을 맺은 일부 단체에서 우리가족을 반기듯 화환들이 이미 자리 잡고 방끗이 웃고 있었다. 순간 아직도 내가 미 성숙된 인간이라는 것을 깨닫게 되며 회환의 수를 비교해 걱정스러워 했다는 순간의 내 미친한 행동에 남몰래 반성하는 미소를 머금어 봤다. 나도 어쩔 수 없는 속물인가 보다.

주례의 단석에 올랐다. 아비의 자격으로 주례를 선다는 것이 하객들에게 결례가 되는 것인가 싶어 먼저 사과의 말씀을 올리며 주례사를 읊어 나가는데 만감이 스쳐지나간다. 지금 내 앞에 있는 아들은 사실 아빠의 정을 받지 못하고 큰 것이 사실이다. 공부를 안 한다고, 그림을 안 그린다고 엄청 미워했던 큰아들이었는데 이제 정을 줄만한 환경이 되자 내 곁을 떠나는 것이다.

그런 아들이 나도 모르게 불쑥 성장하여 내 앞에 한 여인과 함께 새 가정의 가장으로서의 첫 발을 딛는 이 순간에 나는 무슨 말을 해야 하는 것인가? 그동안 남의 주례를 여덟 번이나 섰던 경험이 있는 숙달된(?) 이 주례선생님도 이 순간만큼은 떨리며 긴장이 되는 것은 도대체 무엇 때문일까?

주례사를 끝내고, 사진을 찍고, 폐백을 받고, 식당 하객들에게 인사치례를 다하고 나서 손님 나간 텅 빈 식장 식당 안에서 아내와 소주 한잔을 들이키자 아내가 울기 시작했다. 예식이 진행되는 동안 참았던 감동의, 감격의, 자식을 보내는 서운함에, 며늘아기를 맞는 기쁨에 그녀는 그렇게 흐느껴 울었고 나도 무언가 치밀어 오르는 그리움에 잔을 들이켰다.

감사할 뿐이다. 내 아들과 내 새 며늘아기에게. 그날 결혼하는 내 아들도 내 주례사 앞에서 울었다.

남들은 자녀의 결혼준비 때문에 애태우는 심정이 많다고 들었는데 우리는 모든 것을 그렇게 순조롭게 해 낸 것이 그저 감사할 뿐이다. 순간 문득 이삼 년 전 아들을 결혼시켰던 내 친구의 얼굴이 떠오른다. 자녀의 결혼자금 때문에 은행통장을 깨고 보험조차도 해약을 했고 심지어 약간의 빚까지 내어 정말 반듯한 며느리 감을 얻었다고 자랑했던 그 친구가 이제는 의사인 아들이 혼자되어 틱Tic disorder증상을 앓으며 밤마다 와인을 마시며 외로움을 달랜다는 말에 내가 충격을 받은 적이 있기 때문이다.

우리는 이렇게 때로는 주위에서 너무 과한 짝을 맺어 이혼을 경험하는 안타까운 젊은이들을 보게 된다. 자식은 나만 키우는 것이 아니다. 모든 부모는 나름의 방법으로 자녀에게 최선을 다한다. 그래서 어떤 부모들은 자녀에게 마치 그 보상이라도 받을 것처럼 자녀의 결혼문제에 심한 간섭을 한다. 그러나 자녀는 보상 받기 위해 키우는 것이 아니다. 이미 우리는 자녀를 키우면서 많은 행복이라는 보상을 받았지 않은가.

또는 부모의 가치관과 자녀의 가치관을 동일시하여 자녀 결혼 때 다툼까지 생겨나는 일이 있다한다. 부모가 원하는 며느리나 사윗감이라면 아들딸도 당연히 좋아할 것이라고 생각을 하지만 그것은 과한 욕심이거나 크나큰 오류이다. 물론 세상을 오래 살며 형성된 부모의 가치관은 존중받아야 마땅하다. 그러나 5060세대와 자녀의 가치관은 다를 수밖에 없다는 것을 인정해야한다.

자녀의 혼사에 대해 아직도 가부장적 사고를 가지고 일방적으로 강요했던 한 아버지는 딸에게 미팅도 못하게 하였고, 직업·학력·재산 등이 조건에 맞지 않으면 모두 거절하여 10년이 지난 지금도 그 집 딸은 솔로로 남아 아리따웠던 모습이 미미하게 하루하루 늙어져 간다는 걸 우린 알아야 한다. 그렇게 자녀는 조건만 맞춰주면 결혼이 되는 존재가 아니다. 그들은 사랑하는 사람과 결혼을 할 권리가 분명 있는 것이다.

결혼이란, 두 젊은 남녀가 인생이란 여정에서 부모로부터 떨어져 나와 새로운 가정을 책임지고 꾸리는 것이며 좋은 날과 어려운 날, 슬픈 날과 기쁜 날도 모두 둘이서 함께하기로 약속하는 것이며 가시밭길이 나타나도 둘이서 오늘 잡은 손 꼭 잡고 함께 인내하고 극복하며 걸어가는 것이다. 둘이기에 늘 서로 의지하고 기대어 행복하게 살아가는 것으로 분명 결혼이란 이렇게 축복된 것이지만, 성혼서약서에 있는 것처럼 한편으로는 책임과 의무가 따르는 인생에서 제일 중요한 약속의 자리이다.

괜한 아니 그야말로 진부한 주례사 같은 글을 적어 쑥스럽지만 분명한 것은 우리 새 며늘아기에게 아직도 덜 성숙한 것 같은 내 아들을 맡기면서 내 뜻을 조심히 한마디 내밀어 본다.

"며늘아기야. 내 아들을 잘 부탁한다!"

외모는 내면의 거울이다

내 주위에 자칭 자연인이라고 하는 한 사람과 그와 몹시 흡사한 습관과 외모를 가진 또 한 사람이 나와 같은 한 건물에 살고 있다.

그들은 매일 보아도 며칠 전에 입었던 같은 옷을 입고 다니며, 사무실에는 쓰레기봉투가 열려진 채 늘 무엇인가가 넘쳐있다. 세수를 할 때에도 비누를 안 쓴다고 하며, 목욕탕은 가본적도 없고, 양치질도 하루에 한 번만하는 것이 치아건강에 좋다고 자랑삼아 남들에게 입 냄새 풍겨가며 말을 한다. 점심때가 되면 으레 소주 한 병을 마시며 또 한사람은 안경테가 부러져도 테이프로 고정해 사용한 것이 내가 목격한 바로는 벌써 그 세월이 수개월째이다. 신기하게도 그들은 같은 직장이 아닌데도 한사람은 한 문학자이고 또 한 사람은 한자漢字 책자를 편집하는 사람이다.

그리고는 그들은 늘 내게 불만 섞인 표정으로 은근히 본인들의 외모철학에서 너무나 벗어나 있는 나를 보고는 가자미눈을 뜨며 힐끗 거린다. 그럴 수밖에 없는 것이 나는 매일 다른 옷을 입으며 명절이 아닌데도 한복 두루마기를 걸치고 다니기도 하고 머리는 이마를 다 드러낸 올백으로 빗고 다니며 어쩔 때는 내게서 약간의 향수 냄새도 나니 그들의 눈에는 내가 탐탁하지 않는 것이 분명하다. 아마 대놓고 말은 안 해도 무척이나 멸시하고 있는 지도 모르는 일이다. "속이 빈 것들이 겉만 화려하다"고

하는 말을 되뇌기고 있을 수도 있다.

과연 그럴까?

그들의 논리대로, 가슴 속에 학식과 덕망이 가득 차 있으면 외모가 그들처럼 지저분해야 하는 것이고, 가슴과 뇌腦 속에 아는 것도 없고 사랑도 없는 것들이 외모에 치중하는 걸까? 이 문제에 대해서 내가 감히 이 세상 앞에 거세게 내 뱉는데, 답은 "아니다!"이다. 오히려 그들이 잘못된 것이고 스스로를 반성하며 가꾸어야한다는 것이 내 지론이다.

'마음이 얼굴을 빚는다' 는 말이 있다. 이 세상 모든 사물에 대하여 관심과 애정이 느껴지며 가슴속에 숯불 같은 뜨거운 열정과 남을 아끼는 사랑이 가득 차려면 먼저 자기 자신을 가꾸고 사랑해야한다.

자기가 생활하는 장소와 그 주변이 늘 깨끗이 정돈되어있고 오래된 옷이기는 하나 세탁과 다림질이 잘되어 있는 사람은 곧 그의 마음이 깨끗한 아름다움을 동경하고 있는 것이다. 마음에서 깨끗함이 우러나오는데 어찌 얼굴빛이 곱고 맑지 않을 수가 있을까. 얼굴빛이 맑고 깨끗한데 어찌 보는 사람이 즐겁지 않겠는가 말이다. 또한 사람들 사이에서 늘 인기가 있으니 어찌 자기를 가꾸지 않을 수가 있을까.

한사람의 외모는 사람의 내적이미지를 외부로 표현하는 표상이며 한사람의 이미지를 결정짓는 중요한 요소이다. 즉 외모는 단순한 겉모습이 아닌 '내면의 거울'인 것이다. 그래서 우리말 〈얼굴〉은 '얼(정신, 마음)'을 담는'그릇(고을)'이라는 합성어이다.

그러므로 상대방의 외모를 통해 그 사람의 직업과 성격, 생활상태 등을 충분히 추측할 수 있다. 강도와 형사의 얼굴, 후학을 지도하는 선생님의 얼굴, 성당에서 기도하는 여인의 얼굴, 은행원의 얼굴, 학자의 얼굴, 시인과 화가의 얼굴, 운동인, 술집바텐더의 얼굴... 우린 수없이 많은 직업과 얼굴을 만나며 무엇을 느꼈는지 한번쯤 되돌아 봐야한다. 그들이 생각하고 고민하며 흐느끼고 환호하는 그 모든 것들이 이 하드웨어격인 내적이미지Internal image가 되고 그것이 잘 표현되고 전달된 것이 소프트웨어격인 외적이미지External image인 것이다.

결코 이 주장은 멋을 부리라는 얘기가 아니다. 성형수술을 하라는 얘기는 더더욱 아니며, 값비싼 화장품과 옷을 입으라는 이야기도 아니다.

우리가 살고 있는 21세기는 이미지연출의 시대이다. 그만큼 시각적으로 보여주는 전체적인 이미지가 매우 중요하다는 것이다. 이젠 외모도 당당한 하나의 경쟁력이다. 그렇다고 외모지상주의를 부르짖자는 이야기가 아니다. 무시할 수없는 사람의 눈, 시각적인 효과는 대단한 것이다. 몇 해 전 인권위원회의 조사에 의하면 직장인의 취업과 보수에서 잘 생기고 깨끗한 이미지의 사람들이 진급도 빠르고, 연봉이 더 높았으며 심지어는 학생들의 교수평가 역시 교수의 외모에 상당한 영향을 끼쳤다고 한다.

굳이 현대가 아니더라도 당나라와 조선시대에도 관리로 등용되기 위해 갖춰야했던 네 가지 조건으로 '신언서판身言書判'이라는 것이 있었다. 가장 먼저 신체의 됨됨이를 본 것은 재능이 뛰어날지라도 그에 걸맞은 용모와 자세를 갖고 있지 않으면 정당한 평가를 받기 어렵다는 것을 옛사람도 잘 알고 있었던 것이다.

이렇게 외적이미지로 첫인상을 긍정적으로 심어줄 수 있다면 우리는 보다 남들 앞에서 선택받을 수 있는 기회가 많아질 것이며, 그 다음에는 내적이미지를 오해 없이 연출하여 상대방에게 호감을 심어주어 인정과 신뢰를 얻게 되고, 그러다보면 자연스럽게 성공이라는 그림자가 늘 자신을 따라 다니게 될 것이다.

우리 인간은 보다 나은 미래를 지향하는 고등동물이다. 고여 있는 물은 썩듯이 우리는 끊임없이 보다 나은 방향으로 발전하고 새롭게 변해야만 한다. 미국의 세계적인 화장품업계의 회장 에스티 로더Estee lauder는 얘기했다. “이 세상에 못 생긴 여자는 없다. 단지 가꾸지 않는 여자가 못생긴 것이다”라고.

이 아름답고 뜨거운 열정의 계절 앞에서 붉고 노란 단풍처럼 우리도 이제 아름다운 빛깔의 단장을 해야 하지 않을까.

낮은 사람에게로

해마다 십이월이면 으레 생각나는 내 개인적인 사건 하나가 있다. 1998년 12월의 스산한 바람이 불던 겨울날 저녁이었다. 미술대학원을 졸업하고 조촐하게 몇몇 동기들과 지도교수님을 모시고 연말모임을 갖게 되었는데 그 자리에서 나는 큰 실수를 하고 말았다.

모임이 있기 며칠 전 나는 나름대로 가장 친했던 원우 셋을 선별하여 연하장을 만들면서, 화선지에 그림을 그리고 그 그림 옆에 그동안 같이 공부하면서 겪었던 추억이 깃든 사연을 빼곡히 손 글씨로 적었다. 우편으로 보내기 전에 다시 점검해 보아도 정말 정성 깃든 편지 형태의 연하장으로 그 누가 봐도 받아 보고 싶겠다는 생각이 들 정도라고 자부하면서 부친 것이 일주일이 지난 시점이 바로 모임이 있는 그날이었다.

그런데 그렇게 정성을 다한 연하장을 받았던 친구가 내 옆자리에 있었는데, 식사도 하기 전에 교수님에게 갖은 아부를 다하며 "교수님이 보내주신 연하장이 너무 감사해서 저도 답장을 보냈습니다. 받아보셨죠?" 그러자 내가 연하장을 보냈던 나머지 두 명도 역시나 같은 어투로 자신의 제자다움을 뽐내듯 상기된 얼굴로 침을 튀기며 같은 어투로 응대하고 있었다.

그 교수님께서 보낸 연하장은 그 사람들에게만 보냈던 것도 아니고 나 역시 받아보았지만 그 연하장에는 활자로 인쇄된 진부한 새해 알림의 글과 자신의 직급과 이름만 있을 뿐, 받는 사람 개인에게 보내는 정겨운 메시지도 없었고 심지어 인쇄된 이름 뒤에 손으로 끼적거리는 서명Sign 조차 없는 대량살포용 인쇄물인데 그것을 받고 감동했다는 이야기를 그들은 하고 있는 것이었다.

그 상황에 꼬리를 물듯 덧붙여 내가 "내 것은 받았냐?"고 묻자, 시시콜콜한 질문을 받은 모양인지 "응. 받았어. 예쁘더라. 근데 왜?"

그렇지 않아도 자존심 강하며 질투 많고 튀는 성격의 내가 그것을 용납하기란 어림없는 일이었다. 지금이야 그까짓 거 정도는 웃으며 삭힐 수 있는 내공이 있지만 이십 년 전 내 성품으로는 도저히 그냥 넘길 수 없는 일이었다. 화가 난 탓일까. 그 자리에 있는 술을 거의 내가 다 마신 듯했고 그 시점에 나의 폭언이 그들에게 쏟아져 버린 것이다. 얼마나 심하게 쏟아 부었는지 그 세 사람은 그 이후에 아예 연락도 없고 한 친구는 "신석주 있는 방향으로 오줌도 안 눈다!"라고 친구들에게 말했다는 후문이 들려 올 정도이다. 그 자리에 있던 교수님도 요즘 전시장 이곳저곳에서 만나지만 나를 보는 표정이 여전히 굳어있는 것을 나는 잘 알고 있다.

그런데, 그 짓을 나는 여전히 또 하고 있다. 몇 개월 전에는 교육대학원 졸업을 앞두고 지도교수 여섯 명에게 그런 식으로 또 정성어린 편지를 썼다. 그림과 그동안 학업하면서 느낀 사연을 손으로 세장씩 적어 이틀을 꼬박 걸려 만들었고 부쳤지만, 그 어느 누구에게도 답장을 받아 본 적이 없다. 심지어 전화 한 통으로 고맙다는 피드백을 준 사람은 한 교수의 조교 한 명에 불과하다. 그러나 이제는 이상하게도 화도 안 나고 서운한 마음도 들지 않는다. 단지 그것이 당사자 책상 위까지 잘 도착했는지가 궁금할 뿐 아무런 기대도 없다. 나는 내가 하고 싶은 것을 그렇게 했을 뿐이고 그것이 잘 전달되었다면 그것으로 다행이고 만족인 것이다.

이제 정말 대단한 인생의 내공을 내가 쌓은 것 같아 스스로에게 대견하다는 칭찬을 해보기도 하지만 가끔은 심하게 바람이 불거나 비가 오는 날이면 으레 가슴 한편이 썰렁해지며 눈물이 돈다. 참으로 못쓸 연정을 많이도 쌓고 있는 어리석은 백성인 탓이다.

나는 회사에서 사장역할을 할 때에도 며칠을 비워 출장을 갈 때면 그 전날 밤늦게까지 직원 하나하나의 책상위에 그동안 못 다한 말들을 적고 잘 갔다 오겠다는 메모를 남기곤 했다. 지금도 하루라도 작업실을 비우게 되면, 제자들 하나하나의 이젤위에 그렇게 편지형식의 메모를 적어 두고 그 전날 밤의 작업실 문을 잠그고 밤길을 나간다. 그래야 내가 편해지는 것이다. 이런 나의 심성이 타인의 무관심한 행동에 상처를 받는 일은 불을 보듯 뻔한 일이지만 이제는 "그것도 내 팔자소관이니 어찌할 것인가"라고 치부해버린다.

사람은 낮은 사람에게 대하는 태도가 곧 그의 인품이 된다. 그것은 학교에서나 직장, 군대, 가정에 이르기까지 사회전반에 걸친 것으로 사람 사는 세상위에서 반드시 겪으며 배워 나가야 하는 하나의 인생지침일지도 모른다.

2014년 겨울에 한 아파트 경비원 자녀가 쓴 인터넷 글「경비원은 쓰레기통이 아니에요」라는 글이 우리를 울린다. 글에는 "제 아버지가 경비이고요. 가끔 아파트 주민들이 성의표시로 준 물건들을 가져 오십니다"라고 적혀 있으며 "사탕이나 초콜릿 등은 안 드시고 집에 가져오시는데 대개 유통기한이 지난 것들입니다" 또 "하루는 아버지가 주민에게 화장품 선물을 받았다고 자랑하면서 가져오셨기에 화장품을 열어 보니 유통기한이 2004년, 10년이 넘은 것이었어요"라는 맺음말의 충격적인 폭로가 우리를 더 아프게 한다.

사람은 위치에 의해 주도권을 잡는 자와 어쩔 수없이 끌려가는 자로 나뉘게 된다는'사회론'을 부정할 수는 없겠지만, 누구나 다 그렇지는 않지만 우린 너무 자신만을 생각한 채 상대의 아픔을 생각조차 하지 못하는 습성을 익혀온 것이 사실이다. 나만 편하면 다 되는 것이고 공들여 남을 생각하는 것이 쓸데없는 일이라고 비아냥되며 돈이 되고 편한 것에만 눈을 돌리고 있는 것인지 한 번 쯤은 생각해 보는 반성의 시간을 가져야 한다. 어쩌면 우리는 '행운'이라는 돌연변이의 클로버를 찾기 위해 '행복'이라는 소중한 일상의 클로버를 수없이 짓밟고 다니고 있는 줄도 모른다.

오늘도 나는 지난 달 충주 목계에서 만났던 소중한 인연 두 분에게 내 그림 도록을 포장하고 그 속에 또 그림을 그리고 손 글씨로 정성들여 쓰고 부치면서도 왠지 가슴이 아려 오는 것은 대체 무슨 심사일까.

하루하루 날짜를 그리다

지난 해 마지막 날, 나는 매우 특별한 일을 혼자 밤늦게 하면서 참 많은 생각을 하였다. 그 특별한 일이란 하루가 지나면 다가 올 새해의 달력을 이제부터는 한 달씩 내가 직접 그림을 그리고, 한 달간의 날짜를 하나하나 손 글씨로 적고, 날짜마다의 음력을 쓰고, 행사·기념일을 표기하고, 또 내가 해야 할 선약된 일들을 작은 글씨로 적어 달력을 만드는 일이었다. 그러다 보니 첫 달에 아내의 생일도 있고, 큰아들의 생일과 아들내외가 결혼해 마련한 첫 집들이도 있고, 누님 병원 가는 날도 있어 참 바쁜 새해 첫 달이라는 것을 더욱 실감케 했다.

한마디로 올해부터의 달력을 인쇄되어 나온 달력을 거는 것이 아니라 이제는 내손으로 달력을 만들어 쓰겠다는 참으로 거대하고 귀여운 생각을 한 것이다. 그러나 이런 일이 나에게는 처음 시도하는 낯선 일이 아니어서 그리 힘들지 않게 그려나갔던 것 같았다.

정확히 1970년, 내가 중학교 1학년 때 이 작업을 첫 시도한 경험이 있었기 때문이다. 늦둥이이기 때문에 나와 형제들은 약 스물 살의 터울이 있다. 열세 살이나 나이 차이 나는 작은 누나가 결혼해 서울로 이사와 가난한 신혼시기에 지금의 한양대학교 주변 뚝방촌에 살았을 때 이런 일을 한 번 했기 때문이다.

그 시기에 우리나라는 달력을 구하는 일이 그리 쉬운 일이 아니었다. 시골집에는 지금의 달력처럼 화려한 인쇄물이 열두 장 있는 것도 아니고, 단 한 장의 포스터 같은 크기의 미끌미끌한 종이에 얼굴 역시 번질거리는 그 동네의 국회위원 사진 아래에 열두 달이 빽빽이 인쇄되어 있는 것을 밥풀로 벽에 붙이고 일 년을 지냈다. 도심에서도 달력을 구하기 어려워 시장에서 365일이 두텁게 쌓여있는 일력을 사거나, 어쩌다 동네 동사무소나 새마을금고 등에서 그런 것을 얻게 되면 그 당시 주민들은 그것이 매우 흡족한 행복한 일이었다.

어느 날 누나가 보고 싶어 방과 후 누나 집에 갔을 때 달력이 없어 고민하는 매형을 보고는 그날 밤부터 집에 있는 달력을 떼어 내 옆에 놓고는 꼬박 삼사일을 그림을 그리고, 글씨를 쓰고, 표지까지 열 세장을 물풀로 붙여 달력을 완성했던 기억이 아직도 내게는 생생하게 기억되어 남아있다.

그림은 한 달 한 달 계절에 맞게 꽃, 새, 강, 바다, 단풍, 눈 등으로 그리고, 꽃은 누나가 좋아하는 다알리아 꽃을 그려 넣었다. 당시 미술특기장학생이었던 내 그림솜씨 모두를 발휘했던 셈이다. 요즘이야 컴퓨터로 입력하고 포토샵Photoshop으로 그림을 그려 앉힐 수도 있지만, 그 당시는 나의 그런 일련의 손작업이 최선의 방식이었다. 그러다 보니, 그것은 정말 이 세상에 단 하나밖에 없는 달력으로 탄생되었던 것이다.

그런 달력을 받고는 누나는 하루 종일 울었고, 그 달력을 세월이 흘러도 누나는 장롱에 보관하고 있었다. 그러던 중 이사를 여기저기 다니면서 세월이 흘러 그 달력은 이제 없어졌으나 지금 80세를 바라보는 내 작은 누이의 가슴에는 아직도 그 달력이 살아있다고 요즘도 미소 지으며 그때 그 달력 이야기를 하신다.

이 세상 모든 사람에게 주어진 하루는 24시간이다. 또 세월은 그 누구도

차별하지 않고 평등한 하루를 선물한다. 달력을 그리면서 지난해에 실행하지 못했던 일과 잘못한 일들이 가슴 아리게 스쳐지나갔다. 그리고 이어 병원과 교도소에서 불치병 혹은 후회스러운 과거의 일로 인생 마지막 날을 두려워하며 하루하루를 타임머신을 타고 다시 시작하고 싶기만 한 그들의 원망의 나날도 조심스럽게 생각해 보았다.

문득 오 헨리O. Henry의 『마지막 잎새』가 떠오른다. 워싱턴 네거리근처 그리니치 빌리지에 화가들이 모여 사는 동네에 납작한 벽돌집 꼭대기 방에 수와 존시가 공동 화실을 마련했다. 그것이 6월이었다. 그런데 찬바람이 부는 11월의 어느 날, 느닷없이 다가온 폐렴은 가난한 화가 존시를 병석에 눕히고 만다.

어느 날 아침, 의사는 수를 복도로 불러서 존시가 살아날 가망은 10분의 1밖에 없다는 말을 하며, 환자가 살려는 의지가 전혀 없다는 것을 말하면서 만약 그녀가 다가올 겨울에 입을 외투의 스타일에 대하여 한 마디라도 물어 보게 되면 그녀가 살아날 가능성은 10분의 1에서 5분의 1로 늘어날 것이라고 의사는 덧붙여 처방전 같은 말을 남긴다. 방으로 돌아온 수는 냅킨이 정말 펄프가 되도록 울었다.

그때 존시가 무언가를 거꾸로 세고 있었다. 열둘, 열하나, 열, 아홉... 그러더니 여덟과 일곱을 한꺼번에 세었다. 건너편 벽에 붙은 담쟁이 잎이 앙상하게 매달려 있는 잎을 보며 존시는 저 담쟁이 잎이 다 떨어지면 자기도 죽는다는 생각을 하고 있었던 것이다. 창밖은 쓸쓸한 날씨에 줄기찬 비가 눈과 섞여 암울하게 내리고 있었다.

그리고 다음날 아침, 이미 떨어져 있어야 할 암록색 담쟁이가 눈비의 폭풍에서도 떨어지지 않고 그대로 꼭 붙어 있었다. 종일 잎은 떨어지지 않았고 다시 이튿날 아침이 되고 또 다음날이 되어도 그 잎새는 떨어지지 않았다. 커튼을 올리면서 그것이 아래층에 사는 베어먼 노인이 자신을 위해 매달아놓았다는 것을 아는 순간 존시는 그제야 자신의 잘못을 깨닫고 수에게 말을 한다. "죽기를 원하는 것은 죄악이야. 언니가 요리하는 것을 보겠어"

어린 시절 읽었던 이 소설을 새 달력을 그리고 나서 다시 한 번 서재에서 책을 끄집어내어 입맞춤을 해주었다. 그리고는 혼자 중얼거린다.

"그래. 다시 한 번 시작하자! 하루하루를 소중히!"

노래에 사랑을 싣고

나에게 색다른 인연因緣이 한 명 있다. 사는 곳이 이웃인지라 길가에서 마주치기도하고, 지인들과의 모임이 있어 가볼 때면 그 사람도 가끔은 합석을 하고 있었다. 평소 얼굴만 알 뿐 어쩐 일인지 사교성이 좋은 나도 말을 붙이기에는 거리감이 있는 인상이라서 여태 이름도 모르고 있었다. 이성 동성을 떠나 첫눈에 반하고 첫날부터 만리장성을 쌓는 관계를 '일견종심一見從心'이라 했는데, 이 이웃사람과 내 관계는 서로를 견제하는 눈치일 뿐 한마디 말도 오가지 않았던 것이다.

술자리가 거나하게 익고 파장이 될 무렵 어느 누가 노래방을 가자고 제안하자 모두들 환호의 박수를 쳤고 자연스럽게 노래방에서 뒤풀이를 하는데 이상한 일이 벌어졌다. 그 아까 그 사람, 이웃사람이 부르는 노래 모두가 평소 내가 잘 부르는 노래들이다. 아니 '나의 애창곡 모음집' 이라 해도 과언이 아니었다. 이럴 수가! 그렇다면 저 사람과 나는 생각하는 사고도 같고 그동안 살아온 사연도 비슷하다는 것이다. 한참을 멍하니 그의 노래만 듣고 있었다. 그리고는 노래방을 나와 모두들 헤어졌는데 우리 둘이는 또 새로운 대포 집에서 파안대소를 하며 단 둘이 술잔을 기울일 때 밤하늘의 별들 또한 재잘거리며 밤은 그렇게 깊어갔다.

어느 문화에서나 음악은 대단한 힘을 발휘한다.

그리고 사람들은 노래를 좋아한다. 우리나라 사람들에게 있어서 그 점은 다른 민족 보다 좀 유별나다. 다른 나라들의 경우 어린 시절에는 노래를 많이 부르지만 나이가 들면 급격히 줄어드는데 우리는 어른이 되어도 노래를 자주 부르는 민족성향을 갖고 있다. 고대 상고시대에서부터 이방인들에게 깊은 인상을 심어 준 우리의 음주가무형태, 그 노래사랑의 문화유산이 오랜 역사 속에서 익어 오늘에 까지 온 것이다.

지금의 〈노래방〉 유래는 1976년 일본에서 온 것이다. 오사카에 있는 주점에서 일하는 사람이 단골손님의 애창곡을 듣기위해 반주만 테이프에 녹음해 놓았다가 준 것이 인기를 얻자 다른 노래들도 반주 녹음을 시작했고, 선원들이 배 안에서 그 테이프를 갈아가며 노래를 부르기 시작한 것이 시초이다. 그리고 우리가 표현하고 있는 '십팔번'이란 말도 일본 대중연극 가부키에서 장場이 바뀔 때마다 막간극幕間劇을 공연했는데 18가지 기예 중 18번째가 가장 재미있다고 하여 십팔번이란 말이 생겨난 것이고, 우리는 이 말을 주로 노래를 부를 때 '애창곡' 이라는 뜻으로 쓰고 있는 것이다. 이렇게 일본의 가라오케가 변형되어 1991년 부산 항구에 처음 출현한 노래방은 현재 전국에 널리 펴져 있다. 이제 노래방은 식사와 술자리에 이어서 분위기가 무르익을 무렵 찾아가는 패키지 코스로 자리잡고 있다.

중국 무협영화가 어른들의 동화라면, 노래방은 어른들의 '놀이방'이다. 이곳은 보기엔 조금 촌스러운 미러볼 조명이 천정에서 돌아가며 사람들은 그 공간 안에서는 평소모습보다 긴장이 풀린 모습을 띄며 첨단의 장비와 노래자랑의 전통이 융합되어 신체의 유희를 증폭시키는 공간이 된다. 이곳에서는 지위의 높낮이도 없고 남녀의 구분도 없이 적당히 망가져야 제격이다. 즉 성性, 세대, 지역, 신분의 계층을 넘나들며 가로지르는 국민적 오락공간이 된 셈이다. 아무리 슬프고 괴로운 일이 있고 세상사에 찌

들려 있어도 마이크를 잡는 순간 이미자와 조용필이 되고, 싸이의 '강남 스타일'을 부르며 춤을 추는 주인공이 되는 것이다. 그래서 네덜란드의 사회학자 호이징가는 "인간은 호모사피엔스가 아니고 '호모루덴스' 즉 노는 사람"이라고 정의했는지 모른다.

이런 노래방의 매력은 어디에서 나오는 것일까?

먼저 〈방〉이라는 폐쇄공간이다. 그 속에서는 아는 사람끼리만 있으니 아무리 망가져도 타인의 시선을 의식하지 않게 되는 용감함이 도사리고 있다. 두 번째는 〈에코〉라는 음향이다. 노래를 잘 못하는 사람도 마이크의 떨림이 노래를 분위기 있게 만들어 주고, 고음부분의 힘겨운 발성이 오면 여지없이 기계 속에서 두 세 명의 여자가 나와 멋지게 코러스를 연출해 고비를 넘겨준다. 마지막은 모니터가 있는 〈비디오 시스템〉이다. 가사를 몰라도 화면을 따라 가면 되고 그것보다 더 절실하게 해결되는 건 시선처리를 자연스럽게 해결해 준다는 것이다. 아무리 아는 사람들끼리라도 청중에게 눈길을 보내면서 노래한다는 것은 직업가수만이 할 수 있는 일이다.

그러나 이런 노래방에도 지켜주면 아름다운 예의가 있다. 우선 노래하는 사람은 청중이 지겹지 않게 혼자서 너무 많은 노래를 불러서는 안 되고, 남에게 노래를 시키고는 본인은 노래책만 뒤적이며 자기노래를 찾는 행동은 실종된 유희예절의 모습이다.

코로나로 예전같지는 않지만, 오늘밤도 전국의 작은 캡슐 속에서 단란하고도 화끈한 라이브이벤트가 펼쳐진다. 각양각색의 나르시스트Narcissist가 되어 비좁은 연희의 무대에서 열창하면서 고달픈 현실의 진통을 노래에 실어 날려 보내고 있다. 더 아름다운 사랑을 꿈꾸며.

기다리는 마음

출근길에 겪었던 하나의 사건이 하루 종일 내 마음을 무겁게 한다. 나이가 들어서일까. 운전을 하게 되면 으레 갑작스런 상황을 대비해 앞차와의 거리를 조금 두고, 그야말로 안전거리를 확보하고 운행하는 것이 습관이 되어 버렸다. 한참을 가다 신호대기 앞에 서 있는데, 내 뒤 차량에서 클랙슨이 계속 울려대 룸미러를 통해 확인을 해보니 40대 가량의 여자운전자가 나를 향해 가운데 손가락을 치켜들며 그 영어식 몸짓으로 '뻑끼 유Fuck you'을 연발해대는 것이다.

신호대기 시간이 충분하기에 잠시 망설이다 차에서 내려 그 차로 다가갔다. "왜 그러느냐" 며 물었더니, 창문도 열지 않은 채 이번에는 온몸을 흔들어 대며 서양식 제스처로 "와이 낫?why not" 하며 나를 노려보는 것이다. 도대체 이 여인이 한국사람인지? 미국인인지? 가슴이 답답해진다. 욕을 먹은 것 보다 언제 우리가 저렇게 서양식으로 남에게 나를 표현하게 되었는지 한참동안 가슴을 아프게 한다.

이런 자그마한 사건이 큰 충격으로 와 닿은 상태로 작업실 앞까지 차가 도착했지만 여전히 내 마음은 편하지 않았다. 무엇보다 그 사람의 행동에는 기다리지를 못하는 조급함이 외면의 표출로 나타난 것이다, 아마 그녀는 앞 차가 움직이기도 전에 자동차가 날아 갈수만 있다면 더 빨리 하늘로 추월해 가고 싶었을 것이다.

우리국민은 '빨리 빨리'의 근성이 있다. 그러나 이 근성이 빠른 경제성장과 인터넷 강국을 이루어냈지만, 여기저기에서 부실공사의 폐해도 나타나고 급조된 결과물로 저작권침해의 문제에도 휩쓸리게 되었다.

내가 지난 30년간 광고계에서 디자이너로 생활했을 때 들었던 재미난 일화가 하나있다. 모두가 다 아는 광고인데, 그것은 모기업의 오렌지주스 광고로써 '따봉!' 이라는 유명한 신조어를 만들어 낸 광고이다. 그런데 그 광고는 외국에서 촬영되었지만 애초에 가지고 갔던 광고콘티Continuity, 즉 이야기 촬영대본이 아니었다. 촬영 진이 브라질 현지 오렌지 농장에 도착해 보니 그곳 원주민들이 크고 잘생긴 오렌지를 보면 모두가 "따봉 따봉!"하는 것을 보고 감독이 즉석에서 스토리 콘셉트를 바꿔 촬영했다. 이 재미난 이야기는 여기서 끝나질 않는다. 6개월 뒤 우리나라에서 이 광고의 인기가 한참 뜨고 있을 때, 그곳 브라질에서는 '빨리빨리' 라는 광고가 제작되었다. 한국인들이 자기네 나라에 와 촬영현장에서 가장 많이 한 말이 빨리빨리 이고 그 말이 우리가 느꼈던 '따봉'이라는 말처럼 그들도 우리의 '빨리빨리 '라는 말에 강한 매력을 느꼈던 것이다.

이 에피소드는 '느림'이라는 것에 너무 무관심해진 우리를 고발하는 재미있는 일화이다. 느림이라는 것은, 요즘 일상이 되어버린 디지털과 대비되는 아날로그적인 사고에서 출발한다. 이 광고가 제작되었던 25여 년 전만 하더라도 아날로그 개념이 그나마 사회에 널리 안착되어 있었다. 거슬러 생각해 보면, 직장이나 가정에서 야유회를 가 사진을 찍게 되면 그 필름을 현상소에 맡기고 며칠을 기다린 적이 있었다. 그 며칠을 기다리는 시간이 우리에겐 얼마나 설레고 기다려지는 시간이었는가. 필름회사의 마크가 찍힌 비닐봉지 안에 들어있는 사진 한장 한장을 보며 자기얼굴이 잘나온 것은 즉석에서 확대크기 인화를 신청하고, 잘 안 나온 것이 발견되면 남들이 볼까봐 접거나 찢어버렸던 그런 순진함이 이제는 다 사라진 것이다.

예로부터 중국인들은 장강長江에 용龍이 살고 있다고 믿어왔다. 장강 밑바닥에서 숨을 죽이고 있는 용은 평소에는 물고기들이 치고 지나가도 혹은 어떤 외부위협이 전해져 와도 결코 움직이지 않는다. 그래서 무능하다고 느껴지거나 심지어는 혹시 죽은 것이 아닐까 싶을 정도로 용은 그 어떤 변화에도 반응을 보이지 않고 결코 미동조차하지 않는다. 용은 그렇게 그저 자신만의 시간을 기다린다.

그리고 때가 오게 되면, 용은 비바람과 천둥을 불러일으키고 천지가 뒤집어지는 강렬한 폭풍을 일으키며 하늘로 승천한다. 즉, 하늘로 승천하기 위한 가장 적절한 시기를 용은 바로 그 한순간을 위하여 기다리고 또 기다린 것이다.

이제 다시 우리의 이야기를 해보자. 급변하는 세상에 적응하는 것도 중요하지만, 그에 못지않게 여유를 갖는 기다림이 더 중요한 것이다. 내가 지금 현실이 어렵다고 급하게 판단하여 못된 생각을 하거나 아무도 나를 알아주지 않는다고 한탄과 비관만을 퍼부어 댈 것이 아니라, 저 용의 기다림처럼 외롭고 쓸쓸한 자리에서도 나를 지키며 훗날 미래에 펼쳐 질 나의 그때를 위하여 묵묵히 실력을 닦으며 때를 기다리는 '기다림의 미학'이 우리에게 너무나 절실한 지금의 시대이다.

잠시 옆을 돌아보고 뒤를 되돌아보자! 나를 너무 불안하게 생각하지는 않았는가. 나의 인생에 있어 너무 빠른 앞길만을 향해 숨 가쁘게 달려오지는 않았는가. 그것을 내 자녀와 가족 모두에게도 그렇게 하기를 강요하지는 않았는가.

정말 인간적인 정을 느끼고 싶다면, 이제는 변화 속에서도 균형이 잡힌 '느림'이라는 것에 정신을 돌리고 기다림이라는 것을 가슴속에 껴안아보는 것도 이 한 해를 마무리하는 시점에서 무엇보다 중요한 것이다. 느림의 여유와 기다림의 기대를 갖고 있는 사람처럼 행복한 사람은 없다. 아름다움이나 향기로움에도 조금은 덜 찬 아쉬움이 남아있어야 하는 것이다.

자~ 이제는 우리, 반쯤 핀 꽃의 아름다움을 찾아가기 위해 신발 끈을 풀고 느림의 길을 한번 걸어 나가 보자!

가면이 무서워요

창을 열면 눈앞이 산이고, 손만 뻗으면 하늘과 맞닿을 것 같은 것이 이 산기슭 동네에 사는 즐거움이다.

사시사철 싱그러운 풀꽃 내음과 이름 모를 새들의 지저귐은 이곳이 서울임에도 불구하고 마치 명산 아래 휴가지에 온 느낌으로 그것은 이미 자연의 찬란한 혜택을 누리는 행복이 된다. 내가 가족과 사는 곳은 아차산이요, 내가 글을 쓰고 그림을 그리며 머무는 곳은 남산이다. 그러나 이런 아름답고 신선한 흥취에 간혹 찬물을 끼얹는 것과 같은 무서운 사람을 만나게 되는데, 놀란 마음에 길을 걷다 한참을 멍하니 서있게 되니 참으로 안타까운 일이 아닐 수 없다.

코와 입이 없다!

눈만 뚫려있고 얼굴 전체를 덮은 커다란 마스크를 한 중년 여인들이 삼삼오오 걸어 내려오고 있는 것이다. 걸음걸이도 두 팔을 접어 올려 활개를 치고 발걸음도 보폭이 크니 마치 장년 남자같이 힘차고 당당해 보인다. 그런 모습을 보면 영락없이 산에서 만난 도적떼 같은 느낌에 나는 섬뜩함을 동반할 수밖에 없다. 생각해 보라! 산길에서 표정 없는 가면을 만난다면 그 얼마나 섬뜩한 일인가? 그것으로 끝나지 않는다. 산 아래 약국에서, 산 아래 동네골목을 지나다가도 그 패거리를 우린 또 만나야한다.

햇볕이 강렬해지는 여름철과 가을철 산행에는 선크림을 이용해 자외선을 차단하는 것이 여성들의 일반적인 미용법이다. 그러나 이제는 남의 기분 상관없이 자외선 차단과 미세먼지 방지를 위해 얼굴 전면을 꽁꽁 가리고 목과 팔까지 가리는 '복면 패션'이 대 인기이다. 다시 말해 마주하는 상대에게 섬뜩한 기분을 갖게 하는 가면을 착용한 등산객이 부쩍 늘었다는 이야기이다.

등산용 물품을 파는 상점을 가보면 영화 스타워즈 에 나오는 악당의 복면처럼 생겼다 해서 '다스베이더 패션Darth Vader fashion' 이라고도 불리는 이 복면과 함께 각도를 조절할 수 있는 썬캡은 필수 아이템이고, 코와 입은 물론 목까지 가리게 디자인된 마스크에 챙이 달린 복면 마스크, 팔에 끼는 자외선 차단 토시까지 참으로 다양한 아이템이 진열되어 있다. 이 모두를 몸에 뒤집어쓰고 그 여인들은 산보를 나온 것일 터이다.

그러나 과연, 이 복면패션이 운동엔 얼마나 효과가 있을까? 한 연구팀의 조사에 의하면 십 분이 지나면 얼굴에 땀이 차기 시작하고 바람이 바로 얼굴에 닿지 않아 땀이 마르지 않으니 더울 것은 당연하고, 눈 부위만 뚫려있고 머리까지 감싸고 있으니 호흡이 원활하지 않아 호흡장애가 오면서 뇌에 스트레스를 준다는 것이다.

사람은 운동할 때 평소보다 많은 산소를 공급 받아야하고, 더 많은 이산화탄소를 배출해야 하는데 이 마스크를 쓰고 있으니 호흡체계는 방해받고 체내 이산화탄소의 농도를 증가시켜 체력저하를 가져올 수 있다는 것이다.

또한 땀이 차서 땀띠가 나니 피부건강에도 악영향을 미치고 더 나아가 염증을 유발할 수도 있다. 의학전문가들은 사실 여름, 가을철에는 비가 잦아 미세먼지는 자주 씻겨 내려가고 난방을 안 하는 계절이니 오염이 적어 마스크착용이 불필요하다고 하면서 자외선 차단 또한 운동할 때 안 지워지는 '워터프루트 자외선차단제'를 바르면 마스크 때와 동일한 효과가 있다고 권고한다. 그러나 복면족들은 기미, 주근깨 생기는 것보다 낫다고 하면서 꿋꿋이 마스크를 고집하고 있는 것이 현실이다.

그렇다면 왜 나오는가? 집에 있는 것이 더 건강에 좋을 터인데 말이다. 참으로 안타까운 일이다. 그리고 무엇보다 복면을 쓰기 전에 기미, 주근깨보다 더 깊이 생각해야 할 것은 남에 대한 세심한 배려일 것이다.

우리말에 '탈나다' 라는 말이 있다.

음식을 잘못 먹어 배가 아플 때도 '배탈이 났다' 하고, 다친 곳이 덧나도 '탈났다'고 한다. 즉, 탈이란 뭔가 꺼림칙한 일상에서의 변고를 뜻하는 것이다. 실상 우리 민족은 탈이란 것을 생활 주변에 가까이 두기를 꺼려했었다. 장례식 때 쓴 방상씨方相氏는 물론이고, 한마을의 지킴이로 모셔졌던 탈들도 마을에서 좀 떨어진 '당집堂-' 안에 두었지 절대로 방안에 걸어놓는 일은 하지 않았다.

심지어는 잔치에서 탈놀이가 끝나게 되면 어느 고장에서나 불에 태워 없애는 것이 놀이의 마무리인양 꼭 지켜져 온 풍습이었다. 그 탈에는 갖가지 액살이 잘 붙는 것이라 생각해 태워 없애야 한다는 것이 오랜 속신으로 여겨진 것이다. 이처럼 탈은 우리 민족에 있어 어느 면에서나 경계되는 대상이었다.

그리고 북한 속담에 '가면이 천 리千里이다' 는 말이 있는데, 탈을 쓰고 얼굴을 가리면 가까이 있어도 서로의 사이가 천 리나 떨어져 있는 것처럼 여겨진다는 뜻으로 직접 얼굴을 대는 것이 아니면 낯간지러운 못된 짓도 서슴없이 하게 됨을 이르는 말이다.

산에서 만나면 누구나 깊은 산속처럼 넓은 마음으로 처음 보는 사람에게도 미소를 보낸다. 길을 물으면 도시에서와는 달리 웃으면서 친절히 일러주고 먹을 것을 나누어 준다. 그래서 '인자仁者는 요산樂山이요, 지자智者

는 요수樂水이다'라는 말이 생겨 난 것이다.

이제, 산에서만이라도 가면을 벗고 솔직해지자! 그리고 깊은 산 푸른 하늘, 흰 구름 아래에 서서 붉은 꽃과 단풍의 마음으로 소리 내어 외쳐보자. 이렇게.

"난 정말 당신을 사랑해요!"

노년의 만찬을 위하여

중국 명나라 때 사람으로 시대를 뛰어넘어 이 시대에도 교훈이 될 만한 주옥같은 글을 남긴 사람이 있다. 그는 입신출세와는 거리가 멀었고 오직 공부에만 정진한 인물로서 청렴한 생활을 하며 인격 수양을 게을리 하지 않았으며, 인생의 온갖 고생을 겪으면서 그 인생체험을 『채근담菜根譚』이란 글로 담아내었다. 그 후 이 책은 과히 '동양의 탈무드Talmud' 라고 평가되며 전해지고 있다. 그 채근담에 이런 말이 있다.

> 하루해가 이미 저물었으되 오히려 노을은 더욱 아름답고, 한 해가 장차 저물려 하되 등자나무의 귤은 새로운 향기를 풍긴다. 그러므로 군자는 인생의 끝인 만년에 새로이 정신을 백 배 더해야 마땅하리라.

인생의 황혼을 아름답게 장식하고 뜻 있게 누리려면 젊을 때 미리 준비하는 것이 좋다는 뜻도 있겠지만 그러나 이 말 속에는 사람이 노년기에 접어들었을 때 오히려 더 열심히 하여 좋은 업業을 베풀어 훌륭한 죽음으로서 자칫 무위의 삶으로 끝날 위기에서 벗어나 빛나는 일생으로 고쳐 만들 수도 있다는 말이다. 지은이 홍자성은 해질녘에 노을을 보고 그 아름다움에서, 잎 진 귤나무에서 귤의 향기로움을 느끼면서 자연현상을 비유해 우리들에게 인생 유종의 미를 가르치고 있는 것이다.

이런 교훈이 결코 600년 전에 쓰여 진 고리타분한 이야기라 치부할 것이 아니라 지금 우리나라 곳곳에서 소리 없이 아우성치고 있는 고령화 사회의 목소리와 같다는 것을 느껴야 한다.

그것을 증명하는 하나의 예를 들어보자. 지난 2008년에 동아일보의 한 기자가 쓴 칼럼「어느 95세 어른의 수기」라는 글이 있는데 그 내용에는 다음과 같은 글쓴이의 고백이 담겨있다. "나는 젊었을 때 정말 열심히 일했습니다. 그 결과 나는 실력을 인정받았고 주위로부터 존경을 받아 그 덕에 65세 때 당당한 은퇴를 할 수 있었습니다"
라고 시작하는 95세 노인의 글은 가슴 아린 반성의 충격과 함께 우리가 무엇을 해야 할지를 가르쳐주는 가슴의 비수같은 각오를 세워주는 글이었다.

그 글은 세월의 덧없음과 열정에 대한 교훈을 한 편의 반성문처럼 써내려간 것이다. 그는 젊었을 때 한 직장에서 한 눈 팔지 않고 정말 열심히 일을 했고 그런 결과로 그 분야에서 실력 있는 사람으로 인정받아 65세에 당당한 은퇴를 하였다. 그는 퇴직 후 "이제 다 살았다. 남은 인생은 그냥 덤이다" 라고 외치면서 하루하루를 그냥 시계바늘 움직이는 대로, 인생이 덧없다는 생각으로 아무런 희망이나 의욕도 없이 살아온 것이 무려 30년이나 되었다고 회고한다. 그저 고통 없이 죽기만을 기다리는 삶처럼 정말 아무 것도 안하고 늦게 일어나고, 산책을 나가고, 동네 어귀에서 바둑판을 구경하면서 지냈다고 한다.

그러나 30년의 세월을 그렇게 보내면서 한 번도 후회해본 적이 없었는데, 95세 생일날 며느리가 준 미역국 앞에서 참회의 눈물을 펑펑 쏟아낸 것이다. 자신이 이렇게 오래 살줄도 몰랐는데 은퇴 후 벌써 30년이란 세월이 흘렀으니 지금 나이 95세를 기준하여 보면 지금까지 인생의 삼분의 일1/3을 차지하는 기나긴 시간을 자신은 아무것도 하지 않고 살았다는 것에 놀라고, 슬퍼하면서 후회를 한 것이다.

만일 그가 퇴직했을 때 앞으로 30년을 더 살 수 있다고 생각했다면 그는 정말 그렇게 살지 않았을 것이다. 스스로가 늙었다고 생각했고, 무언가를 새로 시작하기엔 늦었다고만 생각했던 것이다. 그래서 그는 95살 된 그 아침에 눈물겹고 감동스러운 꿈과 희망의 새 각오를 다짐한다. 평생토록 살아오면서 하고 싶었던 것인데 못 다한 것 중 하나인 영어공부를 시작하겠다고 대문을 열고 당당히 걸어 나갔던 것이다.

우리에게 환갑이란 뜻은 하늘과 땅의 기운을 이루는 60갑자甲子가 되므로 태어난 간지의 해가 다시 돌아왔음을 뜻하는 61세가 되는 생일을 말하는 것인데 이것은 곧 새로 태어나 다시 1살이란 뜻을 의미하기도 하는 것이다. 과거에는 '사람이 70살 까지 사는 이, 예로부터 드물다人生七十古來稀'는 시가 있듯이 70살 된 노인을 보기 드물어 환갑만 살아도 큰 경사로 여겨서 사람들이 환갑상에 놓은 밤, 대추를 얻어다가 자손들에게 먹이면서 장수하기를 빌었다.

그러나 현대의학의 발달로 평균수명이 길어진 오늘날에는 환갑잔치는 아예 하지도 않으며 환갑이란 것에 대한 의의는 점차 상실되고 있다. 그렇지만 우리의 마음가짐이라도 환갑의 나이를 만나게 될 때, 내가 다시 태어나 새로이 인생을 시작한다는 각오를 가져야만 후회 없는 인생과 만년의 갈무리를 잘해낼 수 있을 것이다.

나에게도 지금 70대와 80대의 노老 제자가 세 명이 있다. 그들은 화려했던 과거의 경력에 젖어 허송세월을 하는 것이 아니고, 어둡고 좁은 건물에 4층이나 되는 내 작업실 계단을 힘차게 올라와 제2의 꿈인 '화가로의 출발'을 한 걸음 한 걸음 내딛고 있다. 그들에겐 젊은 수강생들 같은 '결석'이란 결코 없다. 오로지 꿈을 위한 도전과 열정이 있을 뿐이다.

우린 반성해야 한다. 아마도 자기 자신 혼자만이 집안에 짊어져야하는 짐이 너무 무겁다는 핑계, 세상이 아직도 나를 몰라준다고 푸념만하면서 지쳐가는 내 자신이 아닌지 다시 한 번 반성해 보아야한다. 시작하자! 내 인생 제 2의 삶을 위하여, 노년의 그윽한 만찬을 위하여 우리들 모두 파이팅!!!

시간속으로

신석주作 / **鷄冠之情(맨드라미와 함께)** / 26cm x 35cm / Watercolor on paper

남자는 女子 여자는 男子

잿빛 빗줄기가 하늘을 덮어버린 며칠 전, 후미진 골목 선술집에서 그를 마주한 것은 참으로 내게 있어 맑은 영혼의 만남이었다.

오랜만에 만나기에 그동안 지인들에게 그의 소식을 귀동냥했던 대로 사업의 실패로 인해 몹시 힘들고 지쳐 있을 거라는 그의 모습을 연상하고 약속장소로 가는 도중 내내 마음은 무거웠다.

그러나 그런 걱정은 잠시 뿐, 그를 만나고 있는 시간 내내 나는 더 없이 그에 대한 부러움과 존경심을 느꼈고, 한편의 살아있는 멋진 인생 드라마를 바로 내 눈앞에서 보는 것 같은 감동으로 나는 서서히 때론 깊숙이 행복감에 젖어 그에게 빠져들어 가고 있었다.

그는 살던 집과 부모에게 물려받은 집까지 경매로 날리고, 경영하던 회사도 문을 닫고 20년 동안 동고동락했던 직원들과도 헤어졌으며, 가정도 파탄지경까지 왔다는 소문이 들렸던 참이었다. 그러나 자살까지 생각했다는 그의 지난 3년간 고통이라곤 믿겨지지 않을 만큼 그의 외모는 변함없이 수려한 모습이었고, 그렇게 파란만장한 고되고 힘든 세상사를 겪음이 오히려 비움, 무소유의 만족을 배운 듯 이전의 그의 박식한 지식과 어울려 더욱 품위가 있어 보였다. 이야기 도중 그의 온몸에서 튀어 나오는 아직도 고갈되지 않은 열정과 유머 역시 여전했다.

그리고 새로운 세상으로의 나아감에 있어 자신감이 넘쳐있는 그의 과감한 추진력은 또 다시 나를 놀라게 했다. 그렇게 그의 인생이 시작되는 대화의 흥분 속에서 또 나를 더욱 놀라게 한 것은 그가 여느 여성 못지않은 풍부하고 아름다운 감성을 지니고 있는 여자를 닮은 남자라는 것에 또 한 번 놀랐다.

헤어져 돌아오는 길에 나는 그의 인상이 '레오나르드 다 빈치'의 〈모나리자〉와 닮아 있다는 것을 문득 깨달았다. 〈모나리자〉 초상화가 명성을 떨치고 있는 이유는 바로 신비한 미모에 있다. 그런데 아직껏 모델의 신분이 밝혀지지 않는 것처럼 모나리자에는 또 하나의 아이러니가 자리 잡고 있다. 모나리자는 여장 남자라는 또는 양성兩性이라는 쇼킹한 주장이 나오고 있는데, 그것은 그림 속의 외모가 튼튼한 체격, 큼직한 손 때문에 '남자 같다'라는 것이다. 일부학자들은 그림속의 모델이 다빈치 자신이라는 주장까지 나오며 자료를 제시하고 있다.

우린, 여기서 또 다른 이야기 하나를 유추해낼 수 있는데, 그것은 모더니즘 이후에 등장한 포스트모더니즘Post-Modernism에 대해서 다양한 측면으로 생각해 봐야한다는 것이다. 포스트모더니즘이란 한마디로 모더니즘의 논리적 발전계승인 동시에 비판적 반反작용이다. 즉, 절대적 질서에서 해체된 무질서 디자인, 탈 중심화 현상, 혹은 이중적 혼합을 말한다. 그러나 이 글에선 우선 포스트모더니즘의 다양한 실체의 대상 중에서 우선 그 포커스를 우리의 인간내성에 맞추어 보기로 하자.

'엔드라제너스Androgynous'란 말이 21세기에 등장하고 있다.

생물학적으로는 자웅동체雌雄同體라는 이론으로 단정 되지만, 남자에게 있어 여성적 면모, 여성에게 있어 남성적 면모를 도드라지게 가지고 있는 양성적 사람을 가리킨다. 한사람의 내면에 남성적이라 불리는 특성과 여성적이라고 불리는 특성이 함께 존재하는 것인데. 과거에는 '중성中性'이라 하여 이상심리자로 보기도 했다. 그러나 이러한 현상을 중성이라고 호칭하는 것은 잘못된 것이고 '양성'이란 표현을 사용하는 것이 맞는 것이다. 사실 중성이란 말에는 호모성Homosexuality이거나 너무 어느 한쪽 측면에 휩쓸린 남성과 여성을 대하는 말이니 이 양성과는 확연히 다른 말이라 할 수 있다.

성차性差가 지배하던 과거에는 남녀가 엄격히 구분되었고 이는 곧 여성비하. 여성학대로 이어졌다. 여자는 항상 의존적이고 수동적이어야 하며 자기의 생각조차도 마음대로 드러내지 못하는 비운의 삶을 겪어야했던 것이 여자의 일생이었다. 물론 거기에 비해 남자는 투박하고 선이 굵어야 하고, 심지어 사나이의 눈물은 평생 3번만 흘릴 수 있다고 교육되어 왔던 것이다.

그러나 이젠 약한 모습만 간직한 여성스러운 여자,

강한 모습만 간직한 투박한 남자의 시대는 갔다!

이제 시대는 새로운 변화를 요구하고 있다. 사회적으로 여성의 능력이 미칠 수 있는 영역이 넓어졌고, 가정에서는 아버지·남편으로서의 역할이 변하고 있다. 또한 친구사이에서 성 고정 관념적 인간은 호의적인 평가를 받지 못한다. 소비산업과 엔터테인먼트산업이 발전할수록 남녀 간의 역할이 차용과 혼용의 중요한 대중문화 현상으로 변화되었다. 이런 유희 속에 양성이미지가 매력적인 캐릭터로 각광 받고 있지만 단순히 외형적 요소를 넘어 자신속의 이성을 발견하여 생활 속에서 조화를 이루는 것이 중요하다.

이러한 주장이 마치 지금의 학설 같지만, 이미 1900년대에 스위스의 정신분석학자인 '융C.G.Jung'은 남성 속의 여성을 '아니마Anima'라 불렀고, 여성 속의 남성을 '아니무스Animus'라 칭했다. 그것은 지금 내가 말하고 있는 것과는 약간 다른 뜻으로 이성간의 자기취향을 설명하는데 사용되어 왔으나 결국은 한사람 속에서의 양성을 뜻하기도 하는 학설이었던 건 분명하다.

그래서 이제는 여성운동 또한 과거의 답습된 사회운동에서 벗어나 무조건적인 남녀평등만을 외칠 것이 아니라 양성간의 차이를 인정하고 받아들여 그것에 알맞은 성 차이에서 오는 역할을 요구하는 단순한 페미니즘에서 탈피하여 한층 더 높아진 '피메일리즘Femalism'으로 변화, 발전해야 한다.

교육 또한 어린아이들에게 여성과 남성의 무조건적인 성역할을 강조하지 말고 서로 이성을 인정하여 서로를 도와주는 양성교육으로 거듭나야 하며 선생님 또한 까다롭고 무서운 이미지에서 벗어나 이제는 재미있고 멋있는 선생님으로 거듭나야한다. 그래야 어려운 영어, 수학, 과학 등의 수업시간도 학생들에게는 즐거운 시간으로 탈바꿈되고 그렇다보면 자연스레 학생들의 성적은 올라갈 것이다. 더욱 중요한 것은 영어와 수능과목에만 집중되는 교육의 틀 속에 조금이라도 문화 예술적 교육의 심도를 더 포함시켜야한다는 것이다.

외우고 문제풀이만 하는 파시즘적인 교육이 아니라 꽃을 사랑하고 인간을 사랑하는 방법을 먼저 가르쳐야한다. 그러면 그것이 이 세상에 나와서 어떤 고통 속에서도 어떤 역경 속에서도 포기하지 않고 서로를 껴안으며 세상을 아름답게 살아가는 하나의 지혜의 해답으로 자리매김할 것이다. 바로 그런 아름다운 예술적·인문학적 교육이 인생을 살아가는데 힘이 되는 것이다. 그러면 더 이상 살벌한 세상은 도래하지 않을 것이고 살만한 세상의 한마당이 될 것이라고 나는 굳게 믿는다.

이제는 몸의 힘이 강한 사람이 성공하는 약육강식의 시대는 원시인이 지배하던 구·신석기 시대에 죽었다. 잘생긴 외모를 가진 사람이 성공하는 시대는 60·70년대 신성일 배우의 한국영화에서 끝났다. 그리고 최고

학부를 가진 사람이 성공하던 시대도 20세기 김영삼 문민정부에서 끝이 났다.

그렇다!

이제는 남에게 웃음을 주고, 남에게 즐거움을 주는 사람, 남자지만 부드럽고 아름다움을 가진 '메트로섹슈얼Metrosexual'인 남자, 여자지만 강한 추진력과 결단력을 가지고 개인적 감정에 좌우되지 않는 공정무사한 자세의 씩씩한 성격을 지닌 '콘트라섹슈얼Controsexual'인 여자가 성공하는 시대이다. 얼마 전 상영하여 흥행된 영화 〈아바타Avatar,2009〉에서의 여전사女戰士 '네이티리'처럼 말이다.

이제 우리 남자들은 부드러움의 여자를 조금씩 닮자!

여자들도 이제는 강함의 남자를 조금씩 닮아보자!

나의 클래식

이번 글은 아내에게 맞아 죽을 각오를 하고 쓴다. 부디 수석문화지壽石文化紙 이번 호는 그 어떤 명석名石이 책에 게재되었더라도 아내에게 책을 보여주지 않을 것이며, 어떤 경우든 부디 내 아내가 이글을 읽지 않기를 간절히 바랄 뿐이다.

며칠 전 조금 늦은 아침에 문자 메시지 하나가 들어왔다. 메시지 내용 말미에 적힌 이름, 어디선가 듣던 이름, 내 어릴 때 손으로 끼적이며 편지 속에 썼던 이름, 길을 가다가도, 꿈속에서도 불렀던 그 이름이 내 눈앞에 적혀있었고, 그 위에 가지런히 사연 한 마디가 적혀 있었다.

"그래도... 환갑이 다 되어가는 나이임에도 불구하고, 마음에 첫사랑의 나팔꽃은 시들지 않고 왜 이리 영롱하게 피는지! -YY"

40년 전 '첫사랑' 여인이 내게 연락이 온 것이다. 가슴이 철렁 내려앉아 한참을 멍하니 서 있다가 주차장에 내려가서야 발신자에게서 온 전화를 걸 수 있었다. 내가 이 이름을 찾기 위해 그동안 얼마나 헤맸는가! 그동안 여느 잡지에 글을 투고할 때 혹여 그 사람이 글을 읽고 내게 연락이 오지 않을까? 는 생각에 필명을 그 사람 이름으로 적어 보낸 적도 있고, 비가 한없이 내리는 날이면 인터넷에 앉자 그 이름을 검색해 보기도 하고, 살면서 윤씨 성姓을 가진 이들을 만나게 되면 어디 "윤 씨냐?"고 되묻고는

"파평윤씨坡平尹氏" 라는 대답이 나오면 한참동안이나 그 여인을 떠올리며 또 그렇게 얼마나 생각했던가. 내 첫사랑 이름이 그 성姓 이기에…

우리는 37년 전 인천에서 처음 만났다. 집안사정으로 대학을 잠시 뒤로 하고는 대기업 '기획조정실'이라는 타이틀에 자부심을 갖고 세상 무서운지 몰랐던 내 나이 21살에 그녀를 만난 것이다. 나는 서울본사에서 잠시 파견 나온 사람이었고, 그녀는 지사에서 근무하는 참으로 곱디고운 동갑내기 한 여사우이었다.

둘이 눈이 맞아 퇴근하면 집이 서울인데 올라갈 생각도 없이 동인천 뒷골목이며, 신포동이며 둘이서 깔깔대며 참 많은 시간을 돌아다녔고, 어쩔 때는 내가 일부러 손목에 시계바늘지침을 한 시간 앞으로 돌려놓은 적이 있었다. 그 당시는 야간통행금지령이 있던 시절이었다. 손목시계를 앞 시간으로 조작해놓고는, "시간 넘어서 집(서울)에 갈 차 없다"고 어리광 피우듯 밤을 그녀와 지새우려고 했던 지난날 나의 부끄러웠던 장난 끼가 생각난다. 돌이켜 보면 지금은 서로 다른 집 사람이 되어버린 우리들 앞에서 얼굴이 화끈거리는 일이다. 그때는 통행금지라는 것이 있었고, 지금처럼 길거리 여기저기에 시계 판이 많지 않았으며 핸드폰이 없던 시절이라 그런 장난도 가능했을 것이다.

지금도 요즘 유행하는 가수 윤수일의 〈터미널〉이란 노래가 나오면 으레 그녀가 생각이 난다. 요즘이야 서울-인천이 지척이지만 그때에는 고속버스가 유일한 교통수단이었다. 아마 기차는 있었지만 서울까지의 출퇴근에는 거의 사용되지 않았고 고속버스가 회사 근처 앞에서 하차下車하니 그랬을 것이다.

한참을 데이트하다 고속버스 차장에서 손을 흔들었던 그때, 서울 우리집에서 어머니에게 처음 인사를 하고 내려가던 그때 그 시절 우리의 모습이 지금 윤수일의 노래에서 흘러나오는 것이다. 사랑을 하면 유행가 가사가 그렇게 가슴에 와 닿는 것을 새삼 실감하게 되는 것이다. 사실 첫사랑이라는 것은 관능적인 이미지 보다는 돌이켜 보면 아주 순수한 서정성이기에 나는 이글을 자신 있게 적고 있는 줄 모른다.

이런 순수한 서정성이 잘 표현된 첫사랑을 다룬 영화 중에 〈클래식The Classic,2003〉이란 우리 영화가 있다. 이 영화를 황순원의 '소나기'와 동일선상에서 해석하는 이들도 있지만 내가 보기에 이 영화는 소나기마저 다 못한 첫사랑의 이야기를 현재와 과거를 오가며 우리 세대가 다 겪었을 법한 가슴 아픈 첫사랑의 주된 정서를 잘 표현해낸 수작이다. 이것은 순수한 사랑의 감정으로 시작한 것이 세월의 흐름 앞에 변해가는 첫사랑 때 여인의 모습을 보며 '아사코'와의 세 번의 재회를 끝으로 사랑의 감정을 접어버려 허탈한 끝맺음을 보이는 피천득의 수필 「인연」 보다 느낌이 다른, 아니 조금 더 깊은 아픔을 전달해주는 첫사랑의 이야기이다.

태양이 바다에 미광을 비추면 나는 너를 생각한다
희미한 달빛이 샘물 위에 떠있으면 나는 너를 생각한다.

괴테의 시어가 이 영화 속을 이렇게 감도는데, 지금도 내 첫사랑 그녀는 37년 전 내게서 받은 편지들을 그대로 간직하고 있다고 한다. 미술학도이고 문학소년이었던 나는 대체 그때 그녀에게 어떤 말을 적었을까? 그리고 무엇 때문에 우리는 헤어진 것일까? 언제 어느 때 작별을 고한 것인가? 너무나 미안하다. 아무 것도 그런 것이 생각나지 않는다. 단지 사랑했던 것 밖에는 생각이 나지 않는다.

며칠간의 통화와 문자에서 그녀는 자꾸 내게 미안하다고 하며 운다. 그러나 미안한 것은 정작 나이다. 그녀는 요즘의 내 전시, 내 글까지 다 읽어보았고 내가 어디에 있는지도 아주 잘 알고 있었다. 그러나 나는 그녀에 대해 아무 것도 알 수 없고 어디가 아픈지도 모르고 있다. 그래서 내가 더더욱 미안해 자꾸 눈물이 나는데 그녀가 자꾸만 울어댄다.

아니, 잘된 옛 일이라고 자꾸 외면해 본다. 첫사랑과 결혼해 마음을 다치고 이혼을 하며 소송까지 불사하는 요즘의 정서로 보면 '우린 잘 된 것이다'라고 자꾸 되새겨 본다. 그래 맞다. 아픈 결말보다 가슴 속에 아름다운 미련이 남는 결말이 첫사랑이 아니던가. 언제까지나 순수하게 남아있어야 할 것이 첫사랑이 아니던가. 이렇게 아무리 몸부림 쳐봐도 소용이 없다. 나는 자꾸 피다 진 나팔꽃처럼 부끄럽고 미안하기만 하다.

"미안해. 친구야!"

팔팔한 나이

오늘 오랜만에 종로 안국동安國洞 비원길을 걸었다. 비가 개인 뒤라 모든 것이 반짝거려 상점의 물건들, 거리의 나무들, 오가는 사람들끼리 "재잘재잘" 말을 하며 내 앞에 서성이는 듯 했다.

간혹 냄새는 고약하지만 발아래 미끄러져 튕겨나가는 은행을 밟았을 때, 은행잎 하나가 빙그르르 휘돌며 부메랑Boomerang처럼 다시 내 발밑에 떨어진다.

어느 바람 때문에 지는 줄도 모르는 저 낙엽의 사연들은 무엇이고, 우리네 인생도 어느 바람에 지는 줄도 모르고 늙은 노후가 될 텐데 "나는 그때 무엇을 하고 있고 또 어찌되는 걸까?" 이런저런 생각이 여느 날 보다 더 깊게 파고드는 것은 내가 지금 가고 있는 공연장의 주인공 탓이었다.

지난해 강원도 진부령미술관에서의 인연으로 알게 된 '테너 홍운표' 선생님의 독창회의 오프닝에서 내가 인사말을 하게 되어 있어 가는 길이었다. 그리고 공연장에서 공연을 지켜보며 나는 감동에 벅차오르는 내 가슴을 어찌할 줄 몰라 공연 내내 좌석에 앉지도 못한 채 뒤편에 서서 안절부절 견딜 수가 없었다.

90이 가까운 87세의 나이에 독창회라는 것이 놀랍기도 하지만 '옛 동산에 올라/ 가고파/ 산들바람/ 별은 빛나건만/ 무정한 마음' 등의 노래를 비록 젊은 시절 그 모습은 아닐 터이지만 차려입은 무대 복服처럼 선생은 순조롭고 감명 깊게 온 몸으로 즐기며 노래를 부르고 또 부르고 있었다.

"예술은 아름답다! 처럼 예술인은 아름답지요?"라고 옆에 서있던 한 관객이 내게 귀엣말로 소곤거릴 때 그 어른의 목청에서 '장안사'의 노래가 울려 퍼졌고, 난 그때 참았던 눈물을 흘리고 만 것이다. 또한 주인공이 쉬는 시간에 게스트로 나온 연주자의 바이올린 '카르멘판타지Carmen fantasy' 연주곡은 공연장 안에 관람객들을 하나로 묶어주며 우리는 그렇게 벅찬 가을날을 노인가수와 함께 맞이하고 있었다.

이 감동이 있기 전 공연 앞부분에 나는 이런 것을 예견이라도 한 듯 오프닝 첫 메시지에 평소 즐겨하던 중국 명나라 시절 홍자성이 지은『채근담』의 한 구절을 인용하여 주인공에 대한 인사말을 하였다.

"하루해가 이미 저물었으되 오히려 노을은 더욱 아름답게 불타고, 한해가 점차 저물려 할 때 등자나무의 귤은 더욱 더 새로운 향기를 품어낸다"

앞에 글에서도 인용하였지만, 이렇게 해질녘에 노을을 보고 그 아름다움에서 또한 겨울날 잎이 진 귤에서 향기가 더 짙게 뿜어진다는 자연의 현상을 빗댄 채근담의 내용이 떠올랐던 것이다. 그런 마음을 바로 이 날 인생 황혼기의 노년기에 독창회를 가지며 성공적 노화를 관객들 앞에서 보여 준 테너 홍운표선생님의 모습에 비유한 것이다.

그는 모인 관객 모두에게 '인생의 유종有終의 미'를 아름답게 전달 한 것이다. 마치 노래 가사에는 꼭 그런 내용이 없을지라도 그의 가슴에서 울려 입으로 전달되는 노래 속에는 충분히 그런 것이 서려있었다. 우리는 어쩌면 노래하는 그 앞에서 지금까지의 게으름을 반성하며, 더 열심히 인생에서 갈무리를 아름답게 해야 한다는 마음을 가져보는 시간이었는지도 모른다.

이 글 제목 '팔팔한 나이'는 이날 진행을 맡은 사회자의 말솜씨에서 빌려 온 것이다. 주인공과 오랜 친분이 있는 신동현화백이 그야말로 늙은 사회자의 모습으로 변신하여 부드럽고 격이 없는 말동무처럼 진행하였는데 중간 중간 좌중을 보며 "이 사람이 두 달만 있으면 88세가 되는데~ 정말 노래솜씨는 88(팔팔) 해요!" 라는 멘트에 전체가 웃음바다가 된 것이다. 그렇다! 팔팔한 노인이다.

우리가 노년기를 어떻게 바라보고 또 어떻게 받아들여야하는지를 노인 주인공은 몸으로 우리에게 가르쳐 주고 있었다.

노인은 '비움'을 아는 사람들이다. 비우는 것을 실천함으로 또 다른 여백을 만드는 것을 알고 있는 사람들이다. 꽃이 눈이 부시게 아름답지만 그 꽃을 버려야 열매를 맺을 수 있고, 처녀가 젊음을 과시하여 아름답다 하지만 처녀를 버려야 옥동자를 낳을 수 있고 비로소 어머니가 되는 것이다.

그리고 노인은 '노련' 하다. 오랜 세월의 경륜 앞에 얻은 노하우가 있어 그들은 노련한 경험의 결정체이다. 돌다리도 한번 두들겨 보고 걷는 신중함이 있고, 술을 마셔도 젊은이처럼 속수무책 쓰러지지 않는다. 그래서 밑을 무겁게 하여 아무리 쓰러져도 오뚝 일어난다는 오뚝이에 비유에 노인을 '부도옹不倒翁' 이라고 예부터 일컫게 된 것이다.

또한 노인은 '점잖음'을 지니고 있는 품격이 있는 인격체이다. '점잖다'는 말은 젊지 않다는 뜻으로 젊은이처럼 감성에 쉬이 뜻을 바꾸거나 분위기에 가볍게 흔들리지 않는다는 말이다. 그래서 점잖음이란 것은 인생의 중후한 완결판이자 장엄한 아름다움이 되는 것이다.

더불어 노인은 '생각'이 많다. 여러 가지 사연을 많이 겪다 보니 이런저런 생각이 많아져 그들의 행동에는 철학자의 모습이 숨어있다. 그러다 보니 했던 말도 또 하고 같은 행동도 같은 자리에서도 잘 견디어낼 수 있는 내공을 지니고 있다.

'늘 그 자리에 있는 이'가 바로 '늙은이-늘그니'인 것이다. 세상을 염려하고 가문을 지키면서 늘 그 자리에 지킴이를 하고 있는 인생의 관리자인 것이다.

이렇게 풀이를 하다 보니 어느새 역易으로 '노인은 청춘이다' 는 이상한 결론에 다다르게 된다. 그렇다! 정신의 나이는 몸의 나이의 반밖에 되지 않는다. 노인들이여! 그리고 젊은이들이여! 이 가을 하늘 아래서 죽는 날까지 젊음의 기상으로 팔팔하게 살아가자고 소리쳐 보자.

우리의 맑은 영혼을 찾아 나서다

내 주위에 작은 공방工房을 운영하며 예능계에 종사했던 분이 정치에 입문하여 정치인이란 신분을 4년 달고 다녔던 사람이 있다.

그런데 요즘 그를 보면 참으로 안타까워 내 자신이 더 속상해지고 만다. 임기를 끝내고 다시 선거에 도전하여 결국 실패를 맛보았지만 그는 여전히 정치판의 화려함(?)에서 벗어나지 못하고 있다. 가지고 있던 재산 모두를 털어 두 번의 선거비용으로 탕진해 그 집 가세가 기울어져 초라하기 짝이 없지만 그것보다 더 안타까운 것은 그가 평생을 해오던 공예미술예능을 안 한다는 것이다.

결국은 저번 달 그 공방은 문을 닫고 말았다. 그런데도 그는 아직 술자리에서 누구보다 더 큰소리를 내고 주위사람들에게 마치 공약이라도 내걸 듯 이런저런 허풍 섞인 말을 정치인의 습성대로 내 뱉는다. 사람이 바뀐 걸 보면 정치가 좋긴 좋은가 보다.

우리가 살아가고 있는 이 시점의 사회는 칼 마르크스가 예견했듯이, 아니 그가 빈정대며 되살아나 우리 옆에서 아직도 기웃거리는 것처럼 어쩌면 우리 사회는 자본주의 속의 치열함 속에서 몸부림치며 경쟁이란 숙제 앞에 하루하루 사람들이 파괴되어 가고 있다. 가진 자가 갖지 못한 자들을 핍박하며 살아가는 것이 당연한 사회적 현상으로 이해되어야 하는 안타까운 현실 앞에 우린 늘 서있는지도 모른다.

그리고 우리는 그 현실 앞에서 아무런 말도 하지 못한 채 그냥 흐느끼고 있어야하는 미약함을 드러낸다. 우리 예술계 또한 오래전 이야기이지만 '신정아 사건' '유명가수의 군 입대 거부' 사건들과 최근의 '조영남 사기그림사건' 앞에서 우리는 과연 무엇을 생각해 볼 수 있겠는가? 일부 정치인들의 비열한 권력과 경제계의 추악한 돈놀이 잔치에서 사회 전체에 이르는 분야까지, 심지어는 지성인의 첨봉尖峰이라는 학계에서도 돈으로 교수직을 매수하는 그야말로 돈이면 다되고, 남을 속여서라도 성공할 수 있다는 예술계를 포함한 우리 사회에 깊이 뿌리내리고 있는 이 '물질만능주의'의 악몽은 과연 어떻게 치유해야만 하는 걸까?

그것에 관한 답은 애매하지만 여기 한줄기 빛이 하나 보인다. 물질주의의 악몽 속에서도 저 멀리서 희미하게 깜박거리는 작은 빛 하나가 있다. 그 빛, 우리의 맑은 영혼을 찾을 수 있는 빛 하나가 있는데 그것이 바로 영화 〈서칭 포 슈가맨Searching for Sugar Man,2011〉이란 다큐멘터리 작품이다.

실화를 다큐멘터리 형식으로 영화화한 작품으로 2장의 앨범만 남기고 사라진 전설의 가수이야기이다. 자신조차도 성공이라는 것을 몰랐던 놀라운 이야기, 이 다큐멘터리는 마치 거짓말 같은 이야기이지만 절대 편집이 아닌 '진짜 이야기'라는데 힘이 있다고 영화 도입부에 적혀있다.

미국 디트로이트 부둣가 어느 술집에서 손님을 등지고 앉은 채 노래하던 '시스토 로드리게즈Sixto Diaz Rodriguez' 라는 가수가 이미 죽었다는 소문과 함께, 그를 다시 찾아나서는 이야기를 담고 있는 이 영화는 그의 노래를 열광하는 한 팬의 방백형식으로 시작된다.

디트로이트에 살던 로드리게즈는 막노동으로 일하면서 카페나 술집에서 기타를 치며 노래했다. 그런 그의 노래를 들어보고 음반제작자가 다가와 앨범을 내기 시작했고, 제작자들은 그를 천재라고 하며 반드시 앨범이 성공할 것이라고 확신한다. 그럴 만도 했던 것이 가사 하나하나에 일상의 삶을 기록한 짙은 서정성이 당시 가난했던 디트로이트의 삶을 대변한 것이고, 리듬 역시 그런 정서를 잘 표현한 훌륭한 곡들이었다. 그러나 그런 제작자들의 기대와는 달리 음반은 아는 사람들 6명에게만 팔리고 아무런 반응도 얻지 못한 채 제작자는 망하고 노래하던 그는 사라진다.

그런데 70년대의 남아공에 우연히 이 음반이 어떤 경로인지 모르게 들어오게 되고, 언론통제와 인종차별이 심했던 남아공에서는 이 노래가 혁명의 아이콘이 되어 국민이 다 아는 음반으로 유래 없는 히트를 치게 된다.

나는 이 다큐 영화를 보면서 이것은 분명 인물의 마력이 영화감독의 구상 위로 범람한 최고의 다큐 작품이라고 생각했다. 영화 첫 장면에서 기타를 맨 그의 모습은 마치 비열한 이세상과 한바탕 싸움을 벌이려는 비상한 각오를 다진 무사武士의 모습이었기 때문이다. 그렇지만 그는 기타 선율 앞에서는 부드럽게 노래하면서 흐느끼고 세상살이를 호소했다.

그 후 사라진 그가 낯선 남아공으로부터 인기를 얻어 다시 돌아오지만, 성공의 기회 앞에서도 소박함을 지키는 그의 삶은 우리에게 충격을 던진다. 인기인이지만 인터뷰의 마이크 앞에서 보이는 그의 수줍은 표정과 모습에서 맑은 순수함은 그대로 남아있고, 무엇보다 그의 노래 속의 냉소적인 가사, 즉 록에 어울릴 것 같지 않은 쓸쓸한 멜로디까지 그는 분명 이 시대의 진정한 예술가이고 진솔한 평민이었다.

우리는 이 다큐 영화 앞에서 무엇을 느껴야하는 걸까? 참으로 마음이 어지럽고 머리가 아파온다. 그러나 분명한 것은 그가 수백만 장의 앨범이 팔리는 인기를 누린 것이 비록 한때이고, 그곳에서 얻은 명성과 스타로서의 삶이 기적을 낳았지만 그것이 모두 해적판이라는 이유로 후엔 가진 것 하나 없이 그는 또 추락하고 만다. 그러나 그는 그것을 불평하지 않고 모든 것을 뒤로 한 채 다시 자신이 있던 일상으로 돌아간다는 것이다. 예전에 늘 그랬듯이 공장에서 노동직으로 일을 하며 밤이면 부둣가에 앉아 기타를 치고 그는 또 노래를 부른다.

이것이 실화를 다룬 다큐 영화의 매력이고, 그것은 매우 인상적이며 매우 아름다운 것이었다. 이 주인공 로드리게즈의 삶이 우리에게 보여 준 아주 중대한 삶의 교훈은 내면의 순수함을 잃지 않고 있다는 것이다. 한때의 행운 속에 젖어 행복이라는 본연의 일상을 짓밟는 오류에서 우리는 벗어나야 한다는 값진 충고를 해주고 있는 것이다. 우리에게 순수한, 우리에게 아직도 남아있는 저 꺼지지 않은 희미한 맑은 영혼의 불씨를 나는 로드리게즈를 찾아 나선 이 영화처럼 다시 이 사회에 불 지피고 싶다. 선글라스를 끼고 창문 틈사이로 불어오는 바람 앞에 서있는 그 다큐 속의 주인공처럼 희미하지만 강렬한 우리 맑은 영혼의 빛을 찾아 이 글의 앞부분에 등장한 이전의 어느 공방의 주인과 함께 예술여행을 떠나고 싶다.

그대여! 그 빛이 정말 이룰 수 없는 꿈은 아니겠지요?

지나간 별들의 마지막 이야기

평소 석양을 유난히 좋아했던 한 선배 화가가 유명幽明을 달리했다. 이제 그는 석양 깊은 곳 심연의 황혼에 잠든 것이다. 그 상가喪家에서 문상을 마치고 나오는 길에 문득, 어젯밤 보았던 드라마의 한 장면이 선배의 죽음과 대치되며 영하 17도의 칼바람과 함께 겨울밤을 에이며 지나간다.

그 드라마는 중국 나관중의 소설『삼국지연의三國志演義』을 극화한 드라마 〈삼국지〉이다. 나는 어렸을 때 친구들 대부분이 무협지를 읽는 것을 보고도, 정작 나는 그 즐거움에 빠지질 못했다. 지금까지 살아오는 동안 나는 삼국지를 대하지 못했던 것이 늘 인생에서 체험해야 할 중요한 하나를 빠트리고 왔다는 강박감에 빠져 들곤 했다. 왜냐하면 국내 정치계 뉴스의 헤드라인에도 혹은 전 세계의 주요 경제·사회의 시사보도에서도 삼국지는 예외 없이 자주 등장하기 때문이다.

예를 들면, 마이크로소프트의 빌 게이츠, 애플의 스티브 잡스, 구글의 에릭 슈미트 CEO 들의 각축을 다루는 기사들의 머리글에도 그들은 동양의 삼국지를 인용하고 있다. 위·촉·오魏·蜀·吳 삼국이 어떻게 자원과 조직 그리고 인재를 이끌어왔느냐를 고스란히 삼국지로 옮겨와 그들에게도 삼국지는 탁월한 경제, 경영서로 평가되고 있는 것이다. 그도 그럴만한 것이 창과 칼이 난무하던 옛 전쟁터 보다 더 살벌한 21세기의 시장과 인재를 두고 벌어지는 기업들 간의 쟁탈전은 곧 삼국지의 피비린내 나는 현장과 너무나 많이 닮았기 때문일 것이다. 그런 삼국지를 나는 환갑이 된 나이에 비록 책은 아니지만, 90편이 넘는 긴 장편 연작 드라마로 접하기 시작했다. 그런 도중에 어젯밤 조조의 죽음 편에 나는 잠시 리모컨을 정지시키고 그 대사를 음미하기 시작했다. 황제와 버금가는 권력과 위세를 떨친 조조가 마지막 죽음의 시간에 여러 신하들과 아들 조비 앞에서 그는 죽음을 이렇게 토로한다.

死不可怕 죽는 것이 뭐가 두렵나

死是涼爽的夏夜 죽음이란 서늘한 여름밤과도 같은 것

"세상 사람들은 어제도 이 조조를 잘 못 보았다. 어쩌면 내일도 또 잘못 보겠지. 하지만, 나는 여전히 나다. 남들이 날 잘못 보는 것 따윈 한 번도 두렵지 않았다."

그리고 그는 멀리 있는 술잔을 달라하며 그 술잔 속에 술을 마시지 않고 손가락으로 찍어낸 다음 먼 곳을 응시하며 손가락을 튕겨 공중에 떴다 바닥에 떨어지는 술 물방울과 함께 숨을 거둔다.

남들이 자신을 잘못 보는 것조차 신경 쓰지 않고 두렵지 않게 산다는 것, 즉 남을 의식하지 않고 내 자신 그대로의 의지대로 살며 삶을 마감한다는 것이 얼마나 어려운 일인 가는 이 풍파 많은 세상을 살아가는 우리들에게는 참으로 부러운 일이 될 수 있다.

나는 지난여름 작업실을 옥탑으로 옮기면서 이런 진실을 화초에게서도 느낀 적이 있다. 10년을 빌딩 안 베란다에서 키운 화분이 옥탑 야외에서 한 여름을 맞자 그 분재盆栽의 본래의 색이 나타난 것이다. 긴 세월 내내 가을이 되면 분재는 노란색의 단풍을 내게 선물해주었는데, 이번에는 옥탑에서 받은 한여름의 많은 햇볕 양으로 선홍빛의 붉은 단풍으로 본래의 색을 띠게 된 것이다. 이런 과정이 없었더라면 아마 나는 내가 그 분재를 떠날 때까지 그의 본래 색을 모르고 있었을 거라는 생각에 숙연한 자세로 분재 앞에서 미안한 감정을 가져본 적이 있다.

그리고는 곧 우리들도 이 나무처럼 어쩌면 여러 환경 때문에 자신의 색깔을 못 내고 겨우 비슷한 모양만 만들어가며 살아가고 있는 줄도 모른다는 생각에 잠시 슬퍼지는 시간이기도 했다.

우리 인생사에는 여러 영웅들의 죽음 직전의 모습들이 마치 교훈처럼 느껴지는 일화들이 많다. 그중 '악법도 법이다'로 유명한 소크라테스는 사형의 독약이 준비되고 있는 동안 피리를 들고 음악 한 소절을 연습하고 있었다. "대체 그것이 무슨 소용이 있나?"고 간수가 묻자, 소크라테스는 말한다.

> But never learn this music a bar before death?
>
> 그래도 죽기 전에 이 음악 한 소절은 배우지 않겠는가?

또한 20세기 예술 전반에 혁명을 일으키며 미술사의 흐름을 바꾸어 놓았던 스페인 출신 입체파의 거장 피카소Pablo Picasso는 죽기 직전에 자신의 그림세계가 아직도 어린아이들 그림처럼 되지 못하고 겉치레가 담긴 그림만 그렸다는 뜻을 가족에게 전하며 "아이들처럼 그리고 싶어!"를 흐느끼며 그림에 대한 열정을 세상에 내려놓은 채 그의 몸은 식어갔다.

'사람은 태어나 언젠가는 죽는다!'는 단순한 명제 앞에서 위의 선인들의 임종직전의 모습들은 우리들에게 또 하나의 과제를 남긴다. '어떻게 살 것인가?'에서 '어떻게 죽을 것인가?'에 대한 문제 이동을 어쩌면 우리들도 짊어져야 할 인생의 숙제가 되는 것이다.

마음이 흔들리는 이야기들

20여 년 전에, 연하장에 그림을 그려 보내면서 서양화가인 내가 처음으로 낙관落成款識을 하게 되었다. 간혹 전시장에서 동양화나 서예작품에서 보는 붉은 색의 낙관이 평소 멋있게 와 닿았던 터라, 내 그림 중 수채화 작품에 그런 동양적 요소를 가미하고 싶었던 것이다. 그러나 그 당시에는 내가 지금처럼 '동양미학'을 접근한 때가 아니라 전각篆刻에 대한 아무런 지식이 없었다. 그냥 내 이름 중 성姓씨 납 신'申' 글자를 어린 시절 날리던 가오리 '연鳶' 과 '물고기가 유영' 하는 두 가지 모습을 복합하며 디자인하여 전각을 만들었다.

그 이후 지금은 서양화를 그리는 사람인데도 전각이 꽤 많아졌지만, 그때 처음 만든 그 전각이 나에게는 제일 소중히 쓰이는 것 같다. 그것을 보고 내 주위 지인들은 특이한 모양이라며 칭찬해주고 있어 결국 내가 제일 좋아하는 전각으로 낙관을 즐겨하고 있다. 그런데 어느 날 유독 한사람만이 "뱀 모양 같다" 며 인상을 찌푸리며 투덜대었다. 그가 가고 간 자리에 이런 옛 이야기 고사古事 들이 생각났다.

'활 그림자가 뱀으로 보인다' 는 이야기는 『진서晉書』 〈악광전樂廣傳〉에 나오는 고사이다. 악광이라는 사람이 하남에서 벼슬살이를 할 때 손님을 맞았는데, 한 번 다녀간 손님이 그 후 오랫동안 오지 않았다.

그 뒤 악광이 물으니 오지 않았던 손님이 대답하기를 "전에 주시는 술을 받아 마시려할 때 문득 술잔 속에 뱀이 있는 것을 보고 몹시 징그러운 생각이 들더니 그 술을 마시고 병이 났습니다."하였다. 악광은 그 말을 듣고 문설주門-柱 위에 걸어 둔 활弓이 술잔에 비쳐 뱀처럼 보였으리라 생각하였다. 그래서 전처럼 술잔을 놓고 손님에게 "술 잔 속에 또 무엇이 보이오?" 하고 물었다. 그러자 손님이 깜짝 놀라며 "전에 본 그대로입니다." 하여 악광이 그것은 뱀이 아니고, 문설주 위에 걸린 활이 비친 그림자임을 설명하니 그제야 손님은 깨달아 오랫동안 앓던 병이 그 자리에서 나았다는 이야기이다.

'누운 바위를 보고 범이라 한다' 는 것은『사기史記』〈이장군열전李將軍列傳〉에 나오는 고사이다. 이광이 어느 날 사냥을 하는데 덤불 속의 돌을 호랑이로 잘못 보고 활을 쏘았더니 활촉이 돌을 뚫고 박혔다. 이광이 달려가서 자세히 보니 그것은 바위였다. 하도 신기하여 다시 활을 쏘아 보았지만 활촉이 다시는 돌을 뚫지 못하였다.

또 이런 이야기도 있다. '석호도 갈매기로 삼을 수 있다.'는 말이 있는데 이것은『진서』〈불도징전佛圖澄傳〉에 나오는 고사이다. 석호石虎는 세도가 당당하고 몹시 사나워서 사람들은 그를 호랑이만큼이나 무섭게 여겼다. 그런데 석호도 불도징이라는 자의 높은 덕 앞에서는 감복하지 않을 수 없었다고 한다. 그것을 보고 사람들은 불도징은 석호를 갈매기로 삼았다고 했다. 여기에서 갈매기의 이야기는『열자列子』에 나오는 〈해구海鷗〉라는 이야기를 참조할 만 하다.

갈매기를 좋아하는 사람이 있었는데 그는 매일 갈매기와 함께 놀았다. 그에게는 갈매기 수백 마리가 늘 겁 없이 모여들었다. 어느 날 그 사실을 안 아버지가 갈매기를 잡아다 주면 가지고 놀겠다고 하였는데, 이튿날 그는 아버지에게 주려고 갈매기를 잡으려고 바닷가에 나갔으나 갈매기는 하늘에서 빙빙 돌 뿐, 한 마리도 내려오지 않았다.

또 '개구리 소리도 음악으로 들린다.' 라는 말은 『남사南史』〈공규전孔珪傳〉에 나온다. 공규는 세상일에 관심이 없어 산림에 묻혀 살았다. 책상에 기대어 홀로 술을 마시니 아무런 잡사도 없는지라 뜰에는 풀이 우거지고 그 속에는 개구리가 울었다. 그 때 마을에서 사람이 찾아와 외로움을 달래준다 하며 음악을 연주해주다가 개구리 소리 때문에 귀가 따갑다고 하자 하규가 말하였다. "내 듣기에 그대의 음악은 저 개구리 소리만 못하구려." 하니 그는 악기를 멈추며 부끄러운 빛을 감출 수 없었다.

이렇게 심기, 즉 마음이 어지러우면 사물에 흔들리기 쉽다. 그래서 술잔에 비친 벽에 걸어 둔 활 그림자도 뱀같이 보이고, 돌도 범같이 생각되어 모든 것이 자기를 노리고 있는 것처럼 보인다. 그러나 마음이 편안하면 호랑이도 갈매기로 여길 수 있고 개구리 소리도 음악으로 들을 수 있다는 말이다.

문득 내 낙관모양에 심기가 불편했던 나의 방문객 한 명을 보내며, 위와 같은 여러 고사를 떠 올려 보았다.

사람의 행복과 불행은 모두 마음이 만드는 것이다. 그것이 어찌 사람의 일 뿐이겠는가. 사나운 바람과 성난 비에는 새들도 근심하고, 갠 날씨와 맑은 바람에는 풀과 나무도 기뻐한다. 그렇듯 세상의 많은 일은 마음가짐에 따라 달리 보일 것이다. 슬프게 보면 모두가 슬픔거리요, 웃으며 바라보면 모두가 즐거운 웃음거리이다. 괴롭고, 즐겁고, 밉고, 고운 것이 전부 내 마음에서 비롯된다.

그렇게 날씨가 좋으면 풀과 나무와 짐승도 기뻐하듯이 우리도 이 세상을 살아가면서 서로에게 기쁨을 주는 한 사람이 되어야 할 것이다. 한사람의 마음이 화평하면 옆의 사람까지도 부드러워지니까 말이다.

디지털 시대와 추억

내 막둥이 아들에게 애인이 생긴 모양이다. 전에는 많지 않던 외출이 늘고, 제법 멋을 부리는 모양이 그런 추측을 낳게 한다. 스물일곱, 얼마나 좋은 나이인가. 그 아들이 여행 중 내게 본인의 심정을 담은 내용을 긴 글의 문자로 전송해 왔다.

"오랜만에 휴식, 차를 타고 가는 여행, 그동안 너무 오랫동안 여행을 가지 않아서 나에게만 낯설게 느껴졌던 것일까? 참 익숙지 못한 일을 겪었다. 여행을 위해 인터넷예매를 하였더니, 현장에서 종이 버스승차권으로 바꿔 달라고 하여도 그렇게 나오지가 않는다는 것이다. 평생 소중한 추억으로 간직할 수 있는 종이승차권은 제공되지 않고, 버스 탑승을 위해 스마트 폰의 코레일 앱을 열어서 QR코드 화면으로 버스 탑승기 화면에 대라는 것이다.

이런 일을 겪게 된 순간 영화관에서의 일들도 생각났다. 영화표도 예전에는 두꺼운 종이에 영화 포스터의 메인 이미지 그림 장식이 들어간 그런 입장권을 모으는 것이 누군가에게는 소중한 추억이었던 시절이 있었다. 그러나 점차 스마트 폰으로 예매를 하고 스마트 폰 하나로 입장을 하는 관객들이 많아지다 보니, 영화관에서는 비싼 종이에 디자인을 인쇄하는 종이티켓 대신 값싼 종이에 그저 검은 글자만 출력된 차갑고 미끄러운 얇은 종이, 즉 휴지로 버려지는 그런 것으로 대체되어있다는 것을 새삼 슬픈 감정으로 와닿게 된다."

위의 글을 내게 전송하고는 추신追伸에, 아빠가 이런 이야기를 칼럼으로 써주기를 바란다고 했다. 예술가의 아들답게 감성이 풍부하고, 대학생활에서 신문방송학을 공부해서인지 남다른 지적을 해낸 막둥이가 참 자랑스럽게 느껴지는 순간이었다.

그렇다! 지금의 시대는 언제 어디서나 듣고 싶은 사람의 목소리를 들을 수 있고, 손가락 하나만 움직이면 마음을 전하는 편지를 전신으로 보낼 수 있다. 그래서 오히려 소중한 것이 없어지는 세상인지 모른다.

나는 가끔 일상에서 습관적으로 핸드폰을 열어 사진을 찍는 사람들을 보며 마음 한편에 궁금증이 생긴다. 디지털 카메라가 보편화되면서 사진촬영은 훨씬 쉽고 간편해졌다. 안타까운 것은 그렇게 그 순간을 기록한 사진들이 쉽게 잊힌다는 사실이다. 많은 추억이 담긴 사진을 하드웨어에서만 저장돼 묵혀 그 추억은 묻히고, 또 다른 일상의 추억 담기에 급급하지만 그 추억 역시 기계 속에서 썩어만 간다. 과연 우리들 중 몇이나 그 사진을 인화지에 담거나 출력을 하여 손안에 쥘 수 있는 포토북Photobook을 만들까가 나의 궁금증이 되는 것이다.

한 디지털 사진작가가 내게 이런 말을 한 적이 있다. "필름카메라로 촬영을 끝낸 필름을 가지고 있을 땐, 결과물이 무척이나 궁금했어요. 그리고 인화되어 나오는 그 기다림의 시간은 초조함보다는 임을 만나는 기다림처럼 설렘의 과정이었어요. 인화용지와 인화용액 그리고 암실에서의 고독과 외로움, 그리고 기다림을 거쳐 태어나게 되는 필름카메라의 사진들은 머릿속의 기억과 추억을 불러내 숨 쉬게 하지요. 그런데 요즘 디지털 카메라에는 그런 설렘과 기다림이 없어요"

그 사진작가의 말대로 우리는 기다림 없이 바로 볼 수 있고, 필름 살 돈 걱정 없이 마음대로 찍어댄다. 그리고 썩~ 마음에 들지 않으면 언제 어디서든 지워버릴 수 있다. 이렇게 디지털카메라는 분명 빠르고 편리하지만, 사람의 정情조차 쉽게 지워버리고 식어가고 있는지 모른다. 그래서 특별한 상황 아니면 두 번 다시 열어보지 않고 기계 속에서 추억이 잠자는 이 디지털시대의 산물은 분명 내 아들 표현대로 슬픈 것이다.

그래서 결코 편리함의 좋은 점만이 있는 것이 아니라, 생각지 못한 사건의 염려 또한 도사리고 있다는 것을 알아야 한다. 얼마 전, 결혼을 앞둔 한 유명 여 아나운서가 옛 남자 친구와 찍은 사진들이 네티즌들 사이에 퍼져 화제가 된 적이 있다. 그 사진을 과연 어떻게, 누가 인터넷에 유포한 것일까? 정확한 경위는 여전히 밝혀지지 않았지만 옛 애인 혹의 그녀가 자랑 삼아 보낸 사진을 받았던 주변인물들이 출처로 거론되는 분위기이다.

이처럼 요즘 결별하는 연인들은 과거였다면 하지 않았을 고민을 해야한다. 두 사람이 사귀면서 만든 추억이 인터넷 홈페이지와 싸이월드 등 블로그 곳곳에 저장되어있다. 심지어 휴대폰이나 메신저에도 파일로 보관되어 있다. 그래서 다시는 들추고 싶지 않은 추억이 곳곳에 묻혀 있을 뿐 아니라, 자랑 삼아 보낸 파일 때문에 이미 많은 사람들이 공유하고 있다. 이런 현상은 연애시절이 추억의 앨범 하나로 달랑 남아있는 과거와는 사뭇 다른 것이다. 추억이 파일 형태로 인터넷과 전자기기 구석구석에 남아있는 이 디지털시대의 이별은, 아날로그의 그 시대보다 훨씬 더 위험한 존재가 되는 것이다. 이제 이 디지털시대에는 이별과 함께 그 사람의 사진도 지워야하는 '추억 세탁'이 필요한 것이다. 지우고 지우고 또 지워도 남아있는 그 공포가 있다.

'우체국을 가본 적이 있는지?' 중·고등학생 10명에게 물었다. 그 중 2명만이 어머니를 따라 적금문제로 가본 경험이 있다고 답을 했다. 지금의 아버지 어머니 세대는 어릴 적 군인아저씨, 멀리 계시는 할머니, 친구는 물론이고 모두 편지를 전하곤 했다. 그러나 요즘은 포털사이트에서 제공하는 메일서비스로 우표 값도 없이 무료로 쓸 수 있다. 그러기에 요즘 우체국 집배원의 가방에는 연애편지는 한 통도 없고, 모두 법원의 등기우편이나 광고물, 소포, 택배 꾸러기만 담겨있는 것이다. 마음 두근거리며 기다리던 사랑하는 내님의 소식은 사라진지 오래된 살벌한 세상이 된 것이다.

내 막내아들이 티켓종이 한 장이 그리워지듯이, 나또한 아내 몰래 아직도 감춰 둔 첫사랑의 연애편지 꾸러미를 뒤적거리고 싶은 나만의 아날로그 심야이다.

짧은 날, 긴 알코올의 터널

눈이 시리게 맑은 날, 짧은 두 달간 나는 술에 빠져 있었다. 예술가란 미명 아래 나는 그렇게 알코올의 깊은 늪에 빠져 허우적거리고 있었다.

원래 술을 좋아하는 내가 풍류의 선을 뛰어넘어 하루도 거르지 않고 매일 술을 마셔댄 것이다. 마침 여름방학 기간이라 학교일도 소원해지고, 연말에 있을 개인전에 대한 작품구상의 고민으로 생각의 깊이가 더해지자 자연히 술을 찾게 된 것이지만 그 모두가 지금에 와서 생각해 보면 전부 하나의 핑계일 뿐 나는 알코올 중독에 깊이 빠져들고 있었던 것이다. 저녁 무렵이 되면 자연스레 술 생각이 나서 레슨Lesson 받는 개인지도 제자들을 작업실에 남겨둔 채 홀로 작업실 앞 술집에서 혼자 술을 마시기도 했고, 방문하는 지인들과 식사도중에도 나는 술잔을 들었고, 무엇보다 반가운 것이 친구, 선·후배들과의 술 약속이 있는 날이었다.

어쩌다 술 약속이 없는 날이면 귀가하는 시간에 적당한 안주와 술병이 든 까만 비닐봉지가 늘 내 손에 매달려 흔들거리고 있었고, TV앞에서 아내의 눈총을 받으며 나는 또 그렇게 술을 다 마시고는 쓰러져 자곤 했던 것이다. 이렇게 매일 마신 이번 일을 뒤로하고 지난날들을 생각해 보면, 내가 술을 꽤 좋아했던 것은 사실이다. 그 술 때문에 좋은 일도 있었고 내 작품 활동에 원동력이 되는 구심적 역할도 있었지만 돌이켜 보면 참으로 부끄러운 내 인생의 치명적 사건도 있었다.

그러던 어느 날 밤, 새벽 두시에 나는 충격적인 사건 하나를 맞게 된다. 지금까지 오십칠 년 동안 살아오면서 모든 것을 내 기억에서 끄집어내어 순간순간 모든 일과를 빈틈없이 처리해왔는데 인생에서 중요한 어떤 일의 신청마감일을 삼일이나 지나서 생각을 해낸 것이다. 추가신청이 없는 절체절명의 위기를 맞은 셈이다.

그다음 날 나는 알코올의 긴 터널에서 빠져나오기 시작했다. 그날 밤 이후로 내가 변화하기 시작한 것이다. 늘 펜과 종이가 없어 어디를 가든지 남에게 펜을 빌렸던 내가 메모장을 사서 가지게 되었고, 이제 술은 일주일에 딱 하루, 술이 물이니 수水요일만 마시고 그것도 세잔 이상을 넘기지 않는다. 모든 것을 한꺼번에 버린다는 것이 어색해 일주일에 한번만 마시겠다고 했는데 이제는 그것도 싫어진다. "세상에 이런 날도 오는 군요"라고 하면서 아내가 제일 기뻐하는 요즈음의 내 일상이다.

술에 대해 많은 글을 남긴 남태우박사의 주도문화에 의하면, '술'이란 술술 잘 넘어간다고 해서 '술'이라는 속설이 있다 한다. 그래서 밥은 바빠서 못 먹고, 죽粥은 죽어도 못 먹고, 술은 술술 넘어가니까 마신다는 우스개 속담도 생겨났다. 그러나 정확한 술의 어원은 '불타는 듯한 화끈한 물'이라는 의미의 '수불水火'에서 시작하여 '수불-수울'을 거쳐 '술'로 정착되었다는 것이 일반론이다.

그래서 원래 물과 불이 상극이지만 술에서는 그 의미가 복합적으로 공존할 수 있는 것이다. 즉 물은 차가운 이성을 대변하고 불은 뜨거운 감성을 뜻하는 것으로 술은 물의 형태를 취하고 있으나 이를 마시는 사람의 마음과 몸속에서 불과 같이 타오르기 때문에 생겨난 말일 것이다. 그런 술을 마시는 결과 술은 소극적인 사람을 적극적으로 만들어 주어 생활의 윤활유로서의 기능을 하기도 한다. 그러나 이성보다는 본능적 감성의 지배를 받게 되어 스스로의 통제력을 잃게 되기도 하는 것이 술이라서 동서고금을 통해 그 이야기는 두꺼운 책 한권을 훨씬 넘길 만큼 많은 에피소드를 낳고 있다.

그 이야기는 결코 나쁜 것만 있는 것이 아니라 문학적이고 철학적인 이야기로 역사적 꽃을 피우기도 하였다. 무엇보다 이 술의 힘은 많은 예술가들에게 창작활동에 대한 근원적 힘을 내어주기도 한다. 술을 앞에 놓고 마주 앉으면 그들의 속에서 나오지 않고 있던 것들이나 그들도 모르고 잠자고 있었던 감성 이상의 '로고스Logos'들이 줄줄 나오기도 하는 것이다.

그리스의 소크라테스가 그랬고, 미국의 헤밍웨이, 러시아의 톨스토이, 『위대한 게츠비』를 쓴 피츠제럴드, 시저, 괴테, 헨델 등 당대 석학과 정치가 예술가들이 그래서 주당酒黨대표들이 된 것인지도 모른다. 동양에서는 중국의 이백이 그랬고, 우리나라에서는 김삿갓과 황진이를 비롯해 매월당 김시습, 오원 장승업, 이규보, 송강 정철, 천상병, 양주동, 조지훈 등이 있었고, 일본의 '하이쿠俳句 시詩 거장 바쇼松尾芭蕉가 그랬다. 나 역시 술에 만취해 그려낸 그림, 일명 '알코올그래피'가 제일 비싼 값으로 팔린 적이 있지만, 그러나 그들 중 몇 명은 술을 사랑하다 요절하거나 자살, 지병으로 일찍 생을 마감한 술잔 속의 비운의 눈물 흔적이 역사에 남아있다.

그래서 술은 비와 같다. 진흙 속에 내리면 진흙을 더욱 더럽게 하고, 옥토에 내리면 그곳에 꽃을 피게 하는 것이다.

무엇보다 인간이 술을 마시는 실제적인 이유는 갈증의 해소, 미각적 욕구를 충족시키는 '생리적 필요성'을 넘어 일상적, 환경적 어려움으로부터 회피와 탈출을 시도하려는 '일탈성의 필요성'과 '심리적 필요성'에 의한 것이 더 많다. 물론 집단사회생활에서의 인간관계의 조화를 내세우기도 하겠지만 분명한 사실은 그 농도를 짙게 해서 빠져들면 안 된다는 것이다.

멋있는 생활은 반드시 흥興이 있어야한다. 그러나 이 흥 역시 적당할 때가 가장 아름다운 것이다. 술잔 대신 펼쳐놓은 채근담의 책속에 아름다운 문구 하나가 오늘밤 내 작업실을 휘감고 허공을 날아든다.

"술은 적당할 때가 가장 좋고, 꽃은 반쯤 피었을 때가 가장 아름답다"

영화 속으로

이제 다음 달이면, 서울 도심지 한 복판에서 발견· 복원· 창조'라는 키워드를 내세운 「서울충무로국제영화제」의 축제가 펼쳐진다. 중학교 미술부시절 학교수업이 끝나면 동네 극장으로 달려가 영화간판을 그리는 조수역할을 담당했던 경험이 있는 나에게는 삶의 또 다른 감동이 시작되는 설렘의 시간이면서, 현재 이 영화제의 자문위원인 내 책임 또한 무겁게 다가오는 시점이다.

우리가 살아가면서 간혹 있는 경험이지만, 며칠 전에도 나는 옛 선배와 만나는 자리에서 처음 소개받은 사람이 마침 영화를 무척 좋아한다기에 생맥주 한 잔 앞에 시작한 영화 이야기가 새벽이 가까이 오도록 우리들을 그 자리에 묶어 두었다. 그 시간 내내 우리는 지난 과거를 떠 올리며 참으로 행복한 시간을 같이 보냈다. 영화라는 매체로 나는 또 하나의 소중한 인연의 끈을 묶게 되었던 것이다.

1895년 12월 28일, 프랑스의 한 카페에서 영화의 역사는 태동을 연다. 기계 제작자인 '뤼미에르Lumiere' 형제는 자신들이 만든 작품을 사람들에게 보여준 것인데 이때 상영된 세계최초의 영화가 바로 〈열차의 도착 L'Arrivee D'Un Train A La Ciotat,1896〉이다. 이 영화는 3분이라는 짧은 시간 동안 아무런 스토리 구성도 없이 단순히 열차가 도착하는 장면만 보여 주는 것에 불과했지만 정지된 한 장면의 스틸사진에만 익숙해 있던 19세기 후반 사람들에게는 충격 그 자체 이였을 것이다.

스크린 저 멀리서 연기를 뿜고 작게 달려오던 열차가 서서히 움직이며 점차 그 형체가 커지면서 관객 앞으로 돌진해 오자 진짜로 착각하여 "으악!" 비명을 지르며 관객 모두가 달아났다고 한다. 그동안 영화를 많이 봐 온 현대인에게는 입가에 웃음이 생길 것 같은 일화가 남아있는 그 영화는 다음해 베를린, 런던 등 유럽 주요 도시에서 상영될 만큼 인기를 끌었다. 그 이후 전 세계에서 영화산업은 발전을 거듭하여 고전 무성영화에서 이제는 독립 디지털 장편 영화까지 기술과 구성이 진보해왔다. 그 결과 얼마 전 우리나라에서 '타이타닉'의 흥행기록을 넘어선 '아바타'라는 영화가 3D 기법을 보이면서 또 한 번 우리를 경악하게 하였다.

영화는 영화 작가가 체험한 경험적 '실재'를 시각과 청각 이미지의 창작적 구성을 통해 재현하는 예술 행위이다. 즉, 카메라 필름·조명·사운드 등 근대 과학 기술의 급진적 발달이 가져다 준 기계공학적 표현 도구를 이용하여 영화작가가 그의 메시지를 대중에게 진술하는 종합적 예술 장르인 것이다. 그리고 영화에서 '종합예술'이란 의미는 연극·문학·음악·무용·조각이나 미술의 제반 요소가 전체 영화를 이룩하는 데 필요불가결한 부분적 역할을 수행한다는 것 이외에도 영화는 여타의 구舊 예술에서 독립된 새로운 '제7예술'이라는 것을 말하기도 한다.

그러나 영화는 이렇게 이미지의 자동운동을 즐기는 것이지만 그 속에 이미지를 통한 사유思惟의 운동, 더 나아가 인간의 개념적 생각의 틀에 포착되지 못하는 감각과 정서 그리고 지각의 영역을 확대시켜주는 역할을 한다. 인간 내면의 떨림을 만들어 내기 때문에 영화 한편을 보고나서 우린 무엇에 대한 오랜 기억의 저장 속에서 헤엄을 치며, 그것은 다시 긴 시간이 흐른 뒤에도 가슴에서 꿈틀거리며 우리를 감동시키고 있다. 또한 그 시각, 그 자리에 같이 있었던 사람까지 기억에서 재생되어 나오는 것이다. 그래서 이런 인간사유의 생각 바깥에 머물고 있던 몸과 시간을 또 다시 끄집어내는 영화 중 내가 본 영화 두 편을 소개해 보는 것도 이 글에서는 의미가 있는 일이라 생각된다.

먼저, 외화 中 '캐롤발라드' 감독의 〈아름다운 비행Fly Away Home,1996〉이라는 영화가 오랫동안 내 기억에 남아 아직도 흐뭇한 감동으로 되살아나 나를 기쁘게 한다.

어린나이의 여자 주인공 '에이미'가 어른들의 지역개발과 환경의 두 논리 속에서 불도저가 휩쓸고 간 쓰러진 나무 틈에서 기러기 알을 발견하여 그 알들을 아빠 몰래 소중히 품에 안은 채 부화시키기 위해 갖은 노력을 시도한다. 주인공은 엄마를 교통사고로 잃었는데 그 알들이 깨어나면서 주인공은 기러기들의 엄마가 되는 것이다. 이러한 주인공 아이의 기러기를 향한 보호 본능과 기러기를 성장시켜 그것들과 함께 하늘을 날아 세계일주를 하는 드라마틱한 구성은 '순수함의 진정성'이 묻어나 가슴 뭉클한 감동으로 이어지는 수작이었다. 개발이라는 이기적인 틀 속에서 환경파괴의 이면을 자연스럽게 생각해 보게 하는 것도 이 영화의 또 다른 힘이었다.

나는 이 영화를 보는 순간 초등학교 때 하굣길에서 10원을 주고 사 와 부화시킨 병아리 두 마리가 생각났었다. 품에 안은 채 집으로 가져와 마당에 풀어 놓으면 나를 졸졸 따라 다니던 그때의 노란 병아리들이 떠올라 영화관람 내내 그 추억에 잠겨있었다.

다음은 1999년에 개봉된 이병헌과 전도연 주연의 우리영화 〈내 마음의 풍금The Harmonium In My Memory,1999〉이라는 영화가 있다. 단편소설 『여제자』가 원작인데, 시골초등학교에 사범학교를 갓 졸업한 총각선생님 초임교사와 늦깎이 여자 제자간의 순수한 만남을 그린 영화이다. 강원도의 작은 시골마을을 배경으로 한 선생님과 제자의 짝사랑 이야기가 우리들에게 잔잔한 감동을 주는 것은 지난시절 그것이 우리들의 이야기이기 때문일 것이다. 답장 없는 편지를 밤새워 쓰고, 길목에서 서성이며, 멀리서 보아도 가슴이 콩닥거리는 그 짝사랑에 누구든지 한번은 가슴앓이를 해 보았으리라.

이 글을 읽는 독자에게 나는 이렇게 말하고 싶다.

"가슴 아프고 마음 아린 날, 밤늦은 시간에 홀로 이 영화를 보십시오. 편안한 잠자리와 꿈속에서 그 사람을 만날 수 있을 것입니다"

● 이글은 이 책 출간 5년 전 글이다. 나는 지금 또다시 알코올의 터널 속에 있다. 어찌하면 좋을까?

스크린 뒤편의 후회

며칠 전, 영화 한 편을 보았다. 미리 예약을 해놓고 기다리고 있는 후배에게서 영화상영 20분전에 전화가 왔는데, 그때 나는 예약된 극장이 작업실 근처이기에 걸어가고 있는 상황이었다. 반가운 마음에 휴대폰을 열고 통화를 시작할 때 은근히 내 어린아이 같은 장난 끼가 발동했다.

"응~! 그런데 내가 배가 너무 아파서 영화를 못 볼 것 같아!" 라고 농담을 하자 말이 채 끝나기도 전에 무섭게 큰소리로 버럭 화를 내면서 알 수 없는 자기상황을 빠른 말투로 내 뱉고는 전화를 끊어 버렸다. 나는 황당하기도 하고 당황스러워 미안한 마음에 다시 전화를 걸어 지금 걸어가고 있으며, 일 이 분 뒤면 극장 앞에 도착한다고 상세히 설명을 하면서 그녀의 화가 누그러지도록 최대한의 애교를 떨어야만 했다.

식은땀이 났다. 나는 가끔 이렇게 재미있으라고 한 내 행동에 상대방은 정색을 하며 소스라칠 때 참으로 안타깝기도 하지만 무안함을 뒤로 한 채 유행가 가사처럼 '무조건 무조건 미안!'이다.

그러고 나서 몇 분 뒤 상영관 앞에서 서로 마주쳤을 때 어색함이란 이루 말할 수 없는 비정非情이 흐르는 시간을 맛보아야한다. 후배는 선배에게 급하게 화를 낸 것이 미안하고, 선배는 어제의 상냥하고 곱던 지고지순한 후배가 아니라는 실망과 함께 그녀의 치부를 본 것 같아 기분이 씁쓰레한 것이다.

우리 현대인에게 여유란 없다. 농담할 심적 공간도 없고 아예 사색할 시간조차 없이 바쁘기만 하다. 시계바늘이 24시간 숨 가쁘게 돌아가듯이 우리 현대인의 모습도 그렇게 바쁘게 돌아간다. 길거리에는 살벌한 속도로 스쳐 지나가는 자동차들이 있고, 사람들의 분주한 총총걸음과 매시간 쏟아지는 정보의 홍수만이 있을 뿐 농담이 배어들어갈 마음의 여유는 그 어디에 한 치도 없다. 차라리 미국영화 〈다이하드Die Hard,1988〉에서 죽음의 상황을 앞두고도 농담을 내뱉는 브루스 윌리스가 연기한 '존 맥클레인' 형사가 그리워지는 시간이다.

지하철 곳곳에 '여유'를 가지라고 하는 포스터가 즐비하고 서점에서는 이런 여유가 필요하다고 저자들이 책 표지위에서 빵끗 미소 지으며 얘기하고 있을 뿐, 우린 모든 것이 순간이고 그 순간에 충실하여 숨 가쁘게 살아가고만 있다. 그러나 아무리 바빠도 여유로운 이가 있고, 아무리 한가해도 여유 없는 이가 있다. 이런 저런 복잡한 방법들이 책으로 또는 학설로 대변되고 있지만 이 현대인의 마음의 병은 그리 쉽게 고쳐지지 않는다.

그래서 현대인은 예전 사람에 비해 어리석은 것이다. 매사에 여유 없이 생각하므로 마음이 성급해져 기회를 찾을 수 없고, 지금 당장인 것으로 보이나 한 발자국만 물러서면 언제 어디서고 눈에 띄는 것이 기회일 수도 있는데 말이다.

항상 마음의 여유는 살아 나갈 수 있는 길을 열어준다. 그냥 겉으로만 여유가 아니라 마음 깊숙한 곳에서 일어나는 참여유야 말로 흔들리지 않는데서 오는 것이다. 이런 여유가 있을 때 창의성과 상상력이 생기고 그 때 모든 것을 받아들일 수 있게 되는 것이다.

중국영화 〈적벽대전赤壁, Red Cliff,2008〉에서 제갈공명은 화를 식히고 냉정과 여유를 갖기 위하여 늘 부채를 손에 들고, 심지어는 겨울철에도 부채질을 하며 그의 생각에 여유를 갖기 위해 우주로 자신을 넓혀나간다.

그리고 가난하여 정규대학을 제대로 다니지 못하였음에도 불구하고 미국의 역대 대통령 중 가장 큰 영향력을 발휘한 대통령 에이브러햄 '링컨'은 이 여유에 있어 전설적인 일화를 남긴다.

링컨은 미국의 제16대 대통령에 오르기까지 주지사와 하원의원 등의 선거에서 여러 번 낙선을 했다. 그런데 그는 낙선할 때마다 한 번도 낙심하거나 누군가를 원망한 일이 없었다. 오히려 당선자를 발표하던 날, 자신이 낙선되었다는 것을 알고는 음식점에 가서 맛있는 음식을 배불리 먹고 이발소로 가서 곱게 머리를 다듬었다. 그리고 힘차게 길을 걸으면서 자신을 향해 "링컨, 힘을 내!"라고 외쳤다. 이렇게 마음의 여유를 가진다는 것은 곧 자신을 사랑한다는 뜻과도 상통되면서 자기의 정화기능과 함께 마음을 잘 다스려 더 여유로운 눈으로 기회를 바라볼 수 있게 하는 힘을 갖게 하는 것이다.

어찌되었건 어색한 분위기에서 그녀랑 보았던 영화감상이 끝나고 돌아오는 길에 난 예전의 나를 참 많이 반성하고 후회했다.

나는 평소 무슨 일을 하던지 예민하게 화를 잘 내는 편이었고, 한 번 화를 내면 앞뒤 생각 없이 마구 상대방에게 모욕감을 주고, 주위에 누가 있든지 아랑곳 하지 않고 막무가내로 상대방을 비난하거나 심한 말을 해서 그동안 공들여 이어온 인연의 끈까지 끊어진 일이 있었다.

물론 타인에게 화를 내는 일을 스스로 즐기는 사람은 아무도 없을 것이다. 자기와는 다른 오해로 빚어진 왈칵하는 감정을 조절하지 못하고 불같이 성을 내고는 이내 돌아서서 후회하고 부끄러움을 느끼면서 후에 사과를 하고 싶은 것이 우리 보통사람의 정서가 아닐까 생각된다. 예전의 나 또한 그랬던 것이나 한번 내뱉어진 화禍의 씨앗은 되돌릴 수 없는 것이 인간사이다.

여유를 가진다는 것은 이런 화를 식히는 첩경이다. 여유를 가진다는 것은 넉넉하여 넘친다는 말인데 마음을 잘 다스려서 여유를 가지면 더 여유로운 생활을 영위할 수 있다. 오늘은 화를 낸 후배에게 전화를 해야겠다. 다음 영화를 예약해 달라고.

자랑이 경쟁력이다

한 삼십여 년 전, 내가 대한민국미술대전國展에 입상했을 때의 일이다. 그림쟁이로서 나라에서 실시하는 현대판 그림 과거시험에 붙은 격이니 기쁜 마음에 아내는 눈물까지 흘렸다. 그도 그럴 만한 것이 주위에 있는 화우들은 서너 번씩 심지어는 열 번을 출품하여도 낙방을 하는데 비하여, 나는 한 회사의 사장으로 사업을 주업무로하면서 틈틈이 일요일 마다 그린 그림을 출품하여 한 번의 도전으로 수상을 했으니 그 기쁨은 두 배였던 것이다.

그때 같은 동네에 사는 선배에게 술 한 잔 사겠다고 불러내어 내가 이런 기쁜 일이 있다고 조심스럽게 말을 꺼냈는데, 이야기의 첫머리에서부터 그 선배는 내 얘기에 찬물을 끼얹었다. "야! 자랑하지 마. 너는 네 자랑이 너무 많아" 난, 그 순간 더 이상 말을 이어내지 못하고 눈만 껌뻑거리며 쓰디 쓴 술잔을 마시고 그 충고 아닌 충고를 듣고는 비틀거리며 씁쓰레하게 집으로 돌아온 기억이 있다.

그리고 시간이 흘러 얼마 전에 그 선배가 내 대학통합강의에 청강생으로 들어와 강의를 듣고는 또 불평을 털어 놓는다. 강의는 좋았으나 내용중에 내 자랑이 들어 있어 불편했다는 것이다. 아무래도 그 사람은 자기 앞에서 누가 잘난 체 하거나 남이 잘한 것을 보면 배알이 꼴리는 모양이다.

그 이후 줄곧 그 사람을 지켜보게 되었는데, 그도 사람인지라 술 한 잔 앞에 놓으면 자기 골프실력이 어떻다니, 골프채가 얼마짜리니니, 자기 딸이 곱다느니 하면서 끝없는 자랑을 뽑아내기에 내가 실소失笑를 금치 못했다. 사실 그에게 있어 자랑거리는 골프가 유일한 것이라고 평소 그를 만나면서 알긴 했지만, 마치 남이하면 불륜이고 내가 하면 '사랑'이라고 하는 것과 무엇이 다른가 말이다.

오래 전 「EBS 다큐프라임」에서 '서양인은 보려하고 동양인은 되려한다' 라는 테마로 교양프로그램을 방영한 적이 있다. 동東과 서西의 생각과 사고, 행동의 차이를 잘 설명해 준 프로그램이었다.

서양인은 나를 중심으로 하는 자기중심적 '인사이드 관점Inside Perspective' 이어서 이 세상 모든 것을 자신의 입장에서 대상을 바라보고 생각하며, 동양인은 상대입장 중심적 '아웃사이드 관점Outside Perspective' 이기 때문에 다른 사람이 나를 어떻게 보는가 하는 방식으로 스스로를 생각한다는 것이다. 즉 서양인의 자기중심적 투사는 모든 것이 '나'가 중심이 된다. 그래서 영어 표기에서 'I' 자는 문장 앞에 오든 중간에 있든 끝에 있든지 간에 항상 대문자 'I' 로 쓰여 진다는 것이다.

서양인은 어려서부터 독립해서 키우고 자기 혼자 힘으로 모든 것을 해낼 수 있는 능력을 갖추게 하면서 자신감과 자존심을 불어 넣어주고 "내가 최고다. 내가 가장 우월하다"라고 가르친다. 그 결과 서양인들은 동양인들 보다 자기네들이 더 똑똑하다고 실제로 믿고 있는 것이다.

그리고 항상 자기 자랑에도 능하고, 상대에 대한 칭찬에도 인색하지 않으면서 다른 사람보다 자신의 능력과 성격을 누구보다 자랑스럽게 여기고 사랑한다. 그래서 일찍이 그들은 전통적으로 말을 잘하는 것에 유효한 '웅변과 수사학'이 발달했는지도 모른다.

그에 비해 우리 동양은 말이 많은 사람을 신뢰하지 않았고 '빈 수레가 요란하다' 라는 등의 핀잔을 주며 입은 곧 불행의 원천이라고 침묵의 미학을 강조했다. 노자의 말에 이런 말이 있다. '아는 자는 말하지 않고 말하는 자는 알지 못 한다' 또 장자에 의하면 '득의망언得意忘言'이라. 즉 뜻을 얻었으면 말을 잊어야한다는 말이다. 이렇듯 우리는 다른 사람이 나를 보는 관점에서 내가 행동해야하고 늘 자기를 낮추는 겸양을 미덕으로 생각해 왔던 것이다.

그러나 이제 현대는 자랑이 경쟁력인 시대가 되었다. 숨기고 낮추는 겸양의 시대는 끝났다. 이제는 나를 실컷 자랑하고 우리를 실컷 자랑할 수 있어야 희망적인 삶이되고 역동의 사회가 되고 부자의 나라가 된다.

동양인데도 일본인들처럼 자기 것 자랑에 억척스런 민족은 드물 것이다. 아무리 하찮은 것이라 해도 그들의 입술에만 닿았다하면 큰 자랑거리로 둔갑해 버린다.

예를 들어 고구마의 고장인 가고시마에 가면 고구마 자랑에 귀가 따가워도 이 글 앞에 나타난 내 선배처럼 거부감이 들지 않는다. 그들은 자기 것에 대한 애착과 자긍심으로 자랑거리를 개발하고 발전시켜 상품화하는데 온갖 정성을 기울인다. 그래서 그들은 그 힘으로 성공을 손아귀에 거머쥔 것이다.

우리나라 강원도 삼척에 가도 자랑으로 경쟁력을 발휘한 본보기가 있다. 바로 삼척 해신당 공원의 '남근마을'이다. 해신당에 비치는 남근신앙, 그 그로테스크한 놀이를 부끄러워하지 않으며 남들 앞에 널 펴지게 펼쳐 놓으니 관광버스가 줄을 잇게 되고 그 지역 경제는 좋아지고 주변사람들은 덕분에 늘 바쁘고 희망차게 잘살아 가는 것이다.

이제, 자랑도 경쟁력이다! 숨기고 낮추는 겸양보다 나와 우리를 실컷 자랑할 수 있어야한다. 사실 실력이 있는 자들이 잘난 체도 하는 것이고, 자랑도 하는 것이다. 그렇다고 억지자랑을 하라는 얘기는 아니다. 자기나 남의 자랑이 있을 때 그것을 아껴주고 칭찬하고 격려하여 사랑할 때만이 멋있고 맛있는 자랑이 된다. 그리고 그것은 미래를 살아갈 소중한 밀알이 된다.

탁구처럼 살자

(이 글은 2010년도에 쓴 글이다)

오래 전, 수·목요일 양일 밤마다 나를 행복하게 해 주었던 드라마 〈제빵왕 김탁구〉가 30회의 대단원의 막을 내렸다. 마지막 시청률이 한 조사기관에 의하면 무려 50.8%를 기록했다하니 나만이 아니고 우리 국민의 반이 울고 웃으며 이 드라마를 보았다는 이야기이다.

그동안 높은 시청률을 기록한 감동의 드라마가 몇 편 있었긴 하지만, 최근 들어 이렇게 높은 시청기록과 방영 내내 정말 많은 화제를 낳은 현대극 드라마는 이것뿐이라고 해도 과언은 아닐 것이다. 이 김탁구의 인기 때문에 제빵업계와 제빵학원 등 관계 업종 사람들이 호황을 누렸으며 젊은이들 가운데 제빵사 자격증을 취득하려는 열풍까지 불었고, 가정곳곳에서는 '홈베이킹Cooking Sense' 까지 유행했으니 메스미디어의 힘은 참으로 대단한 것이었다.

이 드라마가 인기 절정에 도달했던 힘은 우리들의 숨겨진 양심을 끄집어내어 밝은 곳에서 꽃을 피우게 했다는 것이다. 자식에 대한 아버지의 묵묵한 내리사랑, 제자에 대한 스승의 하해와 같은 사랑, 자식 앞에 모든 것을 던질 수 있는 어머니의 희생, 성공을 위한 피 말리는 투쟁의 경쟁을 드라마답게 보여주었다는 점이다. 거기에 철학이 담긴 명대사와 배우들의 명연기로 극의 진정성을 더하며 시청자들의 마음까지 잘 어우러지면서 아름다운 휴먼 드라마의 진수가 더욱 빛이 났던 것 같다.

나는 이 드라마를 보는 내내 어린주인공 '김탁구' 에게서 이순耳順의 나이를 앞둔 내가, 앞으로 어떻게 살아야할지를 배우고 있었고, 그동안 살아오면서 본의 아니게 적敵을 만들어 온 내 삶을 참으로 많이 반성하고 있었다. 물론, 비판 섞인 시각으로 보자면 이 드라마 역시 주인공의 '기이한 출생-집단에서의 추방-시련과 고난-조력자와의 만남-능력의 발휘-시련의 극복-성공의 권선징악'을 담고 있는 고전소설의 영웅담을 벗어나지 못하고 있는 진부한 이야기 구조이지만, 분명 이 드라마는 다른 훌륭한 매력을 품고 있었다.

그것은 무엇보다 주인공 김탁구의 믿어지지 않는 이해력과 관용의 포용력이다. 단순히 심성이 착하고 순수한 열정의 암묵적 진리의 소유자가 아니라, 우리가 현대를 살면서 누구나 겪어 볼 수 있는 사건들을 탁구라는 주인공은 그의 이름 해석처럼 "탁구를 잘 쳐서 탁구가 아니라 높을 탁卓, 구할 구救자를 써서 이름이 김탁구입니다." 라는 것과 같이 그는 이세상의 진리를 구하고 있었는지 모른다. 그는 어린나이에 착한 사람보다 나쁜 사람들을 많이 경험하고, 12년간 어머니를 찾아 긴 고통의 시간 속에서도 늘 밝고 당당한 모습으로 세상을 딛고 서 있으며 절대 지나간 아픈 과거를 어느 누구의 탓으로 돌리지 않고 현재의 초라함 앞에서도 그는 늘 당당했다. 그래서 경쟁자들로 하여금 후각을 잃게 되는 등의 갖은 모함을 겪고, 심지어 어머니를 잃게 하고 몇 번을 자기를 죽이려고까지 한 악惡한 이들에게도 그들을 원수로 삼지 않고 용서하거나 모르는 척 눈물을 닦으며 해맑은 웃음으로 관용을 베풀어 모두를 자기의 편으로 만들어 내는 현대의 영웅을 나는 이 TV속에서 만났던 것이다.

이런 것이 꼭 소설과 드라마에서만 가능한 가상의 이야기가 결코 아니다.

미국의 제16대 대통령인 '링컨'에게는 평생의 정적 한사람이 있었다. '에드윈 스탠턴'이란 사람으로 그는 젊은 시절부터 링컨을 '시골뜨기'라 치부하면서 법정에서도, 거리에서도 늘 여러 사람들 앞에서 링컨을 얍 잡아 보고 모욕을 주어 무례한 행동을 서슴지 않는 동료였다. 심지어 세월이 흘러 링컨이 대통령이 되었을 때에도 "링컨이 대통령이 된 것은 국가적 재난이다" 라고 비난하며 다녔던 인물이다.

그러나 링컨은 내각을 구성하면서 가장 중요한 국방부장관 자리에 그를 임명하자 참모들 모두가 반대하며 재고를 건의하자 링컨은 "나를 수백 번 무시한 것들이 무슨 문제입니까? 그는 사명감이 누구보다 투철한 사람으로 이 국방부장관 자리가 딱 적격입니다" 라고 하면서 원수를 사랑으로 녹여 친구로 만들자고 세상 앞에서 떳떳이 내보였던 것이다.

'원수를 만들어 보지 않은 사람은 친구도 만들 수 없다' 라는 말이 있다. 원수가 없다는 것은 그만큼 어질다는 소리도 되지만 그만큼 대인관계가 없다는 뜻일 것이다. 그리고 그 이면에는 사람이 살아가는데 있어 적을 만들어 보지 않고 살아가기는 힘들다는 말이기도 하다. 내가 잘했건, 누가 못했건 간에, 또 어떤 오해가 있었던 간에 작게는 친구· 동료 사이에 크게는 한 형제까지도 원수로 치 닿는 현상을 우리는 겪고 보는 것이 우리 인간사의 현실이다.

지나간 나쁜 감정의 대상을 지금 이 자리에 불러내 그때의 내 사정을 털어 놓고 서로 화해의 악수를 하고 싶지만 그때의 내 표독하고 냉정한 마음은 지금 찾을 수 없는 그 사람 마음속에만 있는 것을 생각하면 잠을 이루지 못할 정도로 괴로운 심사이다. 그러나 이 〈제빵왕 김탁구〉는 숭고한 관용과 사랑 그리고 자기희생 후의 욕심 없는 해맑은 열정의 힘을 실어, 이 21세기 경쟁사회에서 싸우지 않고 함께하는 자가 이길 수 있다는 아름다운 진리의 꽃을 피게 할 수 있는 방법을 가르쳐 준 것이다.

이 드라마에서 "어차피 인생은 들판에 피는 꽃과 같아서 지고 나면 그 있던 자리도 다시 알지 못하거늘, 그래도 내 인생 끝자락에 너를 만나 참으로 즐겁구나. 탁구야!"라고 하면서 죽기 직전 제자 앞에서 인생을 회고한 스승 팔봉선생의 말처럼 우리도 내 인생에서 진정한 한 사람을 만들어 보는 것도 이 가을 문턱에서 해야 될 일일 것이다.

우표가 있는 편지

작업실에서 제자가 내게 특별한 부탁을 한다. 자신이 그리고 있던 그림 속에 우표를 붙인 편지봉투를 그려 넣어야하는데 어떻게 생겼는지 모른다고 나에게 그런 옛날 편지봉투를 스케치해 달라고 한 것이다. 그래서 봉투 이미지가 필요하여 위층에 있는 내 연구실 서랍 모두를 뒤진 적이 있다.

오래 묵은 편지는 이곳에 이사를 오면서 다 태워 버렸고 몇 년 전 받았던 지인들의 청첩, 연하장등과 공문서만 있었는데 정말 우표가 붙어있는 봉투가 없다. 전부가 동그라미에 인쇄된 '요금 별납'이었다. 일상에서 별 생각 없이 지내왔는데 문득, 우표가 있는 편지가 그리워진 것이다.

우표를 붙인 편지, 편지를 쓰기 전 예쁜 편지지를 고르고 밤을 새워 또박또박 한 글자씩 적은 편지를 곱게 접어 봉투에 님의 주소와 이름을 반듯하게 적고나서 우체국으로 가는 길은 유난히 설레는 그 가슴 아니었던가. 우체국에 도착하여 내 입속에 침을 묻혀 우표를 붙이고 발송함에 편지를 맡기고 돌아오던 그 길은 발밑에 밟히는 노란 은행잎에서도 유난히 눈물 나게 했던 그 기억이 되 살아나면서 그 시간이 그리워진다.

나의 마지막 편지는 언제였던가. 한참을 가슴앓이해보는 시간이다. 정말이지 또 한 번 우표가 붙은 편지가 그립다. 편리한 것도 물론 좋지만 아주 가끔은 우표가 붙은 그런 편지를 쓰고 싶고, 받고 싶어진다. 언제 부터인지 우리는 핸드폰 문자나 카톡 등 SNS서비스로, 이메일로 간편하게 소식을 전하고 단체알림기능의 모든 우편물은 대량으로 보내지니 당연히 '요금별납'이란 인쇄문구가 우표를 대신해온 것이다. 그러다보면 어느 날 우편집배원 아저씨로부터 건네받았던 기쁨과 편지함에 들어있는 우표가 붙여진 편지봉투를 꺼내 뜯기 전의 설레는 마음은 이제 사라지고 없는 것이다.

물론 핸드폰도 있고 이메일도 있어 하고픈 말 언제 어디서나 할 수 있는 세상이 와 편리해서 좋다면 할 말이 없지만, 우표가 붙어있는 편지를 받으면 왠지 마음이 따스해진다. 보낸 이의 체온이 느껴지고 마치 나를 가만히 껴안아주고 있는 것 같은 기분이 든다. 요금별납 도장이 찍힌 공문서나 달마다 날아드는 공과금 고지서에 시도 때도 없이 놓고 가는 광고전단지가 휴지처럼 포개져 나뒹구는 이 삭막한 세상에서 우표가 붙은 손으로 쓴 편지는 메마른 가슴에 촉촉이 내리는 단비와 같은 기쁜 눈물일 것이다.

지난 시절 난 참 많은 편지를 썼다. 그만큼 내 가슴속에 아직도 늘 누군가가 가끔은 기침소리를 낸다. 그 중 유별나게 기억나는 편지 하나가 떠오르는데 그것은 공군입대시절 아버지에게서 받았던 편지로 마흔 살이나 나이차이가 있는 이 막둥이에게 손수 쓰신 편지는 과히 힘든 훈련소의 고통을 일시에 날려버린 커다란 은혜의 힘이었다. 힘이 없는 필체에 맞춤법도 여기저기 틀린 구어체로 쓰여 진 처음 받아보는 낯선 글이었지만 아들에 대한 사랑과 걱정, 더 잘해주지 못했다는 회한의 감정이 적힌 그 편지를 읽고 나는 화장실에서 졸병의 신분을 잊은 채 한참을 소리 내어 울었다.

훈련소에서 편지란 어떤 의미일까. 가장 단순하게 정의하자면 '힘'이 되어 준다는 것'으로 표현을 할 수 있겠지만 아마 그것보다도 더 큰, 형용할 수 없는 또 다른 의미가 담겨있을 것이다. 이제 그런 아들이 나이 오십 중반을 넘어 다음 달이면 내 막둥이도 공군에 입대하니 참으로 세월의 감회가 새롭기만 하다.

우표의 창안자는 서점과 인쇄업을 하던 영국의 J.차머스로 알려져 있고, 우리나라의 우표로는 1902년 전환국 인쇄로 발행된 고종황제 어극御極기념우표가 최초이다. 우리 어린 시절은 누구에게나 '우표수집' 이란 취미 하나를 거쳐 온 만큼 한때는 우표가 일상적 방편이었다. 우표는 하나의 이동적 소통 수단이지만 그런 기능위에 취미나 기념용등의 부가적인 수집용으로써의 역할이 있었는데 요즘은 이동적 소통이 아닌 부가적 수집용이 더 큰 비중을 차지한 것 같다.

그리고 우표의 디자인을 살펴보면 지금까지는 역대 대통령이나 역사인물, 올림픽 스타 등이 우표의 모델이 되어 왔지만 그동안 연예인을 포함한 문화인이 모델이 된 우표는 없었다. 그러나 최근에 각 지방자치별로 우표에 대한 관심을 높이기 위해 우표전시회를 개최하고, 우정사업본부에서는 한류스타 '소녀시대'를 모델로 우표를 발행했는데 이것은 매우 고무적인 일이다. 이것이 또 하나의 손 편지쓰기 확산캠페인으로 거듭될 때 그 의미는 더욱 빛을 발할 것이다.

문화는 인류가 만들어낸 정신적, 물질적 재산의 총체이다. 그러나 문명이 발달하고 사회가 복잡해지면서 문화 역시 복잡하게 분화되고 발전하여 무엇이 딱 떨어지는 정의라고 할 수 없을 정도로 생활양식은 변화되고 있다. 이렇게 복잡해진 사회만큼 문화현상도 복잡해졌으므로 이제 우표문화의 개념도 너무 옛것만을 고집해서 잊힐 것이 아니라 과거와 현재, 미래가 공존하는 삶의 방식으로 재탄생되어야 한다. 요즘은 대형마트나 소형 구멍가게에서도 심지어는 서점에서 조차 우표를 구입할 수 없다.

그렇다고 해서 우표를 멀리할 것이 아니라 새로운 정보를 인식하여 이 시대에 맞는 문화를 누릴 수 있어야 한다. 하나의 예로 요즘은 우표도 인터넷으로 붙일 수가 있다. 우체국 사이트에 접속하여 회원가입을 한 후 인터넷 우표를 클릭하여 받는 분의 주소를 입력해 주면 자동으로 주소와 함께 우표가 같이 출력되므로 그것을 봉투에 붙여주면 되는 편리한 시스템이 지금 우리의 책상위에 존재하는 것이다.

자! 오늘은 당신 이 세상에서 제일 좋아하고 보고 싶은 그 사람에게 편지를 쓰세요! 그리고 아름다운 그림이 있는 예쁜 우표로 당신의 마음을 보내세요. 지금!

●이글은 2010년 방영된 KBS드라마를 보고 난 시청소감이 「KBS저널」에 기고되어 등재된 글이다.

인연因緣의 꽃

또 한해가 다 저물어 가는 어느 날, 참으로 기쁜 전화 한 통을 받았다.

지금은 그 사람의 얼굴이 어떻게 생겼는지도 가물가물 아련하게만 느껴지는 지난 날의, 그러니까 내가 사업하던 시절 30년 전 내 부하직원이 바뀌지 않은 내 전화번호로 안부를 물어 온 것이다.

'화무십일홍花無十日紅'이며 '권불십년權不十年'이라 했던가. 참으로 잘나가던 나의 광고디자인 사업은 18년간의 파란만장한 사연 끝에 문을 닫았다. 국내 유수의 대기업 광고만을 수주 받아 거의 매일 밤을 직원들과 같이 아이디어를 짜내고 그림을 그리고, 글을 쓰며 집에서는 아내가 아들 둘을 낳았어도 한 번도 내 팔로 끌어안아주지 못하고 아침이면 회사 옆 세탁소에서 다려진 와이셔츠를 입고 클라이언트 앞에서 프레젠테이션하며 그렇게 내 젊은 열정을 뿜어내었던 시절이었다.

매일 밤낮을 회사에서 지내며 끝없이 치솟아 갔던 내 사업의 기세도 15년의 전성기와 3년의 쇠퇴기를 거쳐 추락하고는 지금의 안정된 예술가의 생활을 하기까지 지난 10여년의 세월은 나에게 참으로 힘든 나날이었던 것이 사실이다. 그러다 보니 돌이켜 보면, 집안에는 세심한 정도 못 주었고 직원들에게 너무 많은 상처를 주었던 것 같다. 야단치고 고함지르며 '빨리 빨리' 만을 외쳐댔던 그 사장역할이 이제와 생각해 보면 부끄러운 치부로 남는다.

그러던 어느 날 25여 년 전쯤에 퇴사한 직원 하나가 지방에서 사업을 시작하려고 하는데 상호를 없어진 내 회사이름을 사용했으면 한다는 부탁을 받고는 아무생각 없이 허락해 주었는데 그것이 벌써 십년을 지나 이제는 작은 회사 뿐 아니라 내가 좋아하는 '아트센터 홀' 공연장을 내 상호 그대로 만들었다고 전화가 온 것이다.

소식을 접하는 순간 가슴이 벅차올랐다. 이 못난 사장은 사업체를 망가트리고 딴 짓을 하고 있는데, 한번이라도 따뜻한 칭찬을 제대로 못 받아본 직원이 내 대신 이렇게 큰일을 해내며 나를 감동시키고 있는 것이다.

회사라는 공간은 비록 일정액의 급여를 받지만 교육적인 측면에 있어서는 직장 선후배간의 의도적이고 의식적인 교육활동이 이루어지므로 일종의 비형식교육Non-formal education, 非形式的敎育의 현장이다. 선배들의 인생경험과 사회체험, 전문기술 등을 후배들이 전수받고 또한 후배들의 신선한 정신을 흡입한다는 개념에서 볼 때 직장 내의 선후배는 스승과 제자의 역할과도 같다고 할 수 있다.

그래서 긴 시간이 지나도 몇몇의 인연은 끈을 놓지 않고 직장에서 배운 지식과 기술로 나름의 자기인생을 채워나가고 있으니 늘 가슴 속에 지난날의 학습단계의 정을 놓지 않고 있는 것일 테다.

인연 중에는 필연必然이 있는가 하면 악연惡緣이 있을 수도 있다.

필연과 악연이 꼭 대치되는 의미는 아니겠지만 어찌되었던 결과론적인 부분에서 한번 쯤 음미해 볼만한 관계라는 것은 분명하다. 차라리 만나지 않았더라면 하는 마음이 평생 동안 가슴의 응어리가 되기도 하고, 만나지 말아야 할 관계였다는 것을 알면서도 전전긍긍하며 이어나가는 것도 어쩌면 악연 속에 필연일지도 모른다.

우리가 더불어 바라고 원하는 것이 있다면, 누구나 만남의 인연은 필연적으로 좋은 관계로 정리되고 싶다는 것일 것이다. 결코 마음을 다치거나 후회하는 만남을 원하는 사람은 하나도 없을 것이다. 그러기에 살다보면 때로는 필연인지 악연인지 혼선이 올 때도 있는 법이며, 설령 악연이라 생각 들어도 조금 더 유지해야만 하는 인연의 끈도 우리 인간의 한 굴레이다.

법정스님의 말씀에 이런 말이 있다. "진정한 인연과 스쳐가는 인연은 구분해서 인연을 맺어야한다" 그러나 어찌 이 말이 가슴에 와 닿지 못하는 것은 우리가 스님과 같이 높은 공덕을 쌓지 못한 이유도 있겠지만, 어쩌면 우리는 늘 그렇게 못 다한 인연 속에 눈물을 흘리며 또 그렇게 세상사에 속고 있는 속세의 미물인 탓일 것이다.

우리는 인연을 맺음으로서 도움을 받기도 하지만 그에 못지않게 피해도 많이 당하는 때가 있다. 아마도 스님의 이 말씀은 대부분의 피해는 진실 없는 사람에게 진실을 쏟아 부은 대가의 '나의 벌이다' 는 것을 가르쳐주는 또는 우리에게 인연을 맺음에 있어 너무 헤퍼서는 안 된다는 스님의 경구일 것이다.

그렇다면 지금 나에게 전화를 걸어 온 옛 직원은 아니 그 훌륭한 사업체의 그 아담한 공연장의 대표는 나에게 분명 필연의 좋은 인연인 것이다. 그리고 문득 인연이란 언젠가는 헤어지는 것이니 갑자기 슬퍼지는 마음에 시詩 한편을 적어 본다.

두 손 모아 처마에 떨어지는 빗물을 받아본다
조금을 내 손 안에 있더니 서서히 서서히 손가락 틈새로 물이 다 새어버린다
그래, 어찌되었던 다 새어버리고 말 것이 내 인생의 업인 것을
우린 왜 그렇게 손바닥 안에 모든 것을 채우려고 애를 쓰는 것일까.

오늘 밤 꿈을 꾸고 싶다. 그 김영수 사장이 만든 예쁜 '신하아트센터' 공연장 무대 위에서 그이와 함께 지내던 그 시절의 우리 '신하기획'의 직원들 모두가 노래하고 춤을 추는 아름다운 공연의 꿈을 꾸고 싶다.

친구가 된 밤의 기사技士

나도 어지간히 주당파酒黨派에 속하는 사람이다 보니 자주 대리운전을 이용한다. 그런데 요즘은 대리운전을 부르고 나면 술이 취한 상태에서도 긴장감을 놓칠 수가 없다.

그 이유는 대리운전 문화가 예전에 비해서 너무나 다르기 때문이다. 대리운전을 부르고 나서 잠시 휴대폰을 탁자에 두고 화장실을 다녀오거나 진동으로 되어있는 상태에서 전화를 한두 번 정도 받지 않으면 그 이후에는 엄청난 대가를 치러야 한다. 왜 오지 않는지 궁금하여 대리운전회사로 전화를 걸거나 부재중 전화번호로 연락을 하면 “손님께서 전화를 받지 않아서 그냥 포기했다!”는 것이다.

“아니 여러 번도 아니고 딱 한번 걸려온 대리기사의 전화를 못 받았다고 그럴 수가 있느냐?” 라고 항의를 해 보지만, 결국은 깊은 밤 길거리에서 쓸쓸하게 여기저기 또 다른 회사로 전화를 시도해 봐야 하고, 휴대폰의 배터리라도 나가게 되면 심야의 방랑자가 되기 딱 적격인 꼴이 되는 것이다.

공급이 넘쳐나 가격이 하락하여 대리운전문화에도 그 이전의 풍경과는 사뭇 다른 양상이 나타나고 있는 것이다. 예전에는 술자리가 끝날 무렵에 대리운전을 미리 불렀고, 기사가 도착했음에도 동료들과 이야기가 길어져 술자리가 미처 파하지 못했을 경우도 더러 있었다. 그럴 때에는 미안하다고 하면서 콜라를 접대하면 건너편 탁자에서 느긋하게 그들이 기다려 주기고 했고, 우리 대리운전 신청자는 미안한 마음에 정해진 요금에서 조금 많게 웃돈을 주면서 서로 기분 좋게 집까지 도착할 수 있었다. 그러나 요즘 그런 기대를 했다가는 낭패를 보기 딱 적격이다.

나에게 이 대리운전에 관한 아름다운 이야기 하나가 있다.

10년 전, 붉고 뜨겁게 타오르며 꺼지지 않을 것 같았던 이십년간 내 사업의 기세가 다하여 꺼져가는 마지막 밑바닥 불씨 하나를 지키려고 발버둥 치던 그 서럽던 그 어느 날 밤이었다. 쓰라린 마음에 술을 마시고 또 마시고 나는 그렇게 술통에 빠진 가련한 신세의 망해가는 광고회사 사장의 모습으로 밤늦게 대리운전자를 만나게 되었다.

술 취한 내 눈에도 희끗희끗 흰머리가 보이며 얼굴의 주름이 인생을 나만큼은 살아온 것 같은 사람이 내 차를 몰고 집으로 향하고 있었다. 차 안에서 그날은 평소 즐겨듣던 클래식 보다는 언젠가 고속도로 휴게소에서 구입해 들었던 소위 '뽕짝Trot'이란 곡이 듣고 싶어 그런 음악을 틀고 볼륨을 크게 올렸다. 나는 음악에 마음을 맡기고 눈자위가 젖어들 것 같은 작은 카타르시스에 빠져있을 무렵, 그때 그 운전자가 자기도 그 노래를 좋아한다는 것이었다. 그 노래는 설운도의 '원점'이었고, 심야의 내 차안에서 울려 퍼지며 우리 둘은 이런저런 이야기를 나누게 되었다. 그는 몇 년 전까지 잘나가는 대기업의 부장이었는데 IMF때 퇴출되어 이것저것 퇴직금으로 작은 사업과 장사를 해오다 다 망하고 이제는 할 것이 없어 대리운전을 한다며 격양된 목소리에 잦은 떨림이 섞여있었다.

그렇지 않아도 망해가는 사업가가 미래에 대한 두려움에 누구에게도 말을 못하고 떨고만 있는데 같은 병을 앓고 있는 '동병상련同病相憐'의 동료를 만난 것 같아 나는 그 사람에게, 아내와 친구들에게도 말할 수 없었던 깊은 사연을 다 털어 놓을 수 있을 것 같다는 생각이 들었다. 그것은 마치 어둠 속에서 성냥불을 켠 것처럼 나를 환하게 밝힌 인연의 시작 불이었다.

나는 차를 세우고 둘이서 이 근처 아무 곳이나 들어가 술을 한잔하자 하면서, 하룻밤 대리운전 수입을 내가 다 지불하겠다고 제의를 했다. 그리고는 차안에서 술집 공간으로 자리를 이동한 우리는 서로 통성명을 하고, 한잔 두잔 그렇게 또 밤을 보내기 시작하였다. 내가 먼저 내 얘기를 하려고 했지만 묻지도 않았는데 그가 먼저 자신이 걸어온 모든 인생사를 다 털어 놓았다.

그중에 요즘도 내 뇌리를 스치는 것이, 아들이 요즘 들어 공부를 안 한다고 실망을 하기에 왜 그러냐고 물었더니 아들놈이 대들면서 "아빠처럼 서울대를 나오면 뭐하냐! 대리운전하는 신세밖에 못되지 않느냐?" 라고 대들었다는 것이다. 순간 나는 그가 우리나라 최고학부를 나온 대리기사였다는 것이 충격이 아니라, 그런 그가 묵묵히 저녁을 열고나와 남의 차에서 새벽을 맞는 후줄근한 옷을 입은 한 이웃의 늙은 중년이라는 것에 나는 더없이 슬퍼져만 갔다.

내친 김에 나도 이런저런 이야기보따리를 다 털고 우리는 새벽 가까이에 비틀거리는 팔자걸음으로 전봇대가 자꾸만 다가오는 느낌을 받으며 그렇게 헤어졌다.

그 몇 달 후, 나는 사업을 접고 공부와 그림그리기에 매진하였다. 그리고 그는 그날 밤 나와의 약속대로 방송대학교에서 평소하고 싶었던 '중어중문학'을 공부하여 그 후 자그마한 핸드폰 대리점을 하며 문학계에 등단하였다. 지금은 각 문학지에 시를 발표하며 문화센터에서 시작詩作을 강연하는 꽤 잘나가는 시인이 되어있다. 젊은 시절 전자공학을 최고학부에서 전공한 그가 인생노년기 초입에 다시 인문학을 공부하여 직업이 바뀐 것이다. 이것이 바로 '랭그랑P.Lengrand'이 유네스코 강단에서 부르짖었던 평생교육의 힘이 아니던가!

내가 그때 술자리에서 방송대학에서의 문학공부를 제안했던 이유는 그가 매우 뛰어난 감성을 지니고 있었기 때문이고, 나 역시 방송대에서 국어국문학과 교육학을 공부한 경험이 있어서였다.

그런 인연으로 그는 요즘도 가끔 나에게 찾아 와 "신선생님, 나는 아직도 감성이 너무 굳어있어요"하고는 나에게 한수 배우겠다고 하며 가끔은 술병 아닌 술을 들고 찾아오는 시인묵객時人墨客이 되었다.

이 글 말미에 나는 한마디 덧붙이고 싶다. 지금 이 시대는 '투잡TwoJob'의 시대이다. 그중에서도 대리운전은 누구나 도전할 수 있고 주로 저녁에 하는 일이며 나름 노하우가 생기면 고소득도 가능한 중년 남성들의 투잡의 대명사로 불린다. 이제 대리운전은 우리나라 사회에서 하나의 생활패턴이자 밀착경제가 되어버렸지만 운행, 요금산정, 납세 등 여러 분야에서 법의 명확한 적용을 받지 않다 보니 각종 문제점과 부작용이 양산되고 있는 것이 현실이다.

그러나 그것보다 더 결코 잊어서는 안 되는 것이 있다. 사랑마저, 마음마저 대리로 살아서는 안 된다는 것이다. 좀 더 따뜻하게 손님을 맞고, 좀 더 가깝게 기사님을 맞이하는 서로를 아끼는 풍토가 필요한 대리운전문화가 아쉬운 시점이다.

마른 낙엽이 되자

매서운 한파寒波가 지나더니 며칠 내내 암청색 비가 내린다.

겨울 머리맡에서 채 월동 준비도 못한 사람들의 마음과 날씨보다 더 매서운 경제한파에 잠을 못 이루는 수많은 서민들의 차가운 마음을 대변하는 비처럼 느껴진다. 문득 주차장 바닥 여기저기에 떨어져 있는 비 젖은 암갈색 낙엽을 담배연기와 함께 한참을 바라보자니 눈물이 감돈다.

며칠 전 전철에서 만난 선배의 모습을 떠올리면서 새삼 지난 추억을 기억해 낸 것이다. 힘차고 당당했던 목소리는 어디론가 간데없고 친우를 만난 기쁨보다는 축 쳐진 어깨에 어색한 표정을 띤 선배의 씁쓰레한 미소 끝자락이 마치 비에 젖어있는 낙엽과 닮아서이다.

이 세상 누구보다도 열심히 살아왔던 그는 오로지 한 직장의 일원으로 결혼도 사십 나이 가까이에서 한 '일벌레' 란 별명의 충실한 중소기업 임원이었다. 술·담배를 멀리하고 고지식한 성품 때문에 남들보다 진급은 늦었지만 모나지 않은 성격 탓에 퇴출이란 명단에서도 늘 제외되는 행운아가 자신이라며 자랑을 입에 달고 다녔다. 남들처럼 낚시나 영화를 즐기기보다는 휴일에도 회사에서 일을 보는 엄청난 일꾼이었다. 어쩌다 한번 거래처와 접대골프를 치고 오는 것이 일 이외의 단 하나의 여가활동인데, 그는 평소 나 같은 예술가들에게 투정 섞인 잔소리로 불만이 가득했었다.

그림이나 글을 쓴다는 핑계로 담배와 술을 하고 지갑에 돈도 풍족치 못한 것들이 늘 여유부리면서 우스갯소리를 한다고 곱지 않은 시선으로 바라보았던 것이다. 그런 그가 전철역을 빠져 나오는 순간 담배를 입에 물고 불을 붙이는 모습으로 변해있었다.

고령사회의 문제점을 가장 먼저 경험하고 있던 일본에서 몇 년 전 나온 신조어 하나가 우리들에게 커다란 충격을 주고 있다. 퇴직 이후의 인생에 대한 별다른 준비 없이 직장에서 퇴직한 50~60대 남편들에게 아내들이 붙여 준 별칭이라는데, 일본어로 '누레오찌바濡れ落ち葉' 즉 '젖은 낙엽'이라는 뜻을 가지고 있다.

젖은 낙엽이란 빗자루로 쓸어내려고 해도 쓸리지 않고 절대 안 떨어지는 것, 구두 굽에 붙어서도 떨어지지 않는 낙엽처럼 일과 회사 밖에 모르는 젊은 날의 일벌레들이 퇴직 후 아무런 취미와 활동이 없고 심지어는 집안에서 설거지도 못해주면서, 외출을 기피하며 마누라 치마폭만 잡고 텔레비전 앞에만 있는 모습을 그렇게 비유한 것이다. 거기에 하나를 덧붙여 어쩌다 한 번 부부생활의 불을 질러 보고자 해도 이미 청춘의 기력을 지난날 회사에서 다 소진해 버려 불은 붙지 않고 연기만 매캐할 뿐, 아무 짝에도 쓸 수 없다는 것을 '젖은 낙엽'에 비유해서 쉽게 버려지지도 않는 존재들의 대명사로 쓰여 진 말이다.

이 얼마나 충격적이고 슬픈 이야기인지는 불혹의 나이를 넘어선 사람이면 누구나 공감하고 지금의 자신을 한번쯤 되짚어보고 불안해할 것이다.

그러나 누구든 늙게 마련이고 아무런 설계가 없다면 예외 없이 누구나 젖은 낙엽의 신세가 된다. 사실 젊은 시절에는 살기가 바쁘다는 이유로 은퇴 자체를 생각할 여유도 없을뿐더러, 퇴근 후에나 휴일 날 차근차근히 쌓아가는 취미생활과 공부는 사치로 전락될 수도 있다. 그러나 직장에서 물러나고 애들은 다 커서 독립하고 손안에 남는 것은 몇 푼의 퇴직금과 쓸쓸한 추억뿐이며 그들은 서서히 젖은 낙엽으로 물들어가는 것이 우리의 인생인줄도 모른다.

그렇다면 어찌해야 하는 것일까? 낙엽은 낙엽이되, 젖은 낙엽이 아닌 마른 낙엽이 되어 보려고 하는 것도 의미 있는 일인 것이다.

마른 낙엽은 공기가 드나들어 바람이 불면 움직일 줄도 아는 지혜가 담겨 있는 하나의 자존심 일수도 있고, 또한 밟으면 부서져 후퇴할 줄도 아는 노장의 지혜로움이기도 하다. 사람들은 돈만 모아놓으면 노후가 문제없다고 하지만 그것처럼 미련한 생각이 바로 젖은 낙엽이 되는 첩경이 될 수 있다.

돈은 그것을 쓸 수 있을 때 까지만 유효한 것이다. 무릎이 아파 장거리 비행을 할 수 없고, 관절이 아파 기력이 쇠해 골프도 칠 수 없고, 소화 기능이 약해져 외식外食도 하기 어렵고, 당뇨에 고혈압까지 겹친다면 하루하루 지내기도 쉽지 않아 외출자체가 힘들 것인데 그때 가서야 돈은 아무리 많아도 큰 의미가 없다. 이모든 것들은 사실 다리 떨릴 때하지 말고 가슴 떨릴 때 했어야하는 것인데 말이다.

그래서 미리미리 직장인이든 사업가이든 은퇴 전에 장기적인 노후 작전을 짜야 하는데 그 답이 바로 내가 생각하기엔 취미생활이다. 특히 돈이 있든 없든 노후생활에 대해 늘 감사하고 행복하게 만들어 주는 것은 바로 '아마추어 예술가'가 되는 것이다. 아마추어 예술가들은 늙어 노후생활에도 전시나 출판 등으로 늘 바쁘며 할 일이 많아 치매에도 걸리지 않을 것이다. 그 무엇에도 메이지 않고, 쫓기지도 않으면서 느긋한 마음으로 영혼의 뜰에서 아름답게 뒹구는 마른 낙엽의 모습을 연상해보라. 얼마나 멋진 일인가 말이다.

쏟아지는 겨울햇살 창가 앞에 안락의자에 깊숙이 앉아 따뜻한 조명 앞에서 차를 끓이며 고전古典을 읽고 있는 나의 모습, 인생을 되돌아보며 글 작업을 하는 나의 모습, 힘이 없어도 할 수 있는 추상화를 그리고 있는 나의 모습, 악기 하나를 들고 음률을 구사하는 나의 모습을 떠올려 보자. 우리는 지금부터 준비할 은퇴준비의 '레슨 원Lesson one'이 바로 예술적 취미활동을 만들어가는 것이라는 사실을 잊지 말아야 한다.

내 이름을 불러줘!

긴 시간을 운전하다 보면, 간혹 차안에서 라디오 방송을 듣게 된다. 그것은 차에 내장되어 있는 CD 플레이어의 곡을 거의 외우다시피하여 특별한 곡을 들을 때를 제외하고는, 뉴스도 접하고 도로상황의 제보 상황도 들을 수 있으며, 무작위로 송출되는 노래도 감상할 수 있기에 일석삼조의 효과가 있기 때문이다.

그러나 음악 프로그램을 듣다보면 그 진행자가 듣고 싶은 노래를 신청한 청취자를 소개할 때 진행자는 그의 이름 대신 신청자의 전화번호 끝자리, 예를 들면 "이번에는 0297님의 신청곡을 듣겠습니다" 혹은 "6742님의 사연인데요..."라고 소개하면서 프로그램을 이어간다.

나는 이 표현이 싫다.

그래서 주파수를 바꾸어 다른 방송을 들어보지만 거기에도 마찬가지이다. 이런 현상은 몇 년 전부터 텔레비전에서도 마찬가지였다. 한 텔레비전의 오락프로그램에서 선남선녀들의 미팅을 주선하는 모습을 방영하는 장면에서도 출연자의 가슴에 번호표를 붙여 놓고 "1번 남자 분, 4번 여자 분에게 다가가고 있습니다"라고 했다.

우리가 언제부터 이렇게 사람의 고유 이름을 버리고 마치 교도소의 갇힌 죄수나 로봇처럼 숫자를 붙여 불리게 된 것일까? 참으로 한심한 현실이다. 그런데 어느 날 야간방송 시간대의 한 방송국의 음악 프로그램에서는 신청자의 이름을 불러 주었다. "이번에는 청주에 계신 김은희님의 사연과 신청곡입니다" 바로 이것이 맞는 것이다. 적어도 이글을 쓰고 있는 예술가인 내 생각에서는 이것이 아름답다는 것이다. 그러고 보면, 여느 다른 방송에서도 보내는 사람은 분명 이름을 적어 보내는 신청자들이 사연과 함께 전송하고 있다는 증거인데, 어쩌다가 이렇게 된 것인지 그저 안타까울 뿐이다.

우리는 디지털시대라는 미명美名 아래 자신의 이름을 잊고 산다. 커피를 주문하고 기다릴 때도, 시험장의 수험표도, 병원의 예약증에도 번호만이 덩그러니 적혀있는 그 번호를 가지고 있다가 호출할 때 우리는 달려 나가고 있다.

사실, 이런 문제는 꼭 디지털문화에서 출발한 것만은 아니다. 일례를 들어보자. 한 여성이 회사를 다닐 때에 써내는 보고서마다 자신의 이름을 적어내었다. 그러나 전업주부가 되면서부터 자신의 이름은 온데간데없이 자취를 감추게 된다. 그나마 이 여인은 본인 이름으로 된 신용카드를 사용하고 있지만, 주변의 다른 친구들 중 몇 명은 남편 명의의 카드, 남편 명의의 핸드폰을 사용하는 친구들이 많다. 그 이유는 남편의 연말정산에 용이하기 때문이다. 그리고 동네의 아이들과 엄마들 사이에서는 당연히 본인 이름은 모른 채 '누구 엄마!'라고 불리어 진다. 부부의 호칭에 있어서도 연애시절 그렇게 정겹게 불려줬던 이름은 사라지고 '여보, 당신, 자기' 등의 별칭으로 대체된다. 만약에 그녀의 아들이 '준'이라면, 그녀는 자신을 소개할 때에도 당연한 듯 "준이 엄마예요!"라고 소개를 하다 보면 자신이 준이가 되어버린 듯한 착각에 빠져든다. 물론, 호칭이라는 것이 연애 때와 결혼했을 때, 그리고 아이를 낳았을 때 조금씩 달라지는 것이 우리의 문화이다.

다시 말해 연애 때는 "자기야!" 등 알콩달콩 애칭을 사용하다가, 결혼을 하면 '여보, 당신'으로 바뀌고 되고, 아이가 생기면 '누구 엄마' 혹은 '누구 아빠'로 바뀌기도 하고, 어떤 이들은 "어이~!" 하면서 이름 따위는 이미 물 건너가는 것이 된다. 이렇게 세월이 지나면 지날수록 내 이름이 불리는 경우는 정말 없어지게 된다. 그러다 보면, "나는 누구인가?" 라는 질문에 봉착되어 자신의 정체성을 잃게 되는 우울증에 빠져든다.

더군다나 우리나라의 경우에 과거에는 여성의 이름 대신 '파주댁' 혹은 '여주댁'이라는 말을 사용했고, 현대에 들어서는 '와이프Wife'라는 영어 호칭으로 남에게 남성들은 자신의 아내를 말한다. 그러나 여성들은 남편에 대한 외칭을 '허스밴드Husband'라고 말하지 않는 묘한 풍토가 자리 잡고 있는데, 여기서 나는 말하고 싶다. 자신의 부인을 지칭하는 말에 있어서는 와이프라는 외래어 대신, 차라리 우리의 옛말에서 온 '집안의 태양' 이란 뜻의 '아내' 가 더 좋다는 것을 제안하고 싶다.

이렇게 이름이 사라진 이 시대의 문화 풍토 속에서 한 여자가수의 〈내 이름을 불러줘〉라는 대중가요가 나오는 것은 어찌 보면 당연한 일인 지도 모른다.

너 하나만 바라봤던 힘든 시간들
좋아하는 맘이 깊어질수록
아무리 불러 봐도 대답이 없던 걸
따듯한 네 손길 바래왔었지
내 이름을 불러줘 내 손을 잡아줘
다가와 two step 늦기 전에 나를 안아줘

디지털시대를 사는 현재의 우리들이지만 결코 이름만은 아날로그의 감성을 지키는 것이 좋다. 아무리 시대가 빨리 변하고, 아무리 편리성을 강조하는 시대에서도 상대방의 이름을 불러주는 일이 더없이 시급한 현실이 되고 만 것이다. 이글을 끝내며 김춘수의 「꽃」이라는 시詩 한 편을 애써 생각해보지만, 아직도 내 가슴 속에는 라디오 음악 프로그램에서의 그 숫자이름이 떠오르며 나의 마음을 애태운다. 우리, 오늘 하루만이라도 다정하게 서로의 이름을 불러주면 어떨까?

꽃과 돌壽石 사이에 서서

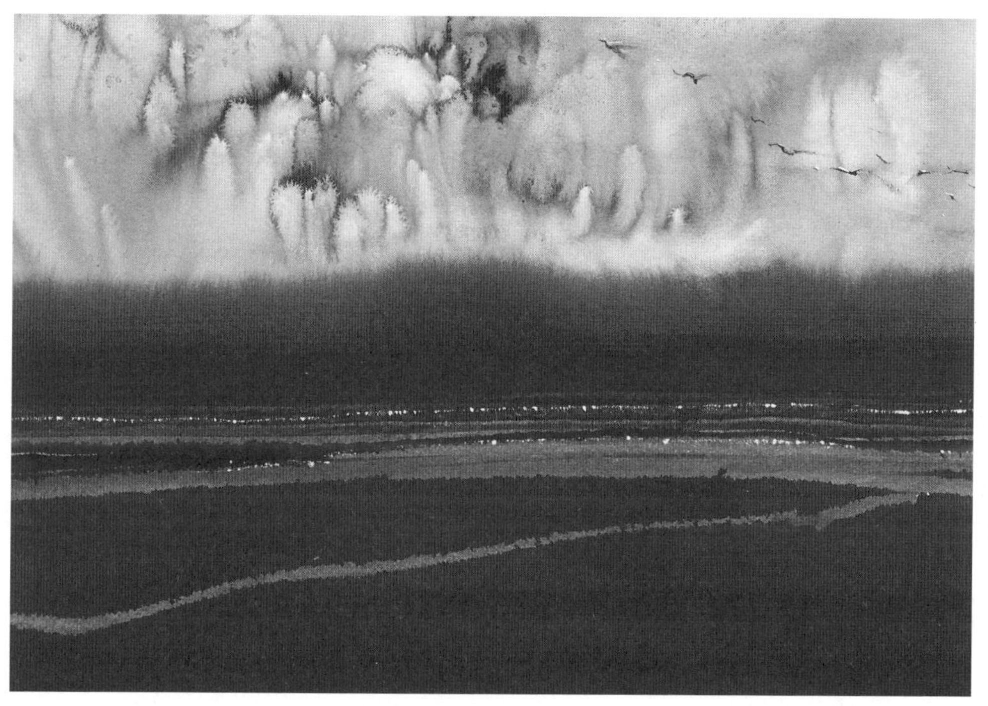

신석주作 / **晝事夜夢(임잔강에서)** / 72.7cm x 53cm / Watercolor on paper

꽃도 힘이 드는데 우리도 힘이 들지요

요즘 작업실에 나오면 으레 먼저 와 있는 제자들에게 나는 심한 질책을 당한다. 물론 스승의 작업공간에 대한 아낌과 염려에서 나온 잔소리라 고마운 마음이 들긴 하지만, 그들 마음이 내 사랑의 대상에 대한 무관심 같아서 난 은근히 그들이 미워지기도 한다. 이유는 내가 밤에 나갈 때 화초들이 얼까봐 난로煖爐 하나를 켜놓고 가기 때문인데 물론 나도 화재의 위험 걱정에 잠을 설치기도 한다. 그러나 그렇게 해야 화초들이 얼지 않을 테니 여전히 나는 난로를 켜놓고 퇴근해야 마음이 놓이는 것이다.

난 겨울이 되어 날이 심하게 추워지면 제일 먼저 생기는 걱정거리가 화초에 관한 것이다. 집에 마당이며, 이 작업실 공간에 있는 수 십 개의 화분이 제일 먼저 걱정거리로 다가 온다.

집 마당에 있는 분재는 땅에 파묻기도 하고, 큰 화분은 두꺼운 천으로 잘 감싸주어 그 자리에 두고, 야생화는 겨울을 이겨내는 다년생이니 별 걱정 없어 안심이 되지만, 무엇보다 봄부터 늦가을까지 잘 기르고 보았던 실내·외 화분들이 근심거리가 되는 것은 내게 있어 당연한 일이다.

그러다 보니 집 안은 온통 화초들의 피난처가 되고 식구들은 얼굴을 찡그린 채 내 눈치만 보는 형세이지만, 그것보다 이 작업실이 문제인데 밤에 상주하는 사람이 없으니 실내 온도가 급격히 내려가 기어코 3년 전에는 십년을 넘게 같이 보낸 화초 몇 분盆을 죽이고는 하루를 꼬박 울먹였던 상처가 내게는 분명 아직도 남아있다.

남들은 먹고 살기도 힘든 판에 배부른 소리라고 조롱할 수도 있지만, 내가 아끼는 것들이기에 남의 눈치 아랑곳하지 않고 지금 내 심정을 글로 쓰고 있는지도 모른다.

화초도 우리 인간처럼 살아있는 것이고 성격도 모두 다르다.

어떤 화초는 햇빛에 내 놓인 걸 싫어하고, 통풍이 안 되면 죽는 나무도 있고, 반 간접 햇볕을 좋아하는 것도 있고, 물을 많이 먹는 나무와 싫어하는 나무가 있는가 하면, 습한 곳에서 꽃을 피우는 것 등 서로 다른 환경에 따라 각기 성격이 다르게 성장해가는 것이 화초들이다. 또한 과일나무는 화분에 담아서 온실에 보관했다가 봄에 땅에 옮겨 심으면 많은 과일이 열리게 되어 남보다 이른 계절에 그 열매를 맛볼 수 있는 행운도 만나게 된다. 그리고 장미는 초겨울까지 꽃을 보려면 꽃이 지자마자 바로 그 꽃 봉우리 있던 곳을 잘라주면 계속 꽃을 감상할 수도 있다.

안타까운 것은 화초에 관심이 없는 사람들이 자주 하는 말로 "란蘭 키우기가 제일 힘들다"고 하지만 내 체험으로는 제일 쉬운 것이 바로 란이라는 것을 이야기하고 싶다. 란은 빙하기를 넘어온 쥐라기시대의 식물이니 물을 자주 주면 안 된다. 물을 가끔 주고 직사광선을 피해 그냥 통풍 잘되는 곳에 놓아주면 꽃이 저절로 피게 된다. 실내에서 기를 때 매일 스프레이로 잎에 물을 뿌려주는 사람이 있는데 그러면 줄기가 다습현상으로 인해 얼마 후 잎이 빠지며 죽게 된다. 그래서 반드시 물주기는 대야나 깊은 통속에 물을 받아 10일 정도의 기간으로 화분을 통째 물에 담겼다가 몇 시간 후 빼주면 된다. 그래서 난 화분몸체에 여러 개의 구멍이 송송 나있는 것이다. 이렇듯 수 천 종에 달하는 식물들은 서로 성격이 다르고 색깔도 다른 것이라서 아마도 조물주가 인간 다음으로 제일 공들여 만든 작품이라는 생각도 나는 가끔 해보게 된다.

등산길에서 만난 이름 없는 작은 야생화를 보라.

그 꽃잎을 자세히 들여다보면 관상용 장미 이상의 화려함과 아름다움을 가지고 있다. 그 이름 없는 들풀은 초식동물에게는 없어서는 안 될 귀중한 양식이 되고, 뜯기어도 소리 내지 않고, 산불이 나도 도망가지 않으면서, 그 자리에서 본연의 역할을 다하고 삶을 마감한다. 이런 것을 보며 우리는 남을 해치지 않고 주기만 하다가 소리 없이 자연으로 되돌아가는 야생초의 성스러운 통과의례通過儀禮를 인생에서 느끼고 배워야한다.

예로부터 선비들은 다들 꽃을 매우 좋아했다.

선비의 서실에는 으레 매화그림과 화초도花草圖가 걸려있고, 작은 마당일지라도 화단을 조성하여 손수 화초를 기르며 그 경험을 후학과 가족들에게 본보기로 전수하였다. 벼슬의 자리에서 물러나 인고의 세월에서도 그들은 추운겨울의 세 벗이라는 뜻으로 추위에 잘 견디는 소나무, 대나무, 매화나무를 통틀어 '세한삼우歲寒三友'라 이름 지어 자신의 고고한 인격과 빗대어 수양해왔던 것이다. 또한 이 세 가지가 다 들어가 있는 그림을 그려서 그것을 '송죽매' 즉 삼우三友라 자랑하기도 했다.

우리뿐만 아니라 유럽 사람들은 '가드닝Gardening'이라 하여 정원 가꾸기에 많은 품을 들인다. 그들의 화제 거리는 부동산과 집값이 아니라 무슨 화초가 새로 들어왔고, 그 화초를 서로 교환하고 싶다고 얘기하며, 어떻게 하면 그 식물이 잘 자랄 수 있는지에 대한 정보 나누기에 여념이 없는 것이다.

이렇듯 화초류는 인간에게 내려진 가장 소중한 선물의 하나이다. 그러니 사람을 대하듯 화초를 대해라. 그러면 그 가치를 아는 사람만이 누릴 수 있는 축복을 만끽할 수 있을 것이다.

나는 매양 봄을 촉진하고 싶다
그래서 연중에 봄이 가장 그립다.

이렇게 나는 화초를 사랑하는 한 사람으로서 화초와 함께 봄을 제일 먼저 기다리고 있다. 작업실 창문에 서양화를 업으로 하는 사람이지만, 붓과 먹을 챙겨 한지에 꽃을 그려놓고 말 한마디를 써 붙여 놓아본다.

꽃도 힘이 드는데 우리도 힘이 들지요

사람 사는 것이 힘들다 하지마라. 인생의 여정은 그리 쉬운 것이 아니다. 꽃도 꽃을 피우기 위해서는 몇 번의 천둥과 비바람이 있었지 않은가? 자연에 풍우상설風雨霜雪이 있다면, 우리에게는 희로애락喜怒哀樂이 있는 것이다. 찬바람에 달도 희고 눈도 흰 겨울이 지나면, 또 다시 이산 저산에 꽃이 피는 것이다.

자! 우리 모두 봄을 향해 파이팅!

● 이글은 2012년 에세이스트 '수필 등단작'이다. 그래서 이 책의 제호題號로 사용되었다.

꽃샘추위 속의 선비 정신

따스한 봄을 어찌 우리 인간만이 반기랴. 겨우내 실내에서 제대로 숨도 못 쉬고 처져있던 화분 속의 화초 역시 그러리라 나는 생각한다. 3월이 되어 마음속에 가장 기쁜 것이 실내에 여기저기 박혀있던 화분을 꺼내 바깥에 내 놓는 일이다. 며칠을 그렇게 즐기다 나는 여지없이 꽃샘추위를 만나고 말았다.

바깥에서 일을 보다가도 봄이지만, 찬바람이 불고 날이 쌀쌀해지면 나는 핸드폰을 꺼내 날씨예보를 들여다본다. "아뿔싸! 내일 아침기온이 영하권이란다" 다른 뒤의 약속을 물리고, 작업실에 들어와 어두운 밤이지만 밖에 내다 놓았던 화분을 다시 실내로 옮기기 시작한다. 문제는 숫자가 많다는 것이다. 자신도 모르게 하나하나 키워 온 것이 밖에 내다 놓은 것만 64개라는 것을 이번에 처음 세어보고 알았다. 실내에 있어도 되는 식물을 합하면 총 100여개가 조금 넘는 화분을 시내 중심가 빌딩에서 내가 키우고 있는 것이다. 올 3월에 나는 그런 일을 세 번 하였다. 그것은 마치 팔에 크나큰 아령 운동기구를 들고 운동을 한 것과 같은 몸 움직임이었다.

중국어로 이 꽃샘추위를 '얼위예춘한二月春寒'이라고 하니, 음력으로 2월 보름과 스무날 그리고 그믐밤에 나는 그 짓을 세 번, 밖으로 내고 다시 안으로 들였으니 총 여섯 차례 한 것이다.

꽃샘추위는 이른 봄철에 날씨가 꽃이 피는 것을 시샘하여 일시적으로 갑자기 추워지는 기상현상이다. 이때는 사람들이 추위에 대한 준비가 거의 없이 해이해졌을 때 찾아오는 현상이므로 동파의 피해, 농작물이나 인간의 건강에 나쁜 영향을 미치게 된다. 지난해에 나는 꽃샘추위에 화분 서너 개를 잃었고, 나 역시 감기를 앓은 기억이 있다. 사람의 감기야 약 먹으며 쉬면 고쳐지는 병이나, 막 새순이 오른 여린 잎이 추위에 떨어 오그라지고 실내에서 견디어낸 약한 뿌리들은 그 추위에 꺾이고 메말라 버린 것이 아직도 내겐 가슴 아픈 과거의 일로 남아있다.

화분을 이리저리 들고 옮기며 나는 우리와 600년 정도의 시간적 간격을 두고 있는 옛 선비 '강희안姜希顔'을 떠 올렸다. 그는 나와 같이 그림을 그리고 공부하는 학자였다. 그의 저서 『양화소록養花小錄』에서 강희안은 직접 화초를 키우면서 알게 된 화초들의 특성과 재배법을 함께 자세히 기록하였다. 본문은 모두 열여섯 종의 꽃과 나무 그리고 괴석怪石에 대해 서술한 부분과, 꽃을 기를 때 특별히 주의해야 할 일곱 가지 항목으로 구성되어 있다.

더욱 놀라운 일은 각 화초에 대한 옛사람들의 기록을 폭넓게 인용하고 이들의 품격을 논한 문장이나 시를 적절하게 보탠 다음 자신의 생각을 덧붙이는 방식으로 서술하고 있다. 곧 고대로부터 전해 내려 온 중국의 여러 책자에 나와 있는 원예에 관한 기록을 폭넓게 참고한 다음, 그는 실제로 그것을 익히고 다듬어 우리나라 실정에 맞게 자세히 서술한 것이다.

이런 것을 볼 때, 요즈음 이 시대 사람들은 정원이나 산과 들, 심지어 꽃을 파는 꽃시장에서도 서양종의 화려한 꽃과 나무들로만 채워지는 것을 보면 새삼 깊이 생각해 보아야 할 문제라는 것이 지적으로 떠오른다. 정말이지 꽃시장에서 야생화를 파는 곳은 한참을 뒤져봐야 만날 수 있다.

물론 야생화는 텃밭이 없는 현대식 아파트 건물구조에서는 키우기 힘든 이유가 있겠지만, 화분 속의 화초만이라도 우리 토종의 꽃을 가까이 했으면 하는 바램이 내 생각이다. 왜냐하면 우리의 선조들이 공들여 가꾼 우리나라의 꽃과 나무들을 잘 물려받아 가꾸지 못한다면 그것은 순전히 우리의 잘못으로 뒤 역사에 남을 일이기 때문이다.

오래전 한 매스컴에서 지적한 대로 우리나라 자생自生의 꽃과 나무의 성질, 재배법을 잘 알지 못하고 제대로 가꿔나가지 못하는 지금의 상태가 계속된다면, 수천 년 동안 우리의 자연이 길러낸 식물들을 불과 앞으로 100년, 200년 사이에 다 잃어버리게 되는 우愚를 범하게 될 것이다.

강희안은 말한다.

"천지의 기운이 어우러져 만물을 만들어내니, 만물은 길러진 뒤에야 완성되며 길러지지 않으면 병들게 된다. 이 때문에 성인이 헤아려 이루고 도와서 바로잡는 소임을 다해야하는 것이다. 천지의 조화만이 공적이 이루어질 수 있다."

그래서인가. 예로부터 선비들은 불행히도 자신의 뜻을 펼칠 때를 만나지 못하면, 그 은덕을 화초에 심어내었다. 건조하게 하여야 할 것과 습하게 할 것을 구별하고, 모종을 내는 것과 꺾꽂이하는 방법을 터득하면서 은자隱者이지만 은연중에 세상을 다스리고 교화를 돕는 뜻을 담아내었던 것이다. 마음 깊이 지극한 도道에 통달하고 세상의 이치에 정통한 사람이 될 수 있었던 것 그것 또한 화초 기르기에서 얻은 통찰이었으리라.

그러나 화훼花卉는 식물일 뿐이어서 서로 느끼거나 대화할 수는 없다. 그래서 구부리거나 펴는 것, 바로잡거나 휘게 하는 것, 꽃을 피우게 하거나 꺾어주는 일, 이 모두를 사람의 마음대로 할 수 있지만 무엇보다 중요한 건 이치를 거슬러가지 않고 그 식물의 본성에 따라 다스려야하는 것이다.

꺾여있고, 시들어있고, 죽어있는 화초와 나무를 보면 그 주위를 배회하면서 주체할 수 없는 슬픔에 빠지는 나의 이 감정을 600년이 지난 그 선비도 그랬을 것이라는 한 선비 선배의 공덕을 이 꽃샘추위 속에 화분을 들고 나며 헤아려 본다.

삽이 된 숟가락

낮에 시장 옆 골목 가판街販에서 사온 예쁜 꽃 하나를 아주 작은 화분에 옮겨 심었다. 꽃을 파는 사람조차 꽃 이름을 모른다고는 했으나 너무나 깜찍하고 앙증맞아 집에 들고 오는 내내 계속 검은 비닐봉지 속을 자꾸 열어보며 몇 번이고 그것을 들여다보았다.

이제 내 집 식구가 되었으니 일회용 얇은 비닐포트 화분을 벗겨내어 좋은 화분에 옮겨주어야 한다. 우리도 나이에 맞게, 성별에 맞게 옷을 입어야 하듯이 이 화초도 분위기에 잘 맞는 그릇으로 담아야하기에 화단을 한참 뒤져 겨우 알맞은 예전에 쓰던 화분 하나를 발견해서 작업을 시작하려는데 너무나 난감하였다. 화분이 너무 작아 분갈이용 삽으로는 도저히 흙을 옮기기에도, 흙을 도닥거리기에도 힘든 상황이 된 것이다.

고민하다가 주방으로 다가가 숟가락 통에서 숟가락을 들고 나와, 그것으로 흙을 옮기고 흙을 정리하며 도닥거리니 그 숟가락이 참으로 간편하여 작은 화분 작업용으로 유용한 삽이 되었다. 작업한 화분을 거실에 옮겨 가장 햇볕이 잘 드는 곳에 놓아두고 손을 닦는데 "아뿔싸! 이건 내가 매일 밥을 떠먹는 내 숟가락이 아닌가!" 물론 숟가락 통에서 여러 개의 숟가락 중 내 것을 집었을 때 나름대로 촌각寸刻의 판단은 하였겠지만 새삼스럽게 내가 놀란 것이다.

그러나 신기하게도 그것이 더럽게 느껴지거나 불쾌한 여타의 생각이 들지 않았고, 난 그 숟가락으로 저녁밥을 참 맛있게 떠먹었다. 그리곤 갑자기 돌아가신 어머니가 생각나 숟가락을 들고 한참을 해가 진 화단을 멍하니 바라보면서 지난날 어머니와 지금의 이 작은 삽이 된 숟가락 사이에서 참 많은 생각을 하였다.

난 부모님과 나이가 40-41살이나 차이가 나는 늦둥이 막내였다. 지금도 생각해 보면 우리 집에는 어머니와 나만 살았던 기억이 난다. 아버지는 서울에서 명절 때만 내려오셨고, 시집· 장가를 간 형과 누나들도 가끔씩 집에 오면 볼 수 있을 정도로 집에는 늘 어머니와 나밖에 없어 모든 것을 그야말로 '엄마랑 나랑~' 지낸 것이다. 그것은 아홉 살이 되던 해 아버지 직장 옆으로 이사를 온 서울에서의 생활도 마찬가지였다. 유난히 허약한 나는 밥을 잘 먹지 못했고, 매일 배가 아프다고 울어댔다. 그 배가 자주 아픈 것은 지금도 마찬가지이지만... 그래서 어머니는 내가 중학교를 다닐 때에도 머리카락 냄새를 맡으면 배가 안 아파진다고 하면서 나를 늘 등에 업어주셨고 밥을 먹을 때에도 늘 당신께서 직접 내게 먹여주셨다. 딱딱한 음식은 어머니가 직접 씹어 내입에 건네주셨고, 뜨거운 음식은 후후 불어서 어느 정도 식게 되면 내게 먹여주었고, 환자도 아닌데 매일 밥을 먹고 나면 등을 두드려 트림까지 시켜주었던 기억이 40년이 훨씬 지난 지금도 생생하다. 그것은 고등학교 때까지 이어졌고 그래서 나는 지금도 젓가락질을 잘 못하는 치명적 단점을 안고 있다.

쇠로 만든 젓가락으로 반찬을 집으면 가운데 손가락이 움푹 파여 아픔을 호소하니 한때는 아내가 나무젓가락을 가지고 다닌 적도 있었다. 아직도 사람들에게 있어 신기하고 부러운 것은 쇠 젓가락으로 콩을 집고, 미끄러운 해삼海蔘을 집어 먹는 일이다. 난 아무리 노력해도 되질 않는다. 손으로 그림을 그리는 화가가 도대체 젓가락 질 앞에서는 맥을 못 추게 되는 우스운 일이 내게 매일 벌어지고 있는 것이다. 정말 심각한 '마마보이'였던 것이다.

화분을 옮긴 숟가락을 들고 저녁노을을 보며 그런 저런 생각을 하다 보니 '자기희생'이란 말이 떠올랐다. 어머니들은 자식이 먹다 남은 음식도 기꺼이 맛있게 먹는다. 또한 자식이 토하고 내뱉은 것도 당신의 두 손과 온몸을 사용해 그것을 더럽다 생각 않고 치우며, 오로지 자식이 아무 탈 없이 편하게 지낼 수 있도록 자식의 안녕만을 바라고 또 바란다.

우리 사회에서도 이것은 마찬가지일 테다. 세상과 삶에 있어 대부분의 아픔은 남에게서 나오는 것보다 자신의 탐욕과 이기심에서 나오는 부산물이 더 많다는 것을 어느 날 깨닫게 된다. 그러나 자신을 탓하기에 앞서 외부의 탓으로만 그것을 돌리면 근본적인 문제가, 모든 악의 구조가 자신에게 있다는 것을 결코 발견하지 못하게 된다. 그래서 사회의 모순적 구조를 해결하는 방법은 먼저 자기희생이 뒤따라야 한다. 자신은 하나도 놓지 않고 자신의 탐욕과 이기심만을 좇으면 사회는 올바른 방향으로 가지 못할 것이다.

어려운 이론이라기보다 지금 우리에게 벌어진 일련의 사건 '세월호 사고'를 보면 알 수 있다. 승객의 안전보다 돈벌이에 눈이 먼 선주船主와 배를 버리고 혼자만 빠져나온 선장의 행태가 그것을 잘 대변해 주고 있다. 즉 남을 사랑하지 않고 자기만을 위해 마음대로 산다면 한사람을 위해 다수가 피해를 보는 것은 불을 보듯 뻔한 일이다. 이제 우리는 모든 문제의 해결을 외부에서 찾을 것이 아니라 개개인의 탐욕과 이기심을 비움과 나눔으로 행할 때 그것이 해결된다는 것을 이해하고 실천해야 한다.

괜히 삽이 된 숟가락 하나를 놓고 너무 심각해져 가는 것 같다. 그러나 이 작은 숟가락 하나가 큰 흙을 퍼 담듯이, 어머니가 자식에게 음식을 씹어주고 호호 불며 먹여주듯이 이런 희생이 크나큰 의미 있는 일을 가져다 준다는 것에는 누구나 공감할 것이다. 글 마무리에 예전에 읽었던 글 하나가 내 마음 속에서 되살아 나온다.

"신神은 모든 사람에게 일일이 나타날 수가 없어서 인간에게 어머니를 주셨다."

꽃을 대하니 슬픔이 더하다

몇 개월이 지나서이다. 새해를 맞이해 삼 개월이 지나 이제야 고백을 한다.

사실 작년 12월은 내게 있어 특별한 달이었고, 나에게 참 많은 걱정거리를 준 연말年末이었다. 왜냐하면 그동안 누가 내게 나이를 물으면 내가 몇 살인지 한두 살은 나 자신도 헷갈리는 나이였다. 그러나 내년이 되면, 내 나이를 분명히 기억해야 한다는 스트레스를 남몰래 안고 있었던 것이다. 그동안 나의 인생을 돌이켜 보면 그 얼마나 지난 오십대를 포함한 내 삶이 혈기 왕성했으며, 한편으로는 참으로 사연도 많았다는 것을 새삼 깨닫게 되는 시점이기도 했다, 이제 나이가 지천명知天命을 넘겨 이순耳順을 맞이해야 하는 나이가 되었으니, 내겐 충격이지만 또한 지난 세월을 반성해 보는 소중한 성찰의 시간이기도 했다.

사실 그동안 나는 나이를 가늠하지 못한 채 살아 왔다. 난 그저 내가 하고 싶은 것, 내가 추구하는 것에 매달려 내 인생 전체로 보면 그야말로 '제 멋 대로' 산 인생이었다 해도 결코 과언은 아니다.

결혼을 했음에도 광고사업을 한다는 이유로 회사에서, 그 이후 예술을 한다는 핑계로 집이 아닌 이곳 작업실에서 많은 잠을 잤으며, 국악에 젖어 장고長鼓와 함께 이곳저곳 바닷가에서 북을 치며 놀았고, 모차르트에 미쳐 오디오 세 개를 갈아치웠으며, 며칠 밤을 새워 그림을 그려 십여 차례가 넘는 개인전과 이백 여회의 단체전도 치렀고, 공부가 하고 싶어 서양화 외에 나이 마흔이 넘어 국문학과, 교육학과, 철학과 강의실을 기웃거리며 기말고사 시험 준비에 며칠 밤을 새우기도 했던 어리석지만, 불꽃 같은 삶을 산 나의 사·오십대였다. 그렇게 남의 눈 아랑곳하지 않고 살아왔던 것이다.

우리가락에 이런 노래가 있다.

이산 저산 꽃이 피니 분명코 봄이로구나
봄은 찾아 왔건마는 세상사 쓸쓸허드라
나도 어제 청춘일러니 오날 백발 한심허구나
내 청춘도 날 버리고 속절없이 가버렸으니
왔다 갈 줄 아는 봄을 반겨헌들 쓸데 있나.

오늘 글감이 없어 한옥마을을 서성이다 스피커에서 나오는 이 노래를 만났다. 노래를 대하는 순간 가슴이 쓸쓸해졌음을 결코 부인하지 않는다. 지나간 세월을 놓고 스스로가 살아줘서 고맙고, 이겨내고 참아줘서 고맙고, 삶과 죽음이 두렵지 않게 지금처럼 살아있음에 감사하지만 왠지 슬퍼진다. 한옥 기왓장 옆에 흐드러지게 핀 백白매화 가지 하나를 꺾어 작업실 탁자 유리병에 꽂아 보며 내 인생의 자련을 느낀다.

자련自憐은 인간생명에 대한 깨우침으로, 스스로 경계해 깨어 있는 것이다. 나를 슬퍼하는 것에서부터 인생을 슬퍼하고 천지를 슬퍼하며, 만물을 슬퍼하는 데까지 이른다. 그렇기 때문에 자련이 전달하고자 하는 것은 비단 현실에 대한 탄식에만 그치지 않으며, 이보다는 우주에 대한 깊은 사고인 셈이다. 이런 자련에 대한 철학적·예술적 관점이 잘 나타나있는 것이 옛 고전에 남아있다.

중국의 남쪽 장강 중류지방에서 성행했던 굴원屈原이 창작한 대표작 초사楚辭 중에 '이소離騷'가 그것인데, 이 초사의 이소에서는 자신을 아득한 우주 속에 내던져 그것을 대면하여 세월의 채찍 아래에서 부들부들 떨게 하는 인생회고의 멋진 표현들이 요소요소에 박혀있다. 그곳에는 그런 우주와 나의 힘의 작용 아래 함께 부침하고 충격을 받으며, 거슬러 나아가기도 하고 순응해 날기도 하는 것으로 시인이 아름다운 자기 이상을 실현할 수 없다는 것을 느끼고서 발생하는 인생의 비극적 감상이 돋보인다. 결국은 인생에 있어 한걸음 더 나아가기위한 진보의 움직임이 그렇게 글 속에 서려있는 것이다.

이소에서는 이렇게 읊는다. "날과 달이 빠르게 흘러 멈추지 않고 봄과 가을이 번갈아가며 돌아오네. 초목이 말라 떨어지니 미인이 늙어갈까 두렵구나" "세월이 흘러가기만 하니 세월의 흐름 속에서 슬픔이 나온다. 마치 한 필의 지친 늙은 말처럼 최후엔 역사의 시공 속에서 배회한다" 이런 초사의 영탄永歎에는 시간적 영탄이외에 인간존재의 운명에 대한 영탄, 즉 길게 숨을 내쉬며 한탄하는 것이 개인과 우주가 직접 대립한 상태에서 인간생명의 긴장감과 흥취를 더해 가는 것이다.

또한 이런 글귀가 눈에 박히면서 내 스스로의 인생과 대입하며 마음의 물결이 애잔하게 일어나기도 한다. "이름을 닦아 세우지 못함이 그지없이 두렵다" "세월이 홀연히 다하니 남은 목숨아래 두려워하는 것은 시간의 기다림이 없다" 이것은 인간과 우주간의 화해와 리듬을 깨뜨리는 공포와 같은 것이다. 그러니 우리 인생에 있어 지나간 시간 보다 앞으로 남은 시간의 소중함, 중함의 가치를 느끼자는 시인의 발로가 그것이다.

그렇다. 우리 인생은 앞으로만 나아갈 수 없고 또한 뒤로의 역행도 허락하지 않는다. 어제만 해도 꽃들이 가득했지만, 눈을 돌려 보니 그 사이에 쇠락해 버리는 것이 꽃이고 인생이다. 사람의 인생은 어찌 보면 이처럼 참으로 처량한 것이다. 백 년 전에 나는 없었고, 백년 후에도 나는 없다. 이 짧은 백년 중에도 고통과 좌절로 가득했던 것이 인생이지만 그래도 우리 인생에는 그만한 가치가 있는 것이기에 오늘도 나는 물가에 꽃잎 하나를 띄워 떠내려가는 것을 지켜보면서 나의 자련을 애써 감싸며 미지의 나의 미래를 준비해 본다.

12월의 카네이션

지난 5월 어버이날과 스승의 날에 나는 카네이션 꽃바구니를 여덟 개 받았다. 그리고 한 달 후 포장된 바구니를 풀고 그 속에 있던 카네이션을 포트Pot에서 빼내어 옥탑 베란다에 다 같이 붙여놓으니 그런대로 나름 멋이 있었다. 그 이후 폭염이 들이 닥친 후 그것들을 그늘로 옮겨 보관하다가, 이제는 강추위가 몰아치니 어쩔 수 없이 다시 그것을 실내로 들여놓았다.

여기에서 문제는, 이 카네이션들이 시들어 죽지 않고 계속 꽃을 피운다는 것이다. 보통 여느 사람들은 행사 때 받은 꽃바구니나 꽃송이를 길게는 또는 한 보름쯤 보다가 시들면 아무 생각 없이 그냥 쓰레기통에 버리는 걸로 나는 알고 있다. 그런데 봄에 받은 것, 그것도 정식 화분에 앉힌 꽃도 아니고, 분갈이도 하지 않은 이 꽃을 나는 연말연시가 코앞인 이 시기까지 간직하고 관리하고 있다는 점이다.

사실 나도 꽃가지 몇 개가 시들어 누렇게 된 이 카네이션 더미를 솔직히 버리고 싶다. 그렇지만 아직도 이 추위에 8개 포트에서 옮겨진 꽃들이 아직 두 세 개씩 싱싱한 빛깔의 꽃이 피고 또 올라오는 것을 보고는 도저히 버리지 못하는 것이다.

카네이션은 석죽과石竹科의 여러해살이 식물이다. 남부유럽과 서아시아가 원산지이고, 오랜 역사를 카네이션은 무려 2,000년 전부터 재배해왔다는 기록이 있어 장미, 국화, 튤립과 함께 4대 절화折花로 꼽히는 꽃이다. 꽃말이 '모성, 사랑'인 탓에 카네이션은 으레 스승의 날과 어버이날에 꽃집에서 제일 매출을 많이 올리는 효자노릇을 한다. 그래서 일까? 12월에 보는 카네이션은 더욱 더 돌아가신 부모님 생각에 가슴이 아리고, 내 인생에 영향력을 미친 지나간 스승님들이 더욱 보고 싶어진다.

사람이 살다보면 안 좋은 습관 하나씩은 누구나 가지고 사는 법이다. 나 역시 나쁜 습관이 많지만, 그중에 가장 심한 것이 무엇을 잘 버리지 못하는 습관이다. 그것이 물건이든 감정이든 그 어느 하나도 잘 버리지 못하고 가슴 속에, 내 주위공간에 주섬주섬 가지고 애를 태우는 버릇이 있다. 이렇게 다 끌어안고 있으면 무슨 병이라도 날 것 같은데, 다행히 1년 전 이사 올 때 약 20%는 남에게 주고, 팔고, 버리고 와서 그나마 병이 안 생긴 것 같다고 혼자 빙긋이 웃어 봤다. 여기에도 문제가 드러난다. 없어진 공간에 또 무언가가 새롭게 들어와 자리를 잡으니 이 못된 습관이 또 새끼를 치고 있는 셈이다.

학교강의 때, 미술에서 단순하고 간결한 미美를 추구하는 미술사조로 '미니멀리즘Minimalism'이라는 것이 있다고 학생들에게 가르치지만 정작 나는 이 미니멀리즘하고는 담을 쌓고 있는 것이다. 다른 집을 방문했을 때 심플한 살림살이와 내부구조에 반하기도 하지만 그것도 한순간이고, 나는 또 그렇게 모든 추억을 끌어안고 살아가는 것 같다. 한 가지 다행스런 것은 몸이 바쁘다는 것이다. 구석구석 먼지 쌓일 일 없이 청소하고 정돈을 하니, 운동량도 늘고 누가 보아도 지저분하지 않아 나름대로 고풍스러운 멋을 풍길 수 있다.

이러다가는 내 주위 공간의 물건들과 내 가슴 속에 사연들은 아마 나와 생을 같이 갈 것 같다는 생각에 더욱 더 애잔해진다.

물론 나의 취미생활이나 화초의 생명에 대한 애련함 때문에 버리지 못하는 습관과는 사뭇 다르지만, 버리지 못하는 습관이 심해져 저장만 해두는 단계에 이르면 정신질환요소로 판단하여 심리학·정신분석학에서는 그것을 '저장강박증Compulsive hoarding syndrome, 貯藏强迫症'이라고 한다. 이것은 강박장애의 일종으로 어떤 물건이든지 사용 여부에 관계없이 계속 저장만하고, 사용하거나 돌보지도 않으면서 또 그렇게 하지 않으면 불쾌하고 불편한 감정을 느끼게 된다는 것이다. 물론 이것은 습관이나 절약 또는 취미로 수집하는 것과는 다른 의미로, 심한 경우 치료가 필요한 행동장애로 본다.

나의 버리지 못하는 습관은 사실 '사랑'과 '연약함'에서 출발하는 것 같다. 살아있는 화초를 과감히 쓰레기통에 넣지 못하는 마음의 연약함이다. 물론 이것은 노인어른들이 공통적으로 가지고 있는 절약과 검소에서 오는 버리지 못하는 것과 교차하는 점도 있지만 말이다. 사람은 나이 들수록 생각이 깊어진다. 젊은 시절엔 무엇이든 새것이 좋고 무엇을 잃어버려도 금방 잊게 되는데, 나이가 들면 쓰던 물건을 더욱 되 아끼고, 고장 나면 고쳐 쓰게 되며, 또한 지나간 사랑에 밤잠을 설치는 사연이 많은 사람으로 변하게 된다.

나의 이런 버릇이 꼭 나쁜 것은 아니지만, 이제부터는 내주위에 있는 모든 것들을 하나하나 정리해야 내가 좀 더 편해질 것 같다. 어쩌면, 억지로 이어가는 사람의 인연 역시 이제 이순耳順의 나이를 넘기고 있으니 내 사람 혹은 아닌 사람을 구별해 갈 필요로 있다고 생각해 본다. 12월의 붉은 카네이션 꽃 앞에서 그렇게 다짐해 본다.

수안보의 석정石情

월석月石의 문양석에는 '황진이의 동짓날 밤'을
드넓은 평원석에는 오지 않는 임을 기다리는 '이매창의 애절한 정情'을
인상석에는 천재의 직관과 광기에 찬 '고흐와 최북의 예술관'을
꽃이 핀 화문석에는 '설도의 꽃 사연'을
호박석과 칼라석에는 우리의 '오방정색과 오방간색'을
물이 담긴 호수석에는 '서편제의 몰아일체의 한恨과
샤머니즘'을 바탕으로 한 우리의 미학을 담아 주고 왔다.

'동짓달 기나긴 밤 한허리를 버혀내어 춘풍 니불 아래 서리서리 너헛다가 어론님 오신 날 밤이여든 구뷔구뷔 펴리라.' 조선의 3대 명기名妓 中 이매창, 김부용과 함께 개성기녀시인 〈황진이黃眞伊〉의 애절한 이별가 절창絶唱이, 뿜어내는 수안보 온천의 열기를 닮아가며 우리의 「대한민국수석인총연합회」 전국 임원 연수의 밤은 그렇게 시작되었다.

100여명의 수석인 원로와 임원들 앞에서 돌 이야기가 아닌 국문학 내용 중 '조선기녀시인의 사랑과 예술'이란 주제와 미술과 영화 그리고 음악을 넘나드는 〈생활 속의 예술〉을 상상력과 관찰력, 직관력으로 풀이하여 인문학 강의를 하고 왔다. 애석생활愛石生活애석을 하는 수석인들에게 웬 국문학이고, 또 기생들의 사랑이야기는 무엇인가라고 의아해하는 사람이 있을 것 같았으나 그날 그 자리에 모인 백 명의 원로, 중진 애석인들은 마치 학창시절로 되돌아온 듯 초롱초롱한 눈빛으로 내 강의를 경청했고, 영화 서편제를 한국미학과 연결한 부분에서 나의 연기력演技力섞인 동작에 박수갈채와 함께 "숲 속의 꿩은 개가 내몰고, 폐부 속의 말은 술이 내 몬다"라는 대목에서는 수강석 중간 중간에서 "조오~타!"라는 추임새까지 섞여 나왔다.

그리고 우리의 그런 연정戀情은 밤늦은 뒤풀이 자리에서도 학습의 여운으로 계속 이어져 술잔과 함께, 웃음과 함께, 달빛과 함께 우리의 그림자까지 취해져 갔다. 마치 이백李太白이 환생한 것 같이.

무엇보다 강의 후 밤을 지나 다음날 아침 헤어지는 순간까지 그런 감정을 이어가는 사람들을 보며 강사로서 감동의 메시지를 잘 전달한 것 같아 가슴 뿌듯한 강의 여행이었다고 자부해 보지만, 그래도 미약한 부분이 있었음을 인정하며 또한 그것을 잘 이해해 주고 용서해준 우리 수석인 수강생 분들 모두에게 이글을 빌어 감사의 뜻을 전한다.

충청도 땅에 있는 강의 장소를 나서던 그날은 내게 설렘의 날이었고, 내 마음은 약간의 긴장을 동반한 흥분된 상태였다. 나는 늘 강의 연단에 올라 설 때면 가수가 노래를 부르듯, 배우가 연기를 하듯 무대에서 내가 '배우俳優'라고 생각하며 열강을 토해낸다. 나의 강의 철학과 학습에 대한 이런 자세는, 학습자들에게 재미도 있으며 유익한 내용을 잘 전달해주는 두 가지 요소를 만족시켜 줄 것이다. 아마도 그날의 강의는 조금이나마 그런 내 교육철학에 접근한 것 같다고 스스로 판단해 본다.

왜냐하면 일단 한명도 졸지 않게 준비된 교육내용을 전달해주었고 한명이라도 중간에 빠져나가는 망신을 당하지 않았으니, 충분히 재미있는 선생님 '에듀테이너'가 된 것이고, 작업실에서 벗어나 강의장에서 내 예술

세계를 맘껏 펼쳤으니 가르치는 예술가인 '티칭 아티스트'로서 약간의 자격은 있는 것 같다.

나의 돌에 대한 취미, 즉 애석愛石 생활은 30년으로 거슬러 올라간다. 변호사로 일하던 천산 김일두 외삼촌의 집무실에서 수석을 처음 보게 되었고, 고향 남해에서 사촌 누이의 매형 집에서 지리산 돌과 남해 해석을 만져 본 것이 나의 첫 수석입문이다. 그리고 사업을 하는 사장이었지만, 수석인 선배들을 따라 이곳저곳 탐석지와 수석가게 등을 다니며 애석생활이 시작되었다. 지금은 예술가로서 교육자로서 모습이 바뀌어도 처음 가져온 돌부터 계속적으로 이어지는 돌 사랑에 지금은 내 작업실과 연구실 그리고 집안에 적지 않은 돌을 채우게 된 애석인이 된 것이다.

나는 아무리 바쁜 일이 있더라도 매일 돌에 물을 뿌리고, 며칠 안팎으로 좌대에 앉혀진 돌들을 내손으로 쓰다듬어 만져 준다. 여느 집에 가보면 수석이 엄청 많기는 하지만 돌에 뿌옇게 먼지가 잔뜩 쌓여있고 이것저것 돌과 다른 물건들이 포개져있는 모양새를 보면, 참으로 안타깝기 그지없어 은근히 화가 치밀어 오르기도 한다. 자신이 좋아해서 수집해온 것이고 그것을 자신의 공간에 들여놓았으면 최소한의 그 대상에 애착을 보여줘야 하는데 그들에게는 그런 예의가 없다.

욕심만 가득할 뿐 그들은 돌에 대한 사랑이 없는 것이다. 그러면서도 손님이 오면 그 먼지 쌓인 돌들을 보여주면서 "나 돌 많지요?"하며 으스댄다. 솔직히 그런 사람들은 욕심만 많은 것이지 결코 돌을 사랑하는 사람이 아니다. 사실 내가 이런 강의를 하는 근본적인 목적은, 돌에 대한 사람에 대한 '사랑'이고 또 그것을 애만지는 감정을 인문학과 곁들여 전하는 것이다.

그런데 한편, 나는 10여 년째 『월간 수석문화』에 칼럼을 투고하고 있지만 한 번도 제대로 된 돌, 즉 수석壽石에 관한 글을 발표한 적이 없다. 그 이유는 당연 나는 아직 '수석인'이란 칭호를 얻기 보다는 그저 내가 좋아하는 몽돌 하나를 아끼는 '애석인'일 뿐이라고 스스로를 생각하기 때문이다. 나보다 수석에 대해 많은 지식과 연륜을 갖춘 분들이 그 책의 독자들이기에 나는 더욱 더 몸을 낮추어야한다. 사실 잡지 속의 수석애호가들이 쓴 글들을 읽어 보면 입이 다물어지지 않을 정도로 돌에 대한 해박한 지식과 실천이 있다는 것을 그 어느 누구보다도 내가 잘 알고 있기 때문이다.

그러나 이번 강의는 수석 전문가가 아닌 애석愛石하는 한 예술인으로서 그들에게 나서는 것은 부끄러운 일이 아닌 것 같아 강의제의를 받았을 때 선뜻 대답을 한 것이다. 나에게 한 시간이란 강의시간은 모래시계와 같은 귀중한 시간이고 그것에 반비례하여 어느 강의에서도 마찬 가지였지만 늘 나는 정해진 강의시간이 짧다는 아쉬움을 가진다.

못 다한 이야기들이 너무 많다.

돌과 함께하는 고려시대의 미학과 '만전춘별사滿殿春別詞'의 애절한 사랑과 남녀의 인연설, 돌의 고전적 미학과 현대미술의 관계, 우리나라 국어에서 보여 지는 돌과 연관된 말의 뜻과 현대적 해석, 우리의 한복 이야기, 미래사회에 숨겨진 예술, 아는 것과 모르는 것에 대하여, 호모루덴스적 문화생활, 동서양의 문화비교...등등

인문학人文學은 말 그대로 '인간과 문화'이다. 인문학은 세상을 살아가는데 윤리와 도덕을 제시해주고 사랑과 꿈을 갖게 하고 뜨거운 감성을 지니게 하는 우리 희망의 씨앗이다. 인문학이 빈사瀕死상태에 빠지고 인문정신의 중요성이 망각되면 국가와 사회의 발전 또한 기대할 수 없다. 또한 인문학에는 꼭 철학과 역사, 심리학과 사회학 그리고 문학 등의 학문만이 들어있는 것은 아니다. 연극과 영화 같은 것도 인문학에 포함된다. 인간과 인생에 대한 탐구가 관객들에게 던져질 때 바로 삶에 대한 메시지가

있는 것처럼, 그래서 내 강의 속에 자꾸만 '영화' 이야기가 불쑥불쑥 튀어 나오는 것인지도 모른다.

나는 기대한다. 수안보의 밤을 수놓은 조선시대 기녀시인의 사랑과 예술처럼 〈생활 속의 예술〉이란 특강이 그날 모인 우리 애석인들 가슴에서 늘 기침하며 살아나 그들의 수석 속에 행복한 우리의 인간상과 철학이 담기고, 그 자그마한 하나의 돌이 이 세상을 아름답게 비출 것이라는 것을 믿으며 다음날의 강의실에서 또 그들을 만나기를 나는 기대한다.

임진강 연정戀情

나는 그림을 그리는 그림쟁이이자 글을 쓰는 글쟁이 이기도 하다. 그러나 돌밭에만 가면 나의 직업의식은 여지없이 무너지고 만다. 화가라는 자가 눈앞에 펼쳐진 아름다운 풍광아래에서 스케치북을 열어 그림을 그린다든가 시인의 모습으로 메모장에 떠오르는 시상詩想을 메모하기는커녕, 어쩔 때에는 정말 하늘 한번 고개 들어 본 적 없이 땅만 쳐다보다가 어둑어둑해지는 돌밭을 빠져나오는 것 같다.

내가 사는 동네에 수석 원로 한분을 돌 친구로 삼은 탓에 나는 꽤 오래전서부터 임진강이란 새로운 탐석지를 운 좋게 여러 번 갔다 온 적이 있고, 그 일은 요즘도 다반사로 이어진다. 나는 돌을 만나러 가는 날이면 으레 새벽녘까지 잠을 잘 이루지 못한다. 그렇게 내 돌밭에의 소풍은 마치 어린아이가 무지개를 보고 기뻐 날뛰듯 나를 늘 흥분시킨다. 또한 내 또래는 아니지만 돌을 만나러 가는 동안 그 원로 수석인은 나의 둘도 없는 돌 친구가 된다. 탐석지에 도착하기 전에도 우린 차안에서 이런 저런 돌 이야기를 나누고 때론 돌에서 인생으로 이어지는 긴 넋두리를 하다 보면 어느새 우리는 돌밭 앞에 서있게 된다.

『역경易經』에 이런 말이 있다. '二人同心 其利斷金 同心之言 其臭如蘭 이인동심 기리단금 동심지언 기취여란' 두 사람이 같은 마음이면 그 날카로움으로 쇠도 자를 수 있고, 같은 진정한 두 마음에서 나오는 말은 그 냄새가 마치 난초를 맡는 것 같이 향기롭다는 말이다. 그렇게 우리는 둘이 하나가 되어 돌밭을 찾아나서는 것이다. 돌밭은 언제나 내겐 신천지이다. 특히 임진강의 돌밭은 다른 탐석지 와는 달리 나에게 무수한 철학과 인생의 교훈을 얻게 해주는 또 하나의 내 학습장이 되기도 한다. 거기엔 언제나 어릴 적 보았던 밤하늘의 별보다 더 많은 돌들이 널려있고, 엄마랑 누나랑 호박밭에서 보았던 그 빛깔 그대로 그 돌들이 자리 잡고 있다.

그 돌들은 혹은 서고, 혹은 눕고, 혹은 앉아서 그들만의 밀어密語를 속삭인다. 그걸 보고 있노라면 진정한 '자유'란 저런 거구나 하는 탄성이 아니 나올 수 없다. 우리 인간의 자유는 의무로 포장된 것이지만 저들의 자유는 말 그대로의 자연이고, 의미 그대로의 자유인 것이다.

또한 이곳 임진강에서 호박돌을 볼 때면 으레 여러 가지 생각이 든다. 남들은 '진오석이다 초코석이다 호수석이다 산수경석이다 '하여 그동안 호박을 닮은 이 호박석을 눈밖에 내 놓았던 시절이 있었다. 그래서 그동안 수석인들에게 사랑을 못 받았던 그들을 내가 품어 안을 때는 참으로 많은 생각들이 뇌리를 스쳐간다.

『장자莊子』에 '무용지용無用之用'이란 역설의 지혜가 담긴 말이 있다. 장자에 의하면 산을 지키는 것은 잘생긴 나무가 아니라 모두가 쓸모없다고 생각했던 못생긴 나무가 산을 지켜준다는 것이다. 쓸모 있는 나무는 일찍 베어진다. 계피나무는 약이 된다하여 베어지고, 향나무는 향이 좋다하여 베어지고, 아름드리 소나무는 궁궐을 짓는다고 베어지고, 옻나무는 칠을 한다고 베어진다. 하지만 옹이가 크게 박히고 결도 좋지 않고 비뚤비뚤 구불구불 휘어진 나무는 어디에도 쓸모가 없어 베어가는 사람이 없다. 그래서 크고 무성하게 자라 나무의 본성을 발휘하는 것이다.

그리고 후에 그런 나무들이 홍수에서 산을 지키고 짐승들에게 피난처를 만들어 주며 인간에게는 푸름과 함께 맑은 공기와 그늘을 만들어 준다.

즉 못생긴 나무는 쓸모가 없는 것이 아니라 다만 그 쓰임이 늦었다는 것 뿐이다. 작열하는 여름 태양 아래 뜨거운 돌 하나를 들고 나는 생각한다. 이 호박돌처럼 비록 뛰어난 형形·질質·색色의 요소가 약하고 평편치 못한 밑자리일지라도 내가 좋아 취득한 이 돌멩이 하나가 마치 우리 인간의 모습과 닮아있다는 걸 느끼게 된다.

못난 자식이 부모를 섬긴다는 말이 있다. 학력이 높고 돈 잘 버는 자식보다 학력이 낮고 소득이 적은 자식이 부모 부양의 책임을 더 느낀다는 어느 조사결과와 같이 회사에서도 그런 못난 직원들이 오래 앉아 성실하게 일하고 튼실하게 회사에 공헌한다는 진리 하나를 얻게 되는 것이다. 그래서 나는 임진강의 탐석지가 바로 철학과 사색을 동반하는 나의 학습장이라는 것이다.

그렇다! '그대로 마음에 와 닿는 돌' 그것이 굳이 심상석心想石이란 표현을 하지 않더라도 그것이 바로 '내 돌' 인 것이다. 전통적인 틀에 얽매이지 않는 자유분방한 현대적 수석관壽石觀이 위의 나무이야기처럼 우리 수석계를 더 참되고 오래 지속시켜 주는 요소가 될 것이다.

바로 그런 생각의 한복판에 〈한국예술수석협회〉가 있다. 그들은 기존의 수석을 보는 잣대만을 고집하지 않는다. 형태의 아쉬움이나 부족한 면도 주제가 살아있거나 나름대로의 내용이 있으면 그대로 가슴속으로 수용하여 새로운 수석의 장르를 개척하고 있다. 강과 바다에 묻혀있던 비존재의 돌을 선택하여 작품에 어울리는 좌대나 오브제를 통하고 그것에 맞는 작명을 하여 새로운 돌에 혼魂을 불어 넣는다. 그렇게 완성된 돌은 비로소 생명을, 그리고 영혼을 얻어 한 점의 예술수석으로 태어나는 것이다.

그래서 그들에게는 특별한 원칙이 없다. 예를 들어 반드시 밑자리가 평평해야한다거나, 앞에서 보나, 위에서 보나, 밑에서 보나 모두 면이 다 좋아야한다는 삼면법三面法 등의 전통적 시각에서의 수석관은 치부해버린다. 또 돌을 받히고 있는 좌대座臺는 꼭 이래야 저래야 한다는 등의 기존의 법칙을 과감히 무너뜨린다.

정말 그들의 말 그대로 자연에서 주는 '원형예술' 그대로를 인문학적 접근으로 실천하는 수석계의 새로운 별자리인 것이다. 다시 보면, 그들은 칸트의 주관적 미학 "나는 무엇을 알 수 있는가?, 나는 무엇을 행해야만 하는가?, 나는 무엇을 희망해야 하는가?"의 진선미眞善美을 실천하며 수석계의 코페르니쿠스식 혁명을 이끌고 있는 아름다운 수석인 들이라 말하여도 결코 과언이 아닐 것이다.

오늘도 나는 옛 '더덜나루'의 임진강에서 유유히 흐르는 더덜매의 강물을 따라 내가 말을 걸어 볼 수 있는 돌, 내 마음의 상상의 나래를 한껏 펼 수 있는 '내 마음의 돌' 하나를 만나기 위해 허정지심虛靜之心한 망아忘我의 돌밭을 거닐고 있다.

풍물 시장에서 만난 법정의 무소유

집에서 작업실로 출근하는 길목에 '서울 풍물시장'이 있다. 나는 마음이 스산할 때면 으레 이곳을 들린다. 어쩔 때에는 아내와 함께 들러 이것저것 구경하다 보면 어느새 해가 저물고, 둘이서 가볍게 허름한 식당에 들려 소주잔 옆에 그날 구입한 골동품을 식탁에 올려놓고 둘이서 흥겨워 마냥 참새처럼 "재잘 재잘" 댄다.

이곳 풍물시장은 25년 전만 해도 지금은 사라진 황학동 청계 고가도로 아래에서 '벼룩시장' 혹은 도깨비 시장으로 이름 불리어진 독특한 시장이었다. 서울시 미화정책으로 그 많던 장사꾼들과 점포는 그곳에서 쫓겨나 구청에서 마련해준 동대문운동장 안 귀퉁이 한편에 자리하고 있다가 10년 전에 그곳마저 사라지자 이제는 청계천 북편 신설동 근처 건물 안에 정식으로 이름 된 몇 집이 있고 나머지 상인들은 그 근처의 동대문에서 신설동 까지 이어지는 거리와 골목골목에 가판架板의 형식을 갖고 여럿이 즐비하게 자리하고 있다.

사실 이곳만큼 사람 냄새가 물씬 나는 곳도 드물 것이다. 이곳을 찾는 사람들은 상인, 골동품 전문가, 예술가, 구경꾼들까지 몰려들어 시장은 늘 북적거리고 활기가 넘친다. 그뿐이겠는가. 사람이 세상을 살면서 만들어 놓은 물건 '모두'가 여기에 다 있다해도 과언이 아니다. 품목이 어찌나 다양한지 지금도 "황학동 물건들로 탱크도 조립할 수 있다"는 우스갯소리가 여전히 소문처럼 퍼져있는 곳이다. 그래서 이곳에 오면 까마득하게 잊고 있었던 손때 묻은 어느 작은 옛 생활용품 하나를 손에 쥐는 순간 어린 시절 기억이 소스라치게 되살아나게 된다.

파는 물건들과 같아서일까. 거기에 놓여 진 물건들처럼 상인들 그들도 여기저기 집시처럼 살아왔다고 '인생은 생방송'이란 글에서 표현되었던 것처럼, 찌그러진 작은 차를 몰고 전국 각처를 돌며 진귀한 골동품부터 자질구레한 생활용품에 이르기까지 온갖 물건들을 그들은 그야말로 집시처럼 떠돌며 구입하고 되 팔아온 인생들이다. 때로는 경찰의 단속에 물건을 놓아두고 줄행랑을 쳤고 구청직원에게 팔아야 할 물건을 압수당하면서도 막걸리 한잔에 피로를 잊고 검은 봉지에 붕어빵 몇 개를 담아 미소 지으며 가족에게 돌아가는 파란만장한 드라마와 같은 인생을 살아온 것이다.

이것저것 물건을 보다가, 문득 장난 끼가 발동하였다. "그렇다면, 법정스님이 다른 사람에게 주었다는 그 난蘭도 여기에 있을까?"

법정스님은 1971년 『무소유』라는 글에서 자신이 정성스럽게 가꾸던 난초를 뜰에 내다 놓아둔 채 외출하여 한낮 햇볕에 늘어져있을 난이 걱정되어 아무 일도 못보고 허겁지겁 돌아 온 일화를 고백한다. 그리고 그것이 집착의 번뇌라는 생각에 그다음 날 친구에게 그 난 화분을 주고 나서야 후련함을 느끼게 되었다고 한다. 이것은 수도승의 방에 난향이 어리기를 바라던 것이 결국 집착과 소유욕을 불러온다는 것을 깨닫게 되어 미련 없이 난을 보내고 나서 오히려 무소유의 '날아갈 듯한 해방감'을 맛보게 되었다는 글이다.

내 작업실과 우리 집은 온통 수석壽石과 그림 그리고 골동품들로 즐비하다. 간혹 그것을 바라보는 선배 혹은 친구들이 내게 잔소리를 해댄다.

"야! 이런 것 좀 버려라! 너도 이제 무소유하는 것도 좀 배워라!" 나는 그때마다 수행이 덜 되어서 그런지, 내공이 차지 않아서 그런지 기분이 무척 나빠진다. 아니, 무소유는 못되더라도 오히려 더 가지고만 싶으니 난 참 될 떡잎이 아닌가 보다.

그러나 그렇게 호되게 야단치는 사람들의 공간을 가보면 더 화가 난다. 거실에 고급 가죽 소파와 외제 오디오 세트, 주방엔 고급가구 식탁과 외제 냉장고를 제외하고는 자신들이 과연 무엇을 좋아하는지 가늠할 수 있는 그 어떤 물건 하나도 없다. 아~! 있다. 방안에 골프채 백 하나만이 덩그러니 놓여있다.

무소유無所有란, 아무 것도 갖지 않는다는 것이 아니라, 불필요한 것을 갖지 않는다는 뜻이니 아마도 그들 정신세계에는 내가 하고 있는 취미들이 '불필요한 것' 이라 생각하고 있나보다 하며 억지로 나를 스스로 치부하며 이해를 해야만 그때서야 내가 편해진다. '무소유'는 산스크리트어의'시마티가simatiga'를 번역한 말로 무소득無所得이라 할 수 있다. 일반적으로 '가진 것이 없는 상태'를 뜻하나, 사실 단순하게 소유하지 않은 것이 아니라 번뇌의 범위를 넘어서 모든 것이 존재하는 상태의 역설을 의미한다.

그래서 '무소유처無所有處'라고 하면 정신이 통일된 한 가지에 마음을 집중시키는 일심불란一心不亂의 경지를 뜻하는 것이라는 의미가 있다. 앞에 내가 많은 것을 가지고 있다고 야단친 그 사람들에게 나는 그래서 이 한 마디를 하고 싶다. 진정한 무소유는 처음부터 안 가져본 것이 아니라, 가져보고 난 뒤에 버리는 것이 진정한 무소유이라는 것을 말하고 싶은 것이다.

어찌되었던 과연 이 풍물시장에 그 법정이 남에게 준 난초화분이 있을까 하는 장난 끼 어린 생각을 계속하다가 다음날 새벽 3시에 침대에서 벌

떡 일어나 나는 그야말로 대각大覺을 맛보게 된다.

"아. 내가 법정스님이라면 그 난을 친구에게 주지 않고 화분을 들고 산으로 갔을 거야!".....참으로 멋진 생각이 아니던가. 그렇게 난 하나에 전전긍긍 대며 번뇌에 휩싸였던 자신이 왜 그것을 다른 사람에게 옮겨주어야만 하는 걸까. "나 같으면 그 난초화분을 들고 산으로 올라가 분에서 난을 끄집어내어 자연의 품에 잘 심어 주었을 거야!" 라는 생각이 스친 것이다. 스님에게 받은 그 친구는 또 얼마나 많은 집착과 고통의 번뇌를 느껴야 하는 걸까 라는 걱정과 함께 애석한 생각이 드는 새벽녘이었다.

잘 모르겠다. 못된 행동 다하는 이 속세의 미천한 이 소생이 느낀 생각이 진정한 대각인지를....

봄을 바라보는 마음春望詞

지난 초겨울, 집 마당에 흐드러지게 놓았던 화분들을 모두 차에 옮겨 싣고 와 이곳 충무로 작업실에서 한 겨울을 나게 했다. 영하의 강추위가 있는 날이면 얼지 않게 보살펴 준 나의 사랑 탓인지 일조량이 충분치 않았는데도 실내에서 모두들 파릇파릇 건강하게 잘 자라고 있다.

이제 간간이 피부를 스치며 살랑대는 봄바람을 느끼게 되었으니 다시 집 마당으로 그들의 거처를 옮겨주어야 한다. 그 중 내가 아끼는 영산홍映山紅철쭉이 화분 속에서 겨울을 잘 이겨내고 지난달부터 꽃망울을 하나씩 드러내고 있으니 얼마 후면 그 화려한 자태를 뽐내게 될 것이다.

난, 매년 이 계절이 오면 한 여인을 사모하여 그녀와의 깊은 사랑에 빠져든다. 길을 걸을 때도 그림을 그릴 때에도 그녀 생각을 하고 그녀의 말을 되새기며 간혹 그녀 때문에 홀로 술 한 잔 놓고 가슴 애태우는 때가 종종 있으니, 내가 그녀를 무척 사모하고 있다는 것은 명백한 사실이다. 그러나 그녀를 한 번도 만나본 적이 없으니 나는 그녀의 생김새도 모른다. 오직 이름 두 글자와 명시名詩 하나만을 알고 있는 것이 전부이지만 난 그녀의 기발하고 아름다운 천재적인 재능을 가슴앓이하면서 흠모하고 있는 것이다.

화개부동상花開不同賞 / 꽃이 피어도 당신과 함께 감상할 수 없고,

화락부동비花落不同悲 / 꽃이 져도 당신과 함께 슬퍼할 수 없어요.

욕문상사처欲問相思處 / 멀리 있는 그리운 당신에게 물어보려 하오니

화개화락시花開花落時 / 꽃피고 꽃 질 때 당신은 내 생각을 하는지요.

이것은 정말 눈물이 핑 돌도록 하는 가슴 아리게 하는 명시名詩이다. 한 여인이 멀리 떠나 만나지 못하는 임을 향한 사모하는 마음을 구구절절이 시구에 담아 나타내고 있는 이 「춘망사春望詞」라는 시는 중국 당대의 여류시인 설도薛濤, 770-832의 작품이다. 사랑하는 임이 내 곁에 없는데, 아름다운 꽃이 핀들 무엇이 기쁜 일이겠으며 나를 알아주는 임이 곁에 없는데 꽃이 진들 그 슬픔조차 무슨 의미가 있겠냐는 화자의 임을 그리는 안타까움을 이보다 더 한 비유로 표현한 것이 또 있을까. 모름지기 기쁘고 슬픈 일도 사랑하는 임과 같이 할 때만이 더 아름답고 의미 있는 일이 된다는 것을 강조하고 있다.

설도는 중국당대의 명기名妓이며 여류시인이었다. 두보가 죽던 해인 770년에 출생을 하였고 또 천하절색인 양귀비가 세상을 떠난 지 꼭 14년 후에 태어난 인물인데 아마도 두 명인名人의 혼이 되살아난 듯 그녀는 어렸을 적부터 시와 예술적 재능이 뛰어났으며 아주 총명하고 말재주 또한 뛰어나 그녀의 미모와 재능은 널리 세상에 알려졌다. 당시 사내들의 가슴을 설레게 한 것은 물론이고 당대의 일류 문인들인 백거이, 원진, 우석 등과 깊은 교류를 지녔고 그 중 원진을 사모하여 유배지로 떠나는 순간부터 평생을 결혼하지 않고 살면서 애절한 사랑의 비분상심悲憤傷心의 감정을 붓 끝에 모아내어 이 시를 쓴 것이다.

또한 그녀는 밋밋한 종이를 쓰지 않고 꽃잎을 종이에 물들이고 박아내어 꽃 편지를 세상에 처음 탄생시킨 '설도전薛濤箋'이란 종이의 역사적 기

록도 남겨 놓았으니 이또한 그녀의 천재적 예술가로서의 면모를 보여준 것이다. 그리고 얼마 후 사랑하는 임이 죽자 그녀 역시 같은 해에 세상을 하직한다.

이는 우리나라 조선중기의 송도기생 '황진이'가 재색을 겸비하고 시문에 능하며 가무 또한 일세를 풍미한 천하의 기생이었지만 옆집총각이 그녀를 사모하다 상사병으로 죽자 결혼도 하지 않고 명기가 되어 당대의 석학인 화담 서경덕 선생을 존경하고 사모한 것과 너무나 흡사한 일이다.

이 시는 춘망사 라고 하여 '봄을 바라보는 마음' 이란 뜻인데, 우리나라에서는 우리가 즐겨 부르는 '동심초同心草' 가곡에 이 설도의 시가 고스란히 전해지고 있다. 이것은 놀랍게도 우리 가곡의 작사자 중 한명이 중국 기녀시인이란 것이 된다. 다시 말해 1946년 김소월의 스승인 안서 김억이 노랫말을 붙이고 김성태가 작곡한 동심초가 바로 이 설도의 시 춘망사의 내용으로 가사말이 번역되어 옮겨진 것이다.

꽃잎은 바람에 하염없이 지고, 만난 날은 아득히 기약이 없네
마음과 마음은 맺지 못하고 한갓 헛되이 풀잎만 맺으려는가.

'산장의 여인'으로 유명한 가수 권혜경이 처음 불러 해방공간을 울려 퍼지게 한 이 애틋한 사랑의 노래는 공전의 히트곡이 되었고 그 이후 신영옥, 조수미, 엄정행등의 성악가들이 즐겨 부르고 발표된 우리 민족 가곡의 하나이다.

이 봄, 가슴 설레는 임의 마음을 묶어둘 수 있는 하나의 마음 풀잎, 꽃잎 하나를 가슴에 물들이며 이 봄을 맞자! 그러면 나를 떠난 마음의 그님도 내 곁에 살포시 다가와 춘망사를 부르며 앉아있지는 않을까.

남의 것도 내 것처럼

나에게는 술만 거나하게 취하면 대낮에도 내 작업실에 미리 전화나 문자 등의 사전 전갈傳喝도 없이 불쑥 나타나는 나이 적은 스승이 한 분 있다. 그 분은 내가 늦은 나이에 만학晩學을 하는 탓에 나이는 나보다 어리지만 지도교수로 내가 모셔 온 사람이고, 아직도 학교에서 인연의 끈을 이어가고 있는 소중한 사람이다.

그런데, 왔다 간 그의 빈자리에서 늘 나는 작은 비애감과 함께 아픔을 동반해야하는 고통을 치르게 된다. 물론 술이 기분 좋게 거나하게 취하면 누구보다 내 생각이 먼저 난다 하여 찾아주는 애틋한 사랑의 감정은 이해하지만, 그가 가고 난 빈 공간에서 나는 이런저런 생각에 심한 두통과 함께 마음에 상처를 받게 된다. 그 이유는 술 취한 어투로 늘 "저 그림 좀 떼어 내!" 라든가 "저 그림 마음에 들지 않어!" 하면서 내 그림실력이 아직 멀었다고 하듯 호된 악평惡評을 쏟아 붓고 가는 것이다. 그런 순간 마다 나는 웃으면서 아무 대꾸를 하지 않지만, 그 순간 내 마음이 어찌 편할 수 있겠는가.

나는 술이 아무리 취해도 남의 작업실에 가서 남의 그림을 평하거나 심지어 제자들의 공간에서도 절대 그런 행동은 하지 않는다. 좀 마음에 들지 않으면 아무 말 하지 않고, 내 마음에 들면 조금 보태서라도 칭찬을 해

주고 나온다. 그래야 그 사람들이 나름대로 자부심을 가지고 작업에 임하지 않겠는가. 사실, 예술이라는 것이 그 시대에 혹은 한사람의 눈으로 측정될 수 있는 것이 아니기 때문이다.

앞에 내용도 따지고 보면, 나는 그에게 그림을 배워본 적이 없고, 그의 그림은 동양화이고 더 세부적으로는 배경을 그리지 않는 문인화文人畵가 그의 전공이다. 그러다 보니 컬러풀Colorful한 우리 서양화그림이 자신의 마음에 들지 않는 것이 조금 이해는 가지만, 결코 그런 말을 듣고 있는 상대방, 즉 나의 자존심은 곤두박질치게 되는 것이다.

그래서 애써 며칠을 두고 혼자 내 자신을 어루만지고 혼자 중얼거리며 치료에 들어간다. "에이, 나보다 그림 경력이 적고 문인화를 하니 서양화를 이해 못하지..." 하면서 굳이 내 그림을 정당화 해보려고 나는 그렇게 불 켜진 작업실 공간에서 애를 쓰는 것이다.

또 이런 일도 가끔 내 작업실에서 일어난다.

내 공간에는 참 많은 수석애호가들이 방문을 한다. 이사람 저사람 자신의 풍격風格에 맞는 내 돌을 보고 아낌없는 칭찬을 해주는 것이 일반적이기도 하지만, 가끔은 소위 전문가, 즉 수석가게를 경영하는 사람이나 돌을 한 30년 했다는 자칭 수석 전문인 들 일부의 말 한마디에 나는 또 상처를 받는 것이다. 그 사람들이 "신교수가 가지고 있는 돌 들은 전부 치워야 하는 돌이다." 라고 귀띔하는데, 과연 그런 심한 말을 충고하듯 감상평을 내뱉고 가는 그 사람의 마음은 얼마나 편한 것일까? 하는 의문이 든다. 또한 나는 그 사람의 가게나 석실에는 어떤 진귀하고 보배스러운 돌들이 있을까? 라는 궁금증이 생기는데 가 봐야 아는 일이니 어쩔 수 없이 듣고 있지만 심히 불쾌한 말인 것은 사실이다. 다행히 방문자 中 그런 악평은 극소수이고 좋은 평가가 많다는 것이 다행이지만 말이다.

그런 불미스러운 일들은 아마 내 작업실이 아니라도 흔히 볼 수 있는 우리 수석인들의 일상이다. 예를 들면, 남의 돌 들을 구경하고 나와서는 으레 "그 집 돌 들 별로 좋은 것 없지?" 라고 자기 집에 있는 돌 들 보다 다 못하다고 은근히 핀잔 섞인 품평을 하는 것을 나는 옆에서 많이 보아왔다. 참 안타까운 일이 아닐 수 없다.

우리 그림의 세계와 수석의 세계는 일맥상통하는 하나의 매력이 있다. 그것은 '똑같은 것'이 하나도 없다는 것이다. 물론 석질이나 돌의 모양과 문양의 내용, 크기 등등 수석의 가치기준을 적용하면 최상의 것이 있고 최하의 것이 존재하겠지만 나처럼 그림은 평생 동안, 수석취미는 한 30년 가까이 한 사람들의 작품 앞에서는 서로가 조심스럽게 품평을 하거나 아예 시시비비是是非非한 말은 하지 않는 것이 좋다.

작가의 정신과 작업의 가치에는 자신만의 것을 완성하기 위한 치열한 전투가 작가들의 정신과 마음에는 배어있고, 그것을 세상에 드러내는 것 또한 그들의 독특한 가치기준으로 태어난 결과물인 것이다. 그런 그것을 자신의 잣대로 남의 것을 함부로 재어 보는 것은 좋으나, 작가의 마음에 상처가 가는 행동은 하지 말아야하는 것이 지성인이 갖추어야 할 중요한 덕목이다.

한때, 80년대에 유행한 시인 안도현의 '너에게 묻는다' 라는 시詩가 있었다.

연탄재 함부로 차지 마라
너는
누구에게 한 번이라도 뜨거운 사람이었느냐.

내가 이 시를 좋아하는 것은 시 내용이 너무 좋다는 것이고, 그 다음은 시의 형식이다. 단 세 줄의 짧은 시에서 시인은 말하고자 하는 것 모두를 전달했다. 즉 표어나 고사성어처럼 두 줄이 아니라서 좋고 세 줄을 넘어서지 않아서 좋다는 것이다. 그것은 길지 않아서 별다른 수식이 없고, 특별히 겉으로 드러나는 운율韻律도 찾을 수 없다. 그리고 우리말에서 흔히 쓰이는 종결어미 방식인 '다' 가 특이하게 문장 속에 있지 않고 제목에서만 쓰였다는 것 자체도 매력이다. 그럼에도 이 시는 강한 울림을 갖으면서, 단 세 줄의 짧은 메시지로 읽는 이로 하여금 자신을 돌아보게 하며, 자신이 남에게 뜨거운 사람이 되지 못했다는 반성을 유도하게 하는 힘을 가지고 있는 것이다.

이처럼 우리는 남의 것도 내 것처럼 아껴주고 품어주는 데에 인색하지 말고 이 시에서처럼, 자기 자신을 성찰하며 남의 부족한 측면 정도는 그냥 "씨익~" 슬쩍 웃어주는 따뜻한 배려가 필요 한 것이다. 함부로 내 뱉는 말은 비수匕首가 되지만, 슬기로운 사람의 혀는 남의 아픔을 낫게 하는 치유의 능력이 있어 인생을 즐겁게 살아갈 수 있게 하는 사랑의 불씨라는 것을 잊어서는 안 될 것이다.

오늘도 나는 내 그림액자의 유리에 입김을 불어 닦아내고, 돌들에게 물을 주며 '쇄석세심灑石洗心' 하는 즐거움 속에 남의 악평 또한 이 물 씻김으로 다 흘려 내려 보내는 작은 지혜 하나를 터득해 나간다.

● 쇄석세심灑石洗心; 돌에 물을 뿌려 감상하면서 그것이 곧 자신의 마음을 닦는 것과 같다는 말로 수석애호가들이 즐겨 쓰는 말이다.

남에게 키운 정

도시, 그것도 서울 한복판 빌딩 숲 작업실에서 화초를 오래 키운다는 것은 보통 정성이 없으면 사실 불가능한 일인 지도 모른다. 도시의 생활은 살벌하다. 잠시 비가 내리면 그 빗물을 맞히려고 난蘭화분을 밖에 내어다 놓으면 거짓말 하나 보태지 않고 십분 이내에 그것이 사라진다. 그래도 나는 도둑질하는 사람들에 대한 염려 보다는 이 화초들이 밤에도 숨을 쉬고 자기네들 끼리 서로 재잘거리며 노닐 거라는 생각에 일 년 내내, 아니 살아 온 내내 창문을 반쯤 열어 놓고 퇴근을 한다.

그러다 보면, 예상치도 않게 폭우暴雨가 내리는 밤이면 작업실에서 멀리 떨어진 집에서 십리 밖 작업실을 걱정하며 가슴 조아리고 애태우던 밤이 수없이 많았다. 그래도 나는 그것이 좋고 즐거워 아직도 그 짓을 하고 있다.

우리 인간의 욕심으로 본다면 퇴근이라는 이름으로 혹은 외출이라는 이유로 사방의 문을 꼭 꼭 잠그고 나가는 것이 당연한 일이겠지만, 나는 내 공간의 화초들 때문에 삼십년이 다 되어가도록 한 번도 우리 집을 포함하여 내가 거주하는 공간에 창문을 꼭꼭 잠그고 퇴근한 적이 한 번도 없다.

꿈을 꾸었다. 군軍에 있는 막내아들이 몸이 아파서 어쩔 줄 모르는 꿈을... 부랴부랴 자식과 통화를 하고 마음을 진정시킨 뒤 작업실에 나와 보니 애지중지하던 화초 하나가 시들해 져 있었다. 그렇게 내가 갖은 정성을 들여 키우지만 이런 일은 어쩔 수 없는 하나의 인생 통과의례通過儀禮인 것인지 모른다. 도심의 빌딩 속에서 햇볕과 통풍이 충분치 않아 그런 상태가 된 것을 며칠 전부터 보아왔지만 이제는 완전히 고사枯死 직전의 상태가 된 것이다.

한참을 고민하였다. 이것을 뽑아 버릴 것인가에 대한 생각을 한 것이다. 그리고는 잠시 후, 흙에서 그 화초를 뽑아내어 옆 건물 남의 일층 화단 귀퉁이에 조심스레 그것을 몰래 심어주었다. 미안했다. 내가 더 이상 키울 수 없는 나약한 책임감에 그 화초를 쉽게 떠나지 못하며 한참동안 그 주변을 배회하며 나는 미안해했다.

그런데, 십 여일 후 그 화초가 되살아 난 것이다. 나와 처음 만났던 그때 그 모습 보다 더 예쁜 모습으로... 그래서 나는 옆 건물 주인 몰래 더운 날이면 페트병에 물을 채워 도둑질하듯 좌우를 눈치 보며 매일 물을 주고, 바람이 심하게 부는 날이면 빈 우유팩을 펴서 바람막이를 해주며 또 애지중지 그것에 대한 사랑에 젖어있었다. 그리고 2년이란 세월이 지난 지금, 그 화초는 너무나 당당히 세상 앞에서, 하늘아래서 그 자태를 뽐내며 예쁜 관능미를 뽐내고 있다.

눈물이 난다.
너무나 예쁘다.
너무나 고맙다. 살아주어서.

그러나 그것이 내 것이라고 듬뿍 흙을 드러내어 파올 수 없다. 내가 못 키워 죽어가는 놈을 영양분 많은 남의 땅에 주었는데 이제 그것이 건강하게 잘 컸다 하여 "이건 내 것이야!"라고 말하며 퍼올 수는 없는 것이다.

그것을 뽑아내오면, 있던 자리가 얼마나 흉하고 허전할 것인가에 대한 염려도 있지만 그동안 키워준 그 옆집 그 땅에 대한 배신일 수도 있다는 생각에 요즘 난 매일 매일 가슴앓이를 하며 그것을 애달프게 멀리서만 바라본다.

사람의 인생도 이것과 같은 것들이 있다. 우리가 어릴 때 참 많이 접해온 이야기 중, 너무나 가난하여 자식을 남에게 팔고 살았던 시절이 있다 했다. 또한 살기에 너무 힘이 들어 품안의 자식을 고아원 문 앞에 놓고 밤길을 도망치고, 남에게 양자養子로 주며 가슴앓이 했던 우리 이웃의 이야기를 우린 드라마나 소설, 영화를 통해 아니면 주변 이웃을 통해 생생히 기억하고 있다.

나는 비가 내리는 옆 집 화단 주변에 서서 괜한 생각 하나를 해 본다. 위의 화초 이야기처럼 우리 사람도 그렇게 남에게 주었던 자식이 후에 사회적으로 훌륭히 성장하여 정말 이름 있는 성공한 사람이 되었다고 했을 때, 그것이 내 것이라고 선뜻 나설 수 있을까? 라는 의문에 젖어드는 것이다.

지금도 우리 이웃에는 가족과 함께하지 못하는 사람들이 많다. 그 중 '쉼터 미혼모'의 미혼모들은 세상의 편견과 차가운 시선에 늘 외로운 존재로 하루하루를 살고 있다. 가족과 떨어져, 같은 처지의 사람들과 이야기를 나누고 있을 때에는 잠시 외로움이 덜어지지만, 길거리에서 문득 보이는 아이를 보면 그들은 자기 아이 생각에 견딜 수가 없어 눈물로 밤을 지새우며 울부짖는다.

멀리서 바라보아야만 하는 저 애틋한 나의 화초를 바라보며 나는 오늘, 오랜 시절부터 우리 민담民譚에서 전해 내려오는 '호랑이에게 자식을 준 효부이야기'와 '효녀 심청이' 같은 이야기가 결코 남의 이야기가 아니라는 깊은 성찰의 시간을 애써 가져보려고 하고 있다.

아직도 남아 있는 긴 시간

30년 동안 나와의 인연이 깊어가는 한 선배가 있다. 그는 환갑의 나이까지 중소기업을 운영하여 늘 열정적인 사업가로 주위에 인정받으며 나름대로 성공하여 상당한 재력財力 또한 보유하고 있다. 그런 그가 벌써 이제는 칠순七旬의 중반 나이를 넘기며 가끔 나와 조우遭遇하고 있지만 그를 만날 때 마다 나는 마음 한편이 무거워지는 것을 느낀다.

햇볕이 참 좋은 어느 날이었다. 내 작업실에 즐비한 수석들을 보고는 자신도 수석이 좋아진다고 수석 파는 곳을 가고 싶다며 나랑 동행하자고 제의해 왔다. 서울에는 이제 그 많았던 수석가게가 다 없어지고 두 세군데만이 남아있어 어디를 갈지 잠시 고민을 하다가 외국 돌도 볼 겸 조금 멀지만 암사동에 있는 수석집으로 그를 안내했다. 서울 강동구 천호동 옆 암사동에는 아직도 수석가게가 서너 집 남아있고, 그곳에는 러시아, 중국, 필리핀 등지에서 온 수석을 많이 보유하고 있는 곳이기 때문이었다. 그곳에 도착하여 나 역시 외국에서 들여온 진귀한 수석을 보며 즐기고 있는데, 그가 한 가게 안에서 어떤 물건 하나를 매만지며 한참을 들여다보았다. 아까 내가 잠시 보고는 지나친 수석이었는데 옛 마디카 좌대에 산맥이 길게 펼쳐진 절단석의 아름다운 초코빛 산수경석山水景石이었다.

가격을 물어보고는 사지 않고 돌아섰음에도 불구하고 그는 자꾸 가게를 나오는 순간에도 그 돌을 힐긋힐긋 쳐다보고 있었다. 그래서 내가 "좋아하는 것 같은데 사지 그랬어요? 가격도 생각보다 싸던데요!" 그러자 그의 대답이 "이 나이에 저걸 사서 몇 년이나 가지고 있겠어?"

순간 내가 슬퍼졌다. 그는 이제 이세상의 새로운 환희의 기쁨을 맛보지 못할 것 같았기 때문이다. 그는 서예도 3년을 배웠지만 새로운 서예도구들을 사지 않았다. 붓이 오래되어 먹물이 굳어있어 둔탁한데도 새로 구입하지 않고 쓰며, 좋은 벼루나 먹을 갖고 싶다고 하면서도 사지 않았다. 그때마다 그는 또 비슷한 상황을 설명했다. "이 나이에 저것을 사면 몇 년이나 쓰겠어?" 결국 그는 붓이 다 닳아지기도 전에 이런저런 핑계로 서예를 포기하고 말았다.

그러나 그는 항상 바쁘다 한다. 친구들이나 가족 등의 일로 여기저기 가볼 때가 많다하면서 어떤 행사나 모임, 즉 같이 학습하는 서실書室의 전시회 오픈이나 연말회식 등의 행사에 한 번도 정해 놓은 제 날짜에 참석할 수 있다는 대답을 하지 않는다고 동료들이 내게 귀띔을 해준 적이 있다. 그때마다 그는 동료들에게 묘한 느낌을 받는 해프닝을 낳고 있다.

어쩌면 우리 사회에서 이 선배와 같이 지금의 시간을 쳇바퀴 돌 듯 일상을 옛 버릇대로 살아가며 나이가 들어가는 사람들이 많을 수도 있다. 삼삼오오 파고다공원에 모여 옛 추억을 되새기며 시간을 때우는 노인들이 되고 있는 셈이다. 그들에게는 새로운 것에 대한 매혹이 마음속에는 있으나 실천의 도전은 결코 없다. 무엇인가를 새로 시작하는 것에 대한 설렘과 희망의 싹을 찾기보다는 조금하다가 이내 그것을 접고 만다.

그들은 한결같이 "조금 더 잘한다고 이제 뭘 어쩌자는 건지?", "내 나이가 몇인데?", "요즘 너무 바빠!" 결국 그들에게는 이 모든 일이 앞을 길게 내다볼 수 없기 때문이라는 것이다. 말을 바꾸어 솔직히 표현해보면, 그들은 이제 살날이 얼마 안 남았기 때문에 다 소용없는 일이라는 것이다.

그러면서도 친구들이나 동료들, 후배, 자식들 앞에서 "내가 왕년에..." 하면서 전설적인 자신의 과거를 영웅담처럼 내뿜는데 있어서만큼은 뜨거운 열정을 보인다. 또한 그들은 예전에 잘나가던 시절의 모임이나 단체에서의 자문위원이나 고문 역할은 절대 버리지 못한다. 자문이나 고문의 역할은 현재에도 그 업종에 연관되어 일을 하고 있을 때 유용한 것인데, 그들은 그 분야에 손을 놓았음에도 불구하고 여기저기 서 너 군데에 명예직을 떠 안고 있다. 결국 그런 것 때문에 바쁘다는 것이다.

로마의 스토아학파의 철학자 세네카Seneca, L cius Annaeus는 이런 부류를 '분주한 게으름' 이라고 표현하였다. 이들은 아침에 일어나 늘 하던 것을 하며 저녁 늦게 여기저기 다니고 늦게 들어오며 열심히 사는 것같이 살고 있지만, 도대체 무엇을 하며 무엇 때문에 하는지 조차 모르며 그저 그런 생활에 빠지고 있고 정작 자신을 위한 새로운 도전에는 나약한 행태를 보인다하였다.

즉 세네카의 말에 의하면, 분주한 게으름에서 탈피하는 방법은 세속적 관념의 길고 짧음을 초월해야 한다는 것인데, 그것은 하찮은 일에 너무 많은 시간을 쓰지 말고 자신을 계발하며 남의 시선에 인정받기 위한 일에 지나치게 매달리지 말고, 자신에게 가치 있는 일에 매진하라는 이야기이다.

최근 우리나라의 시니어Senior들이 바뀌고 있다. 이들은 6·25 전후戰後에 태어난 베이비붐 세대로 교육수준이 높고 연금을 타며 자유정신이 강한 독립 세대이다. 그래서 이전세대 보다 젊게 살고자하는 욕구가 강하고 젊은 세대 못지않게 여행과 레저생활에 과감히 투자하는 경향을 보인다. 이런 추세가 매우 바람직하긴 하지만 자칫 자신에게 주어진 아름다운 노후를 너무 쾌락 위주의 일에만 집중될 것이라는 어두운 전망 또한 걱정되는 것이 현실이다.

오늘 만나 헤어지는 시각에 그 선배의 휘어진 뒷모습에 왠지 내 마음이 우울해진다. 그리고 나는 상상한다. 그 선배가 그때 가게에서 물건을 사지 않고 나온 것 보다, 그것을 사서 자신의 공간에 들여 놓고 매일 그것을 쓰다듬으며 행복해하는 모습을 나는 보고 싶다.

아마 그 행복함 때문에 그 선배가 말한 것과는 반대로 그 선배의 삶은 젊고 더 길어질 수도 있을 것이다. 왜냐하면 그것을 보는 기쁨과 함께 그에게 남은 인생의 여정의 시간은 아직도 많이 남아있기 때문이다. 그것이 10년이든, 20년이든 우리 인간이 그 시간을 어찌 알겠냐마는 좋아하는 것 하나에도 최선과 정성을 다하는 것이 바로 순간이 영원, 영원이 순간, 즉 손 안에 무한을 쥐고 찰나 속에서 영원을 보는 것이기 때문이다.

매화梅花가 준 교훈

평소 무서움을 많이 타는 내가 칠흑같이 어둠이 깊은 한 여름 밤에, 쏟아지는 폭우 속에 우산도 없이 양복정장을 그대로 입은 채 무섭다는 생각 하나 없이 달빛 없는 어두운 산길을 걸어 아차산 중턱까지 올랐다. 괴로운 심정에 마신 술과 눈가에 흐르는 눈물은 폭우의 빗줄기와 함께 이미 내 고통의 응어리가 되어, 한데 뭉쳐 "뚝뚝" 흘러내리고 있었다. 목에 매어진 넥타이를 풀고 답답한 가슴에 견딜 수 없어 젖은 옷을 벗어 제치고 알몸으로 하늘을 향해 통곡을 하고, 억울한 마음에 보이지 않는 그 무엇을 향해 고함을 지르며 욕을 퍼 부어 대고는 땅 바닥에 주저앉았다.

20년간 일하고 지켜왔던 한 디자인광고회사 사장이 파산을 하며 울부짖었던 13년 전의 내 모습이다. 긴 세월이 흘러 이제는 상처가 아물었을 시간인데도, 꿈을 꾸거나 서글픈 일이 생기면 그 시절의 아팠던 상처가 반드시 되살아나 나를 슬프게 한다.

여러분, 바닥 쳐 보셨나요? 그 바닥에 발이 닿고 그 바닥 속에서 헤엄쳐 보셨나요? 아니, 바닥 밑에까지 꼬꾸라져 봤나요?

대부분의 사람들은 그 바닥 속에 들어가려고 하지도 않지만 그 속에 가면 다시 일어날 수 있는 뭔가 있을 줄 안다. 그러나 그 속엔 아무 것도 없다. 찢기고 뜯긴 처참한 자신만 남아있을 뿐이다. 간혹 어떤 이들은 그 바닥이 힘들고 괴로워 자살이란 극단적인 방법을 택하기도 하지만, 그것은 세상과의 싸움에서 패배를 인정하는 것이고 자기애Narcissism를 버리는 것이고, 이웃과 가족의 사랑을 배신하는 행위일 뿐이다.

나 역시 죽을 요량料量으로 주행하던 으슥한 도로에서 두 눈을 감고 핸들을 두 손에서 놓아 본적이 있었지만, 하늘은 죽음을 허락하지 않았다.

나는 잘 나가던 한 광고회사의 사장이었고 충무로에서 인정받는 디자이너였지만, 늘 내 가슴 깊숙한 곳에서 뿜어 나오는 순수예술로의 열정을 추스르지 못해 바이칼 호수의 냉기 같은 고독이 도사리고 있었다. 그런 내가 바닥 치던 날, 난 그 어두운 바닥에서 또 다른 나의 모습을 볼 수 있었던 것이다. "그래. 이제 훌훌 털고 일어나자. 이제부터 시작이다!" 스스로 다짐하고 일어서 보지만 이세상은 또 다시 나를 짓눌렀다. 하이에나와 같은 실패한 사업가에게 표범과 같은 품위를 지킨다는 건 어쩌면 불가능한 일이었을지도 모른다.

그래도 5년 만에 우뚝 일어서 지금은 화단에서 초대작가로, 대학의 선생님으로, 문단에서 시인으로 활동할 수 있게 한 힘의 원천은 돈도 아니고 사랑도 아닌 내 마음속에서 늘 꿈틀거리고 있던 아래의 시구詩句 말 한마디가 나를 일으켜 세웠고, 힘든 환경에서도 품위를 지켜준 위대한 힘이 되었다.

매일생한불매향 梅一生寒不賣香

동천년노항장곡 桐千年老恒藏曲

'매화는 일생이 추워도 결코 그 향기를 쉽게 팔아 안락을 추구하지 않고, 오동나무는 천년을 늙어가도 항상 거문고의 가락을 지니고 있다'는 말이다. 조선의 학자 신흠申欽 선생의 수필 야언에 나오는 명名 시문이다.

나의 모든 것이 빠져나간 어느 날 나의 가슴에 이 싯구 하나가 들어와 결국 나를 일으켜 세운 것이다. "그래, 매화처럼 살자! 아무리 힘들어도 주위사람들에게 피해를 주는 비굴한 삶이 되지 말고 고고하게 나의 추위를 이겨내며 살자", "그래, 오동나무처럼 살자! 어차피 사업이 망했으니, 이제 내가 꿈꾸던 예술을 하자. 그래서 후에 역사에 남는 오동나무로 만든 거문고의 이름을 가져보자!" 이런 다짐을 하고 또 하며 그렇게 나의 새로운 인생이 시작된 것이다.

원래 문장전체는 "오동나무는 천년을 묵어도 곡조를 간직하고, 매화는 일생 추위에도 그 향기를 팔지 않는다. 달은 천 번을 이지러져도 바탕은 잃지 않으며, 버드나무 가지는 백번 꺾여도 새 가지가 돋아난다"는 내용이다. 보통 혹한의 추위를 견뎌내고, 인고의 덕을 높이 쌓는 지조의 표상으로 '매란국죽梅蘭菊竹'을 든다. 그 중의 매화는 사군자四君子의 지조를 들 때 맨 앞에 오며, 오동나무는 악기의 명기名器를 만드는 최고의 재질을 갖고 있어 천년을 두고도 변치 않는 음질을 간직한다하니 이 둘이 지닌 고고한 정신은 나 같은 예술적 끼를 가진 파산자에게 주는 하나의 큰 은혜와 같은 선물이었다.

기개氣槪와 덕德, 그리고 결코 가난을 부끄럽게 생각하지 않는 지조를 자신의 생명처럼 소중히 여긴 옛 군자와 선비를 상징함에 조금도 부족함이 없는 말이지만 이제 내가 그것을 본받아 실천해 나가야하는 숙명 같은 것을 느끼게 되었다.

난 매일 아침 거울 앞에서 이 말을 되새기며 힘차게 세상으로 걸어 나왔다. 세상을 살아가다 보면 자기 자신의 의지와는 상관없이 고난이 올 수 있고 또한 그 고통이 또 다른 행복의 길로 접어들게 되는 첩경으로 변해 행운으로 탈바꿈할 수도 있다. 나는 이후 가난한 예술가이지만 주위의 응원을 얻어 개인전을 13회, 즉 열세번의 개인전과 국내·외 단체전을 300

여회 치르면서 국전 심사위원과 각 미술단체 자문위원을 맡고 있다. 그리고 시詩에 등단하여 시인이 되었고, 수필隨筆에 등단하여 각 잡지사에서 내 글이 인쇄되어 나온다. 또한 시화집詩畵輯을 출간하였고, 늦은 나이에 서양화 이외에 국문학, 교육학, 동양미학을 전공하여 남보란 듯이 '문화예술학 박사'가 되었다. 예술가와 교육자로 살아간다는 것이 지금도 힘이 들지만, 13년 전 이글 앞에서의 비참한 나의 모습은 이제 없다.

이렇게 글 하나가 사람의 인생을 바꾸게 되는 것이다. 나는 매년 봄이 되어 첫 매화가 피면 그 매화향기 그늘 안에서 미래의 나의 모습을 연상하며 이 세상을 뚫고 나갈 무한을 생각한다.

절망의 끝에서 희망을 쏘다!

한 해를 갈무리하느라 이것저것, 여기저기 참 분주하게 보낸 을미년乙未年 마지막 자락에 자주 탐석을 동행했던 석우石友에게서 전화가 한 통 왔다. "올해 마지막 탐석을 갑시다!"

달력의 사용 유효기간이 딱 5일 남은 날, 새벽에 눈을 떠 탐석지로 향하는 내 마음은 으레 그랬듯이 가슴이 "콩당 콩당" 뛰며 즐거운 소풍을 가는 아이와 같았다. 날씨도 매서울 것이라는 일기예보와는 달리 아주 포근한 겨울날씨라 더욱 들떠있었던 것 같다. 그러나 내 차량이 북쪽으로 향하면 향할수록 범상치 않은 날씨의 변화에 운전대를 잡은 내손에 긴장이 감돌기 시작했다.

처음에는 비가 조금씩 떨어지더니 거의 탐석지 가까운 지점에서 하늘은 어두워지며 폭설이 내리기 시작했다. 승용차이기 때문에 브레이크를 밟지도 못하고 엔진블럭Engine block을 작동한 채 거북이걸음으로 주행하고 있었다. 예견치 않은 사고의 두려움에 나는 겁이 났고, 뒷자리에 탑승한 내 친구와 옆자리의 선배는 아무 말도 하지 않은 채 서로의 눈치만 보는 상황이 된 것이다. 누가 먼저 "그만 돌아갑시다!" 라고 말을 해주기를 바라는 눈치였지만, 조금만 더 가면 되는 탐석지를 눈에 그려 보며 서로에게 아무도 그런 말을 못하고 내 차는 기어가듯 그렇게 목적지를 향하고 있었다.

그러나 이게 웬일인가? 눈앞에 탐석지가 보이는 지점에서 눈이 멎는다. 하늘은 맑아지며 바람 한 점 없는 포근한 겨울날씨를 하늘은 우리에게 크리스마스 선물이라도 주듯 그렇게 변화된 세상을 만들어 주었다. 그 뿐인가? 조금 전 내린 눈으로 인해 돌밭의 돌들은 목욕을 한 듯 촉촉하게, 싱싱하게, 탱글탱글 윤기를 띠며 우리를 보고 웃고 있는 것이 아닌가!

중국의 옛 시詩에 이런 구절이 있다.

'산중수복의무로 유암화명우일촌山中水復疑無路 柳暗花明又一村' 그 뜻은 '첩첩 산과 넘실거리는 물결에 길이 없는 줄 알았더니, 조금 더 가보니 버들가지 짙푸르고 꽃이 환한 곳에 또 하나의 마을이 내 눈앞에 펼쳐지네!' 라는 의미를 가진다. 이 시는 남송의 애국시인 육유陸游가 1167년 관직을 그만두고 낙향하여 산음山陰-지금의 紹興에서 세월을 보낼 때 쓴 작품 '유산서촌遊山西村'의 일부이다. 이 구절은 인생에 있어 절망의 끝에서 희망을 발견할 때 자주 인용되는 시이기도 하고, 또한 인생의 깨달음을 의미하는 구절로써 자주 쓰여 진다.

우리가 산에서 길을 잃고 헤매고 있다고 생각해 보자. 자신이 믿었던 방향으로 가는데, 가시덤불도 헤쳐야 하고 생소한 능선도 넘어야 한다. 가도 가도 험한 가시덩굴은 이어지고 목이 말라도 물 한 모금 축일 연못 하나 없다. 돌아가고 싶지만 그것은 그동안의 수고가 헛것이 되고 말 것이라는 고뇌와 함께 등에 땀은 나고 지쳐서 배도 고프다. 아! 더 이상 힘을 낼 수 없는 상황에 주저앉아 버리면 또 무섭고 매서운 밤과 야수의 표적이 되고 만다.

그런데 조금 더 힘을 내어 그 고비를 넘고 나니 거짓말처럼 마을 하나가 눈에 보인다. 그때의 흥분과 희열은 말로 표현할 수가 없지 않은가? 주저앉고 싶을 때 젖 먹던 힘까지 다해 자신을 넘고자 했던 그 기백이 참으로 대견했다고 스스로 "나 자신이 참으로 자랑스럽다!" 고 자찬을 하며 기뻐할 것이다. 이것이 바로 절망의 상황까지 도달해야 새로움을 만난다는 이치를 담고 있는 '절처봉생絶處逢生'이다. 그래서 하늘은 사람의 길을 아주 끊지는 않는다는 '천무절인지로天無絶人之路' 란 말도 있는 것이다. 즉 감당할 만큼의 고난만을 하늘은 우리 인간에게 준다는 말이다. 또한 우리가 흔히 하는 말 중에 '해가 뜨기 직전이 가장 어둡다' 는 말도 이런 것을 의미하는 말일 것이다. 그러나 우리는 마지막 고비를 넘기기 직전에 포기하고 싶어지는 것이 우리의 일반적인 나약함이다.

지금 우리 주위를 잠시 둘러보자. 2014년 12월 대선 직후인 겨울에 부산 한진중공업의 한 노동자는 정권교체의 열망에 부응하지 못해 스스로 목숨을 끊었다. 그리고 지금도 빈곤한 가정의 아이와 학생들은 돈을 벌기 위해 학업을 중단하고 어두운 사회의 늪에 빠져들고 있다. 또한 병원에서 암이라는 질병의 진단을 받고 하루 이틀 시름과 절망에 젖어 치료의 힘을 포기하고 끝내는 죽음과 타협하는 단계에까지 이르는 수많은 사람들이 우리 주위에 있다.

그것뿐인가? 젊은 시절 꽃다운 나이에 만나 평생을 의지하고 사랑해 오던 상대와 조금만 더 가보면 보여 질 희망의 싹을 놓아버리고, 법원청사의 문을 들락거리는 '황혼이혼' 을 준비하는 사람들은 또 어떤가.

사업이 어렵다고, 사랑이 어렵다고, 공부가 힘들다고 자포자기하며 그동안 쌓아 온 모든 것을 일순간에 허물어 버리는 우리 인간사가 애처롭기만 한 것이다. 그러나 우리는 다시 한 번 내 자신을 믿어야 하고, 내 자신 옆에 있는 사랑하는 가족과 이웃을 생각하여 그 마지막 고비를 잘 이겨내야 한다. 우리 현대인들은 한 사회에 속해 있지만, 함께 살아간다고 보기에는 너무나 어려운 각자의 삶을 외롭게 살아가는 개인들이다. 그래서 더욱 고독하고 외로운 것이다. 그럴 때 희망의 메시지를 위의 글처럼 자신에게 띄워 희망의 하늘에 날려보자.

며칠 남지 않은 한 해, 끝자락에서 다시 새로움이 움튼다. 어떤 이는 희망은 헛된 꿈의 무지개와 같다고 하지만, 그 무지개는 인간에게 있어 낙원으로 가는 벅찬 이정표라는 것을 결코 우리는 잊어서는 안 된다.

한국의 미美에 젖어서

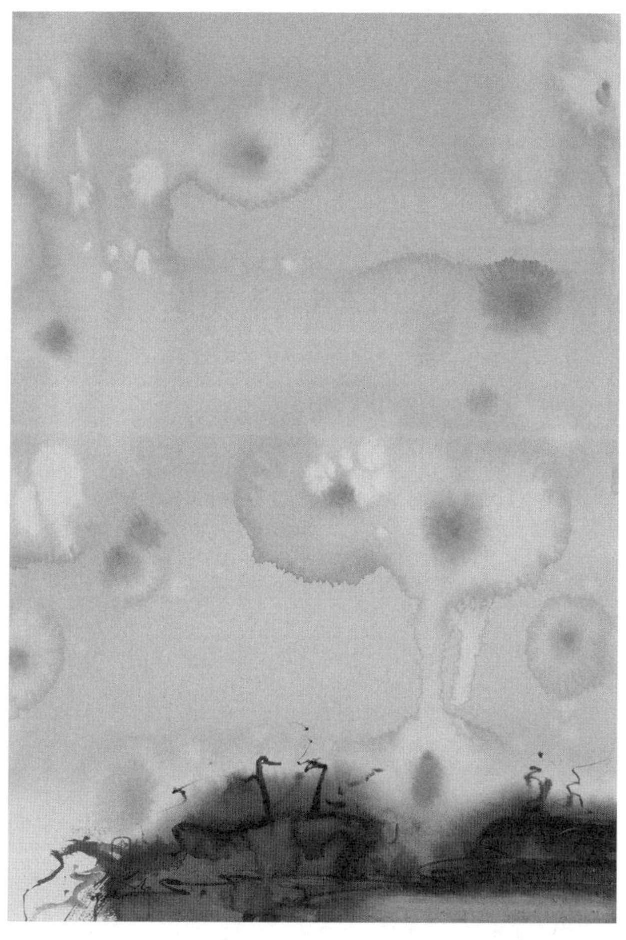

신석주作 / 芳緣(너와의 만남) / 53cm x 72,7cm / Watercolor on paper

충무공, 이래선 안 된다!

나는 20대 후반에 이곳 서울 중구 충무로에서 직장을 다니며 디자이너로 일했고, 또 이곳에서 사업체를 차려 광고회사를 운영했으며, 지금은 경제계를 떠났지만 이곳에 작업실과 연구실을 꾸려 '중구 예술인'으로 등록되어 예술 활동을 하고 있다. 그리고 몇 달 전 아예 주민등록 주거지를 이곳으로 옮겨버렸으니, 이제 진정한 중구인(?)으로 지나간 세월까지 합하면 벌써 36년이 된다.

그런 탓에 나는 이곳의 인쇄골목이라든가 식당주변들을 꿰뚫고 있으며, 간혹 그 당시 옛 직장동료를 만나 술 한 잔 할 기회가 있을 때마다 우리는 기억의 징검다리를 놓아가며 이집 저집을 찾아다니며 옛 추억과 함께 밤을 지새우게 된다. 예를 들면 "여기에는 무슨 목욕탕이, 어디에는 무슨 다방이, 또 저기에는 무슨 술집, 무슨 서점과 옷가게가 있었지. ㅋㅋ" 대화가 꼬리의 꼬리를 물고 서로 기억을 떠 올리며 그 옛 시절로 갈 수 있는 역易 징검다리는 분명 이곳이 아직 그대로의 모습이기 때문일 것이다. 즉 건물은 그대로 있되, 주인과 업종, 상호商號만 바뀌었다는 이야기이다.

그런 내가 이 충무로에서 매년 4월 28일이 되면 으레 가보는 곳이 있다.

우리나라에서 제일 존경하는 인물은 누구일까? 우리는 흔히 충무공 이순신을 '성웅聖雄'이라 부른다. 그러나 그런 구국의 영웅이라 불리는 충무공 이순신 장군에 대한 것을 우리는 얼마나 알고 있을까? 우리나라 사람치고 이 충무공을 모르는 사람은 없고 그를 존경하지 않는 사람도 없는 것이 현실인데, 막상 충무공 이순신에 대해 물어보면 잘 모르는 것이 대부분이다. TV의 사극 〈불멸의 이순신〉과 영화 〈명량Roaring Currents,2014〉을 통해 그나마 국민들에게 많은 부분이 알려지기는 했으나 그것은 어디까지나 극劇으로서 역사적인 사실보다는 드라마적인 요소가 잘 반영된 것이라고 할 수 있다.

그러다보니 충무공 이순신에 대해서 가장 오류가 많은 것이 바로 '출생지'이다. 내 주변의 지식인이라고 대표할 만한 대학교수 몇몇에게도 충무공의 출생지가 어디냐고 물어보면 거의 다 "아산!"이라고 당연한 듯 생각할 틈도 없이 대답을 한다. 그들이 당연하다고 느끼는 것은 두 가지 연유일 것이다. 첫째는, 학창시절 그렇게 교육을 받았거나, 주변인들이 늘 그렇게 말해왔으니까 당연히 그렇게 각인된 것이고 둘째는, 충무공 이순신의 국가적 행사가 늘 충남 '아산'에서 행하여지고, 그런 보도를 직·간접적으로 국민들은 접해왔기 때문에 그것을 사실로 받아들인 이유일 것이다.

그러나 충무공 이순신은 분명 '서울인'이다. 1546년 3월 8일, 당시 양력 4월28일 자시子時에 서울 건천동乾川洞에서 평범한 아기로 태어났다. 그때의 건천동이란 지금의 인현동인데, 아마 청계천의 물이 흐르다가 이곳에 오면 땅이 마른다 하여 건천동이라 불리었을 것이다. 그리고 현재 이곳에서 몇 걸음 더 걸어가면 동네 이름이 필동筆洞으로 바뀌는데 내 작업실이 있는 곳이며, 그곳에 옛 박팽년의 생가 '한국의 집'이 있다. 그리고 그 한국의 집 앞 도로변에 두 번째 주유소가 바로 '유성룡의 생가지터'이다. 유성룡과 이순신의 인간적 관계는 어릴 적 글공부의 사제지간師弟之間이었고, 그 나머지는 드라마나 영화에서 충분히 설명되었으니 이글에서는 생략하지만, 이런 근거를 바탕으로 하면 분명 이곳이 충무공 이순신의 출생지이라는 것이 확실해 진다. 한마디로 그래서 여기가 서울인데도 '충무로'인 것이다.

"그러면 왜 아산이 더 알려져 있고, 왜 아산이 충무공의 고향이라고 생각들 하나요? " 이 말은 이때쯤 되면 으레 내가 자주 듣는 질문이다. 답은 이렇다.

충무공 이순신은 덕수德水 이씨 가문의 12대 손으로 태어났는데, 그의 가문은 유학의 집안으로서 '충성심과 공명정대'를 숭상하는 가풍을 지니고 있었으며, 대대로 매우 청빈한 생활을 계속해 왔다. 때문에 조상 중에는 벼슬하여 세상에 알려진 사람도 많았으나, 모두 강직하고 성실한 성격의 소유자였다고 한다. 아버지는 평민으로서 소박한 선비생활을 계속하는 동안에도 자녀들의 교육은 소홀히 하지 않았는데, 너무나 가난하여 더 이상 서울생활을 할 수 없어 충무공 이순신이 8살 되던 해에 어머니 변씨卞氏의 친정 고향인 충남 아산으로 이사를 간 것이 기록에 나와 있는 사실이다.

나는 이런 충무공 이순신의 출생지가 어디인지를 잘 알고 있기에, 매년 그곳을 꽃 한 송이 들고 찾아간다. 바로 그 장소, 우리들 모두가 알고 있는 충무로의 '명보극장 앞의 보도블럭 위' 라는 것이 늘 충격적이지만 말이다. 분명 자주 가는 곳이기도 하고 잘 아는 극장의 이름인데, 충무공이 태어났다는 장소의 표지판은 사과박스 한 개의 크기이며 그것도 길가의 트럭이 주차하여 가리고 있어 보이지도 않는 그 장소이다. 그 사과박스만한 돌 표지판을 관리하는 사람도 그 옆에 있는 담배 파는 가판대 주인 할머니라는 사실을 우리는 어떻게 받아들여야하는지 한번 이글을 읽는 순간 생각해 보아야 할 우리나라의 최고가는 위인의 출생지이다.

충무공 이순신의 탄신일은 전국적으로 수많은 행사가 이루어진다. 아산을 비롯하여 순국한 내 고향 남해南海바다에 이르기까지 광범위하다. 그러나 정작 이순신 위인이 태어난 장소에는 꽃 한 송이 놓여있지 않고, 덩그러니 지나가는 자동차바람에 날린 4월의 꽃 잎 하나 떨어진 쓸쓸한 모습은 아무도 눈여겨보지 않는 도시의 어느 한 대로변에 지나지 않는다. 뒤늦게 이곳 구청에서는 2012년 겨울에 〈충무공 이순신 탄생지 기념공간조성을 위한 기본계획〉을 내세워 작업을 하고 있지만, 모두가 그 장소가 아닌 주변의 을지로 3가 지하상가에 기념관을 짓는 일이고, 올해는 청계천에 미니 거북선을 띄워 시민들에게 보이고, 근처 한옥마을에서 탄신제誕辰祭를 올리는 것이 현실이다. 그것도 알고 보면 모두 시민들의 선심善心사기식으로 사람이 많은 곳에서, 즉 태어나신 곳과는 상당히 거리가 있는 그런 곳에서 행하여지고 있는 것이다. 그것도 불과 1-2년에서 길게는 5년 전에 시작된 듯한 이 한심한 처사를 일부만 빼고 아무도 모른 채 영화나 드라마, 혹은 세종로 동상만을 바라만 보고 있는 것이다.

나는 지난 20여 년 전부터 이 장소를 알리기 위해 신문사에도 글을 기고했지만 실리지 않았다. 이름 없는 백성의 상소上疏처럼 치워지는 것이다. 그러다가 비로소 문화예술학 박사의 신분이라 그런지 이제는 〈브레이크뉴스〉에도 나오고 여러 잡지에도 게재되었다. 그러나 아직 이 홍보에 대한 나의 갈증은 가시지 않는다. 지금 내가 무엇을 보고 있는 것일까? 지금 내가 할 수 있는 일은 무엇인가? 나름대로 가슴앓이를 해보며 이 글을 줄인다.

"나는 무엇을 알 수 있는가[眞], 나는 무엇을 행해야하는가[善], 나는 무엇을 희망해야하는가[美]" 라는 칸트의 '주관 미학'이 충무공 출생지를 바라보는 내 마음이 되었다.

산소山所에서의 반성

"아버님 어머님 저 왔습니다..."

여섯 시간을 달려 온 긴 성묘 길이었지만 피곤을 잊은 채 아내는 부모님 산소 앞에 단숨에 달려가 손을 얹고 눈물을 흘린다.

내 아내는 꽃다운 스물다섯에 내게 시집을 와 막내 며느리였지만, 고운 신혼 옷을 입은 날부터 부모님이 돌아가실 때 까지 집안의 대소사大小事 전부를 맡았다. 치매를 비롯한 갖은 병간호를 다했던 자신에 대한 서러움과 살아생전 이런저런 시부모님이 보살펴준 은혜 혹은 불효를 한 듯 못다한 마음이 뒤 섞인 짙은 그리움에 아내는 울고 있었다.

바닷바람이 간혹 스치기는 하지만 섬마을 남해도南海島 산중턱의 햇볕은 도시의 8월 못지않게 뜨거운데 부모님 산소에 절을 올리고는 서울에서 챙겨온 휴대용 가스레인지에 불을 지펴 쌀을 씻어 밥을 하고, 고깃국을 끓이고, 생선을 구우며 아내는 분주히 움직이면서 성묘제사 준비를 했다. 때맞은 성묘일 탓에 여기저기 다른 성묘객과 얼굴을 마주치긴 하지만 그들은 모두들 미리 가져온 과일 몇 개와 술 한 잔에 절을 올리고 내려가지만, 우리의 성묘는 쌀을 씻어 음식 준비하는 시간까지 합쳐 세 시간을 훌쩍 넘기게 되었다. 그날은 참으로 가슴속에 든 많은 사연을 하나하나 부모님께 다 털어 놓고 온 소중한 날이었다.

부모님께 따듯한 밥과 국을 올리고 나니 마음이 편하다는 말을 하고는 또 울고 있는 도시의 아내 눈물방울 속에는 어느덧 섬마을의 붉은 황혼이 들어가 있었다.

성묘省墓는 왜 하는 걸까?

명절이면 으레 집에서 조상님께 차례를 모시고 모인 가족들과 함께 산소를 찾곤 하는데 굳이 명절에 갔던 산소를 다시 가서 성묘를 하는 이유는 무엇일까. 성묘란 말 그대로 살핀다는 '살필 성省'의 뜻으로 묘를 살핀다는 의미이다. 조상의 무덤에 주기적으로 무성한 잡초를 제거하고 약간의 음식을 마련하여 약식제사를 지내는 일을 일컫고 있는데, 대개 음력 8월 1일부터 8월 15일까지 약 보름간에 걸쳐 행해진다.

이런 성묘문화에도 유래가 있는데, 신라 말 도선대사道詵大使가 어느 곳에 집을 지으면 장차 왕이 될 인물이 날 것이라는 말을 왕건의 아버지인 왕융에게 전하자, 그 대사의 말대로 그곳에 집을 지었는데 왕건이 태어났으며 도선대사의 예언대로 그 이후 왕건은 고려왕조를 일으켰다.

그 이래로 풍수지리에 대한 관심이 높아지면서 인간의 생사문제인 통과의례通過儀禮의 하나로 집집마다 좋은 자리에 조상의 묘를 쓰려고 관심이 높아지기 시작했고 명당자리를 서로 차지하려고 이미 묘가 들어서 있는데도 그 옆에 다른 사람의 묘를 쓰고 심지어는 묘를 쓴 자리에 쓰고 또 쓰는 등 이름 하여 투장偸葬이 성행하기 시작했던 것이다. 이 때문에 후손들은 자손 된 도리로써 마땅히 자기 조상님의 묘가 없어지지나 않았는지, 무사한지 수시로 가서 살펴보며 묘를 수호하게 되었고, 자연히 그때 잡초 제거와 함께 성묘가 유래해 온 것이다.

우리나라는 예로부터 효孝를 으뜸의 덕목으로 생각한 민족이다.

몇 년 전만해도 추석 전이면 성묘객들로 길이 안보일 지경이었지만, 요즘에 와서는 일상의 편리함을 내세운 탓인지 예전 보다는 그 수가 많이 줄어든 것을 보면 참으로 안타깝기 그지없다. 물론 그 줄어든 숫자에는 화장火葬문화의 영향도 있겠지만 그렇다고 할아버지 묘까지 돌보지 않는다면 효성이 지극하지 못한 질책에 국한되지 않고, 그 묘는 나무와 풀이 계속 자라서 훼손되고 나중에는 주위 자연에 뒤덮여 산소를 잃을 수도 있을 것이다. 옛말에 조상의 묘에 벌초를 안 하면 기일 제사 때에 조상이 잡초를 머리에 쓴 채 온다는 말이 있다. 그런 말이 두려워 꼭 벌초를 하는 것은 아니지만 이 벌초는 지금까지 우리에게 잘 지켜지고 있는 풍습이고, 또한 잘 벌초된 묘를 보는 다른 사람들에게도 좋은 인상을 주는 풍습으로 호평되고 있다.

우리가 길에서 어른을 만나면 인사를 올리듯이 조상님을 찾아뵙고 그 예를 다하는 것이 나는 우리민족의 아름다운 전통문화라 생각한다. 부모님의 묘지를 정성껏 돌보는 모습을 자녀들에게 직접 보여주는 것 또한 그 어떤 모양의 교육보다 효와 예가 살아 숨 쉬는 산교육이 될 것이다.

또한 일부의 사건이긴 하겠지만, 조상의 묘를 찾는 성묫길에서 그지역의 특산물, 임산물林産物의 불법채취와 산림훼손 등 그리고 자기 묘의 왕래를 편하게 하기 위해 임시도로를 개설하는 등의 행위는 절대 있어서는 안 될 일일 것이다. 산 주변에 있는 희귀식물과 약용수목 등을 마음대로 가져와서 우리 고향에 살고 있는 농민들의 마음을 이제는 더 이상 아프게 해서는 안 된다.

"아버님 어머님, 안녕히 계세요! 또 오겠습니다."

아내의 떠나는 인사말에 나는 미안한 마음이 앞섰다. 내 부모에게 저렇게 해주는 아내에 비해 나는 과연 아내의, 즉 처가妻家 부모님 산소에서 과연 무엇을 하였을까?

서울로 오는 고속도로의 길고 긴 혼잡의 상황은 그렇게 나의 깊은 긴 반성의 시간과 같았다.

우리 민족의 샤머니즘

나는 대학시절부터 미술사美術史나 미학을 공부하던 시간에 항상 많은 의문이 뒤따랐다.

그것은, 우리의 생활미학이 유가적儒家 이나 불교적佛敎 또는 도가적道家 사상에 바탕을 두고 있다는 교과서의 내용이나 선생님들의 말씀에도 숨길 수 없는 답답함을 내포하고 있었다는 것이 지금의 고백이다. 왜냐하면 유가나 불교, 도교사상들의 유입시기를 헤아려 보거나 혹은 그 이전의 삼국시대나 더 거슬러 올라가 선사시대를 생각해 보면 그때부터 무엇이 과연 우리의 사상을 지배했으며, 또 그것이 어떻게 우리의 미학, 즉 생활에 바탕을 만들어 주었을까? 그리고 불교, 도가, 유가사상이 퇴색되고 기독교의 유입시기인 근대이후에는 과연 무엇이 우리민족의 정신적 근원이 되었는가에 대해 골똘히 생각해 본 적이 여러 번 있었다. 나이가 들어 공부를 더해 보니 정말 더 궁금해지는 것이다.

더 나아가 현대생활에서 우리가 생활하는 곳곳에 깔려있는 모든 것을 집약해 볼 때 나는 우리 생활미학의 정신적 바탕은 위의 고등종교들이 아니라, 그것은 바로 '샤머니즘Samannism'이라는 것에서 답을 찾았다. 왜냐하면 우리민족이 단군의 무교巫敎와 함께 역사를 시작했을 뿐 아니라 삼국시대와 통일신라, 고려, 조선, 일제강점기, 대한민국을 거치면서도 지금까지 무교는 그 기나긴 세월 동안 한 번도 그 자리를 내어 주지 않은 기층민基層民, 즉 민중의 신앙 속에 깊숙이 살아있기 때문이다. 사실 무교라는 말은 조선 사대부나 근·현대 학자들 사이에서도 천박하다하여 그 용어를 사용하지 않았고, 학술적 연구의 대상에서도 제외되어 왔던 것이 사실이다.

그러나 이제는 그런 속박에서 벗어나 제대로 된 연구와 관심이 필요한 것이다. 그렇다면 무교는 한국인의 삶과 예술에 어떤 모습으로 나타나는 것인지 좀 더 살펴보자. 우리 한국인들은 본래 성향이 자유분방해서 샤머니즘을 좋아하게 된 것인지, 아니면 샤머니즘과 계속 같이 있는 동안 그 영향을 받아 지금처럼 되었는지 깊은 연구 흔적은 보이지 않지만 어떻든 중요한 것은 우리나라 사람들의 기본적 성향이 무교의 그것처럼 질서를 싫어하고 자유분방하다는 사실이다.

우리나라 사람들은 태생적으로 질서가 잡혀있고, 절도가 있는 딱딱한 모습을 싫어하는 것 같다. 질서 속에서는 질식할 것 같은지 가능한 한 빨리 빙의憑依 상태와 같은 무질서한 상태로 돌아가려 한다. 이런 우리 한국인의 현상은 현대에서도 '노래방 문화' 등과 같이 우리는 생활 곳곳에서 그것을 발견해 낼 수 있다.

그리고 또한 한국인들이 술을 좋아한다는 것을 전 세계가 알아주듯이 우리가 술을 좋아하는 이유도 여기에 있을 것이다. 술을 그냥 좋아하는 것이 아니라, 가능한 한 빨리 취하기 위하여 한국인들은 별의별 방법을 다 생각해 낸다. 폭탄주 같은 것은 다른 문화권에서도 발견되지만, 그 다음에 나오는 것들은 아마도 우리 한국인만의 고유한 발명품일 것이다. '충성주-일명 마빡구로 이마를 탁자위에 쳐서 술을 섞는 것' 또는 '회오리주, 드라큐라주, 타이타닉주' 등 다양한 폭탄주가 성행되고 그것으로 끝나는 것이 아니라 '완샷' 이라는 것이 또 기다리고 있다. 또한 지금도 술자리에서 술병의 첫잔을 따르기 전에 "고스레~!"하며 바닥에 질끈 뿌려버리는 습관 역시 사라지지 않고 있다.

추운 지방에 사는 것도 아닌 우리들이 왜 이렇게 미친 듯이 술을 마셔대는 것인지에 대해서는 여러 가지 설명이 필요하겠지만 무엇보다 우리 한국인들이 일상적인 질서의 세계를 가능한 한 빨리 탈피해서 자유로운 무질서 상태로 내빼려고 하는 것이다. 그래서 술을 마셔도 적당히 마시지 않고, 인사불성이 될 정도로 마셔서 너도 없고 나도 없는 망아경忘我境 상태까지 가야 술을 잘 마셨다고 한다. 이렇게 망아경 상태까지 술에 취해야 직성이 풀리는 독특한 음주문화 역시 무교의 굿판처럼 반복이 되는 것이다.

또한 우리의 놀이문화 속에도 신명과 신들림적인 무교적인 모습이 배어있기도 한데, 그것은 노래방 문화를 포함한 소위 '관광버스 춤'이다. 또 처음의 상견례 자리, 즉 신입사원 회식에서도 자기소개를 하면 으레 노래를 청하게 되고 그 노래에 맞춰 춤을 추게 되면 위· 아래의 질서와 엄격함은 해학과 풀림의 난장으로 또 그렇게 희석되고 만다. 다른 민족들은 모임에서 여간해서는 노래를 부르지 않고, 춤을 추고 싶으면 정식 파티를 열어 밴드를 초청해 매우 공식적으로 춤을 추는 것과는 상당한 차이가 있는 것이다.

그리고 이런 자유분방하고 거친 경향은 우리 예술에서도 반영되어 있다. 가령 정악 아쟁을 연주할 때, 개나리 가지로 만든 활을 가지고 "벅~벅" 그어대며 연주하는 모습이나 대금의 찢어지는 청소리 연주법, 막사발 같은 판소리의 거친 창법, 술대로 내리 찍는 거문고의 야성적인 연주법 등은 모두가 매우 투박하고 거칠다는 것이 공통점이다. 이것 역시 샤머니즘에서 나타는 일종의 자유분방한 투박함이다.

이렇게 우리의 미의식은 음악뿐 아니라 미술 등의 여러 분야에서도 투박한 미를 보이고 있는데 세계의 다른 나라와는 말할 것도 없고 같은 문화권에 있는 중국이나 일본 혹은 월남의 예술과도 우리 예술은 분명히 다른 미의식을 갖고 있는 것이다. 이러한 한국미의 독특성을 생기게 하는 주된 요인을 무교에서 찾아야 한다고 나는 주장하고 싶다.

그래서 우리 한국인들의 자유분방하고 자연스러운 미의식은 또 다른 다양한 재미있는 미감을 만들어낸다. 그것이 굿판에서 벌어지는 듯한 익살-해학미, 일탈-파격미 등을 말할 수 있을 것이다. 익살을 부려서는 안 되는 뜻밖의 상황에도 익살을 부리고 또 파격적인 일탈을 작품 속에 반영시키기도 했다. 마치 무당이 굿을 하다가도 전화를 받거나 담배를 뻑뻑 피워대는 것과 같다. 그것은 민화나 장승등과 같은 미술품에서 잘 나타나 보인다.

오늘날까지 한국미를 이야기할 때 학자들은 그냥 뭉뚱그려 어떤 개념이 한국미를 대표한다고 주장할 때가 많다. 한국미학의 바탕은 '유교적이다' 아니 '불교적이다' 또는 '도교적이다'라고 말이다. 그러나 한가지의 종교적 특성을 대입시키기에는 시대를 거치면서 불교, 도가, 유가사상이 퇴색되어 민중에게 깊이 의식이 통일적으로 뿌리박히기에는 시대적 한계가 있다. 한 종교의 유행이 쇠락하면, 혹은 정치적 이념이 바뀌면 늘 새로운 종교가 유입되었기 때문이다. 그러나 민중의 대다수는 단군 이래 현대에까지 생활 속에서 샤머니즘을 믿고 의지해온 것은 숨길 수 없는 사실이다.

재미있는 예例를 하나 만들어 보자. 어느 교회의 목사가 아침에 양치를 하다가 칫솔이 오래되어 부러졌다고 가정을 해보자. 틀림없이 그는 이렇게 혼자 중얼거릴 것이다. "에이, 오늘 일진이 안 좋네. 조심해야겠다!" 이것 역시 그는 한국인이기에 기독인이면서도 자기도 모르게 샤머니즘적 습성이 튀어나오는 것이다.

이렇게 다방면에서 현재에까지 샤머니즘적 습성은 오랜 세월이 흘러도 결코 사라지지 않고 우리민족과 가까이 있다. 결론적으로 이 샤머니즘의 특징이 우리의 예술과 생활미학에 나타나있으므로, 자유분방한 성격의 샤머니즘이 곧 우리 민족의 생활미학이라는 이 주장은 결코 어불성설語不成說이 아닐 것이다.

네 박자의 카타르시스

이른 아침 누군가와의 약속으로 여느 날 보다 일찍 출근하는 길에 차 속의 오디오를 잘못 만졌다. 지난여름 고향 길에 여섯 시간, 왕복 열 두 시간을 운전해야하는 지루함 때문에 고속도로 휴게소에서 아내가 음반CD 한 장을 샀었는데 바로 그 음악이 이른 아침 도심 속의 내 차안에서 튀어나오는 것이다. "뽕짝♪~뽕짝~ "

평소 나는 클래식 음악을 24시간 작업실에 버릇처럼 틀어 놓는다. 모차르트 음악을 들으며 작업을 하기도 하고, 기분이 좋아 흥이 나면 국악을 틀어놓고 혼자 맥주 한잔에 춤을 추기도 하고 장고를 두드리기도 한다. 그러나 도저히 이 이상한 음악-트로트를 들으면 잠시 기분이 좋아지다가도, 촌스러운 노래 가사 말에 금방 볼륨을 낮추는 것과 더불어 아예 오디오 전원을 꺼버린다. 차라리 듣지 않는 것이 더 좋다는 표현 일 것이다. 음악이 나쁘다는 것이 아니라 일부이기는 하지만 가사내용이 정말 촌스러울 뿐 아니라 누군가가 옆에 있다면 같이 듣기엔 너무나 노골적인 표현이라 민망하지 않을 수 없었던 기억이 있다.

그런 내가 이날 아침은 참 이상하기도 하였다. 글쎄 그 음악이, 그 가사가 너무 좋은 것이다. 아니 "좋다!" 라는 것을 떠나 어떤 노래에서는 눈시울이 젖어 오는 것을 느꼈다. 내가 요즘 힘든 일이 있어서 일까. 내가 요즘 들어 더 늙어서 일까. 아무튼 좋다. 어쩌면 내 마음을 이리도 잘 표현해 줄 수 있을까. 약속장소에 도착하기까지 장장 한 시간을 그것도 볼륨을 높이고 음반 앞뒤를 다 듣고 또 들었던 것 같다. 마치 고속도로에 질주하는 고속버스 기사님과 힘든 노동에 지쳐 귀가하는 옆집 트럭운전수와 같은 정서로 넥타이에 정장을 한 그날아침 난 참으로 감동적인 우리의 민중대중음악을 접한 것이다.

예전에 이런 적이 있었다. 한참 사업가로 잘 나가던 시절, 일요일이면 어머니와 아내가 전국노래자랑을 시청하며 파안대소하는 광경을 보고 촌스럽다고 핀잔을 준 적이 있었다. 그때만 해도 난 그런 것이 매우 촌스럽게 느껴졌다. 돌이켜 보면 그때 그 심정도 음악리듬이 주는 감각보다 노랫말 가사에 무척 불쾌감을 느꼈던 것 같다. 그런데 요즘 내가 일요일이면 점심을 먹으며 으레 그 프로그램을 애청한다. 참으로 신기한 일이 아닐 수 없다고 내 아내가 은근히 예전의 사건을 복수하는 심정으로 나를 놀려댄다.

맞다. 이것이 바로 아리스토텔레스가 시학詩學에서 얘기했던 '카타르시스Catharsis'이다. 우리는 비극을 봄으로써 마음에 쌓여있던 우울함과 불안감, 긴장감 따위가 해소되고 그 후에 마음이 정화淨化되는 것이다. 그렇다면 이 '뽕짝'도 우리 서민의 일상에 분명한 심리요법의 하나로 자리매김해야 할 일이 된다. 트로트를 듣고 부르면 애틋하고 애절한 예전의, 아니 지금의 실질적인 삶이 배어나오며 가슴이 저미는 것이다. 너무 유치하다고 하기엔 우리의 삶이 그런 것이라 저도 모르게 이미 길들여져 있는지도 모르고 우리가 겁이 나서 감히 내뱉지 못하는 그런 감정이 이 노랫말 속에 살아 꿈틀거리고 있는 것이다.

그래서 이 음악은 마치 우리 한국인들에게는 꼭 필요한 '김치'와 같은 것이다. 다른 반찬이 아무리 많아도, 고급 음식이 잔뜩 쌓여있던 호텔음식을 먹고 나서도, 왠지 뱃속이 허전하여 집에 와 신 김치에 밥 한 그릇을 뚝딱 먹어야 속이 풀리고 든든한 우리의 그 김치와도 같은 노래인 것이다.

트로트는 영어로 '빠르게 걷다' 혹은 '바쁜 걸음으로 뛰다'라는 뜻을 가진 서양의 연주용어이다. 1014년 이후 미국과 영국 등에서 템포의 래그타임 곡이나 재즈템포의 4분의 4박자 곡으로 추는 사교댄스의 스텝 또는 그 연주리듬을 일컫는 '폭스 트로트Fox-trot가 유행하면서부터 시작되었다고 한다. 그러나 오늘날에 서양에서는 사교댄스 용어로만 남아 있을 뿐 연주용어로는 사용되지 않는다. 물론 한국의 트로트 역시 이 폭스 트로트에 바탕을 두고 있다.

우리나라의 트로트는 도입과정에서부터 많은 우여곡절을 겪는다. 그것은 일제강점기에 그들의 민속음악 즉 일본 '엔카演歌'의 그늘 아래 우리의 정서를 두기위해 조선어 말살정책으로 한국가요를 일본가요에 동화시켰고, 광복될 때 까지 우리의 민중음악은 순수한 트로트 음악이라 보다는 엔카풍의 대중가요로 유행을 타게 되었다. 그로 인해 새로 부쳐진 이름이 "쿵짝 쿵짝~^^"한다하여 비하적인 표현으로 '뽕짝'이라고 이름이 붙은 것이다.

그렇다. 어차피 대중가요는 예술가곡Gesang과 상대되는 개념으로 일종의 '유행가流行歌'이다. 예술가곡이 예술성과 심미성에 가치를 두고 있다면, 우리 유행가는 특히 트로트인 이 뽕짝은 감각적인 대중성, 오락성, 통속성, 상업성에 기초를 두고 있는 서민대중 사이에서 불려지는 세속적인 노래이다. 너무나 진실하기에 너무나 간절하기에 어쩌면 촌스러운 것인지도 모른다. 사랑이라는 것이 그렇고 세월이라는 것이 그런 것 아닌가. 사실 사랑이란 주제 혹은 그 단어가 원래 좀 그렇지 않은가 말이다. 써놓고 보면 왠지 모르게 간지럽고 유치한 느낌이 드는 것은 어쩌면 너무나 소중한 것들이기에 사랑이란 말로 다 덮어버리고 있는 것일 테다. 가장 보편적이기에 누구나 공감할 수 있고 누구나 경험할 수 있는 것이기에 좀 촌스러우면 어떤가 말이다.

문득, 지난 달 '노인 자서전 쓰기'에서 만났던 한 여자노인의 노랫소리가 이 글 마무리에 내 책상을 맴돌아 나간다.

세월아~~ 너는 어찌, 돌아도 오지 않느냐아~
나를 속인 사람 보다 니가 더욱 야속하더라.
한두 번 사랑땜에 울고 났더니 저만큼 가버린 세월~~
고장 난 벽시계는 멈추었는데 저 세월은 고~장도 없네~~!

"세월이 참 무정하지라. 나를 버린 그 사람 보다 세월이 더 무정하지라" 그녀는 노래를 다 끝내지도 못하고 혼자 중얼거리며 담배 하나를 물며 눈시울을 붉혔다.

이름속의 금상첨화錦上添花

핸드폰이 새것으로 바뀌어, 사용하던 것에 내장되어 있는 지인들의 연락처와 사진자료를 옮긴 것이 순조롭지 못해 근처 본사 A/S센터를 찾았다.

요즘은 관공서를 비롯하여 사기업 영업점 어디를 막론하고 찾아오는 고객을 친절히 맞는 풍토가 잘 정착되어있어 보는 업무에 지장은 없지만, 방문자가 아침 일찍 부지런하게 움직여 시간을 내면, 상담직원이 오후근무 때와 같이 지친 업무피로가 없으니 더 더욱 친절한 상담과 최상의 서비스를 받을 수 있을 것 같아 일찍 길을 나섰다. 깨끗한 실내 분위기와 상담원들의 미소 앞에 상담내역과 인적사항을 적어주고 기다리는 시간에 앞에 있는 상담원의 이름표를 보았다. 빼어난 외모에 이름까지도 특이하게 '김혜래나'였다.

뒤에 기다리는 고객도 없기에 그녀의 이름에 대한 것을 자세히 물어 보았다. 물론 내가 먼저 "이름이 참 예쁘네요~!" 하면서, 처음 의사소통에서 상대방과 형성되는 친밀감 또는 신뢰관계의 문을 여는 '라포Rapport building형성' 기법을 사용하면서(ㅋㅋ). 이런 나의 행동은 순전히 교육학을 전공한 덕택이다.

한자漢子이름이 없단다.

핸드폰을 찾을 동안 멍하니 앉아있기엔 너무 긴 시간이라 생각나는 대로 그녀의 한글이름을 머릿속에 한자지식을 총동원하여 만들어 보았다. 성姓은 바꿀 수 없으니 '김金'은 그대로 두고 '혜래나'를 한자로 옮겨 보아야한다, 한자에 '혜'자는 없으니 뜻이 좋으면서 발음이 가장 비슷한 글자가 '은혜-베풀 혜惠'자 이고, '온다-부른다'의 뜻을 가진 '래來'자를 가운데에 두고, 마지막 글자는 '아리따울 나娜'를 넣어서 맞춰보니 「金惠來娜」였다.

그 의미는 '황금빛 은혜를 베푸니 그 덕이 아름다움으로 되돌아오다' 라는 뜻이 되는 것이다. 여인네 이름에 아리따울 나娜자가 끝에 있는 것은 호명할 때의 부르짖음도 되고, 영어이름에서도 간혹 발음되는 음이라서 전체적으로 잘 어울리는 조합이다.

돈 한 푼 안 받고 지어준 작명이지만, 나는 자신감에 넘쳐 그녀를 불러 한자이름 네 글자를 손으로 써주며 그 뜻을 설명하여 주었더니 '어머나, 너무 이뻐요. 마음에 들어요!"하면서 얼굴에 홍조를 띄며 황송한 표정으로 고맙다는 인사를 한다. 비록 짧은 촌각에 지은 이름이지만 상대가 대만족을 하니 나또한 기분이 좋았고 그녀는 그동안 자기이름에 대한 자부심이 있었지만 한자가 없어 아쉬웠다고 했다.

한자표기가 없으니 학교나 직장에서는 한자 표기란에 기재를 안 해도 무방하지만 중국인이나 일본 등의 동양문화권 사람들을 만날 때 통성명하기에는 분명 부족한 이름일 것이다.

물론 내가 지어준 이 이름이 전문적인 작명가가 본다면 그네들 잣대로 비웃기도할 일이겠지만, 지어준 사람이나 받는 사람이나 다 같이 만족하고, 본래의 한글이름에 좋은 뜻이 담긴 한자이름을 더하여 가졌으니 이것은 분명 좋은 일인 건 사실이다. 그 덕에 나는 종이컵 아닌 받침까지 있는 고급 사기沙器 잔에 담긴 커피를 좋은 장소에서 마셨다. 누군가에게 잊혀

지지 않는 은혜를 베푸는 일은 참으로 즐거운 일이다.

이름은 언어의 예술품이다.

모든 예술품이 그러하듯 창조하는 자와 그 예술품을 받고 즐기는 수혜자 사이에 아름답다는 만족감이 동일하게 존재해야 만이 예술품으로서 진정한 가치가 발휘되는 것이다. 음악이나 미술품과 같은 무정물無情物에서도 우리는 그런 감정을 가지게 되는데 하물며 사람의 이름은 더할 나위 없이 독특한 개성이 발휘되어야 한다는 것은 당연한 일이다.

이런 이름에 관한 사회적 관심이 요즘에 와서 높아지고 있는데 그것은 사회가 복잡 다양화되고 대인관계가 빈번해지면서 각자 자기의 위치에서 자기를 알리는 '자기이름'이야말로 무엇과도 바꿀 수 없이 중요한 것이다. 따라서 누구나 다른 사람에게 잘 기억되고 놀림 받지 않는 좋은 인상을 주는 이름을 생각하게 되는데, 그것의 발로로 빚어진 언어의 예술품이 바로 우리 한글이름이다. 거기에 중국인과 일본인 등 한자문화권 사람들과도 통할 수 있는 한자를 겸비한다면 더욱 좋을 것이다.

우리 아가 이름은 내가 직접 지어주고 싶다는 생각에서 예쁘고 멋지고 느낌이 좋은 이름이 탄생되게 되는데, 한글이름은 우선 새 시대에 어울리고 상대방에게 좋은 인상을 주며 딱딱한 느낌을 주는 한자식 이름과는 달리 누구에게나 쉽게 다가오고 또 쉽게 기억되며 우리말을 바탕으로 한 '우리의 것'이기 때문에 우리 감각에 아주 잘 맞아 떨어져 친근감이 느껴지는 것이다.

이런 한글이름을 지을 때 막무가내로 짓지 말고 아이의 미래를 위해 이것저것 참고하여 지어야한다. 예를 몇 가지 들어보면, 먼저 오행五行을 이름 속에 생각하여 여름철에 태어나면 물이나 금을 필요로 하고, 겨울에 태어나면 나무나 불을 이름에 넣어주는 방법이 있다. 거기에 자신의 성姓을 고려해 '강나무, 금나라, 안뜰에봄' 또는 '가야금, 한겨레' 등의 이름이 탄생될 수 있다. 그런가 하면 한자식이름에 돌림자-항렬자를 쓰듯이 형제가 있다면 한글이름에도 돌림 틀을 정해 놓으면 그 이름들이 훨씬 돋보이게 된다. '다우리-도우리-세우리, 머루-다래, 달애-별애'처럼 예쁘기도 하면서 형제임을 쉽게 드러내 주고 있는 이름들이 있다.

무엇보다 우린 지금 세계가 하나 되는 국제화의 글로벌 시대에 살고 있다. 이런 시대적 환경 속에서 우리의 것을 고집하는 것도 중요하지만 다른 문화권에 있는 사람들에게도 내 뜻을 잘 전달할 수 있는 능력 또한 절실하게 요구되는 현실이다. 그래서 우리만의 아름다운 한글이름에 뜻이 좋은 한자 하나하나를 되살려 새롭게 구성해 본다면 그것 또한 비단위에 꽃을 얹어 놓은 듯 이름속의 금상첨화錦上添花가 될 것이다.

사라져가는 우리의 모습

며칠 전 어머님 기일忌日이라 제사상을 다 차려놓고는 아들 놈 둘에게 매년 그래왔듯이 하얀 무명 두루마기를 입히고, 야밤에 집에서 나와 집 앞 큰 길까지 나가 조상신을 모시고 들어왔다. 밤늦은 시간에 하얀 두루마기 한복을 입은 세 남자가 나타나 길에서 두 손을 모아 반절을 하니 지나가던 사람들이 조금은 놀란 듯 우리를 보고 의아한 모양 힐끗힐끗 쳐다보고 지나간다.

아들 놈 둘은 초등학교 때는 그런 행동이 너무나 부끄럽다고 투덜대었는데, 이제는 군대를 다 갔다 왔고 대학생들이라 그런지 오히려 우리의 행동이 더 자랑스럽다고 이 아빠에게 아부 섞인 표현을 한다. 나는 잘 자라준 것도 고맙지만 집안의 풍습을 잘 따라 준 그 두 청년에게 또 무한한 감사를 보낼 뿐이다.

나는 명절이 아닌데도 자주 한복을 입는다. 한마디로 한복을 좋아하는 것이다. 무더운 여름날에도 속에는 모시 한복을 입지만 반드시 그 위에 얇은 두루마기를 걸치고 다녀야 내가 편하다. 이제 내일이면 한가위 추석이다. 또 괜한 안타까움 하나가 마음에 자리 잡는데 그것은 명절날 길거리에서 한복을 볼 수 없다는 것이다. 간혹 곱게 차려입은 여성들은 몇몇 보이겠지만 내일도 길거리에서 한복 입은 남자들은 내 눈앞에 나타나지 않을 것이다.

자꾸만 우리의 것이 사라져 간다.

급격한 사회의 변화로 혹은 '세계화'라는 이름하에 우리의 전통문화는 사라져가고 개개인의 사고방식에 이르기까지 모두 서양을 닮은 세계화가 최고인양 떠들어 댄다. 세계화를 받아들이면서도 일본, 중국, 브라질 등 몇몇 국가에서는 자기네들만의 전통문화를 세계의 축제로 까지 이끌어가고 있는 나라들과는 상당한 대조를 이룬다. 가수 싸이가 세계를 흔들고 방탄소년 같은 '케이팝K-pop'이 온 세상에 침투했다고 해서 그것가지고 우리의 문화가 최고라고 판단하는 것은 많은 문제와 우려를 안고 있다는 것을 알아야 한다. 잠시 유행하고 지나가는 것에 우리는 또 그렇게 냄비근성으로 뜨거워져가는 것이다.

어떤 이들은 명절 연휴가 곧 휴가休暇기간이라 한다. 그래서 아침에 차례상도 휴가지에서 간단히 빵과 음료수 등을 놓고 지낸다 하고, 또 어떤 이들은 할아버지 할머니 아버지 어머니 네 분의 제사를 하루에 다 몰아 간단히 지낸다고도 한다. 내가 전문 민속학자가 아니기에 무어라 질타할 수는 없지만, 그래도 '제사를 치른다'는 것 하나만으로도 내가 그 집안 조상귀신은 아니지만 그저 그저 감사할 뿐이다.

이렇게 자꾸만 사라져가는 우리의 것을 몇 가지 풀어내어 보자.

내가 어릴 때만 해도 설날이 되면 온 가족이 모여서 만두를 만들고 윷놀이하며 전통놀이를 즐겼다. 그리고 부모님에게만 아니라 이집 저집 친구집에까지 가서 친구 부모님에게도 세배를 드렸다. 그러나 요즘은 만두는 마트에서 사오고 세배는 자기 집에서만 하는 것으로 알고 있는 젊은이들도 간혹 발견한다. 한복은 불편하다고 안 입고 떡국과 송편은 먹을 사람이 없다고 만들기는커녕 사오지도 않는 집이 더러 있다.

그리고 '책걸이'라는 것이 있었다. 학동學童, 즉 학생이 책 한권을 다 마치면 스승에게 감사의 예를 올리고 친구들은 축하해주며 즐기는 문화인데 이것이 없어졌고 간혹 있더라도 변질되어 '촌지寸志'라는 돈 봉투로 왜곡되고 있는 현실이다. 또 '이사 떡 돌리는 풍습'이 있었다. 그러나 이제는 떡을 돌리려고 해도 꺼려하는 집이 생겨났고, 신종교를 믿는다는 이유로 마귀가 붙은 떡이라고 하며 옆집에서 준 떡을 쓰레기통에 버린다고도 한다. 예전에는 작은 음식을 만들어도 이웃에게 돌리고 받은 집에서는 절대 빈 그릇을 보내지 않고 무엇인가를 담아서 보내는 것이 우리의 문화였다.

결혼식도 이제는 편리함을 내세워 주례도 없는 결혼식이 있기도 하고, 식당에서 식사대접은 안하고 하례객에게 봉투에 밥값 만원을 넣어 주는 결혼식을 나는 몇 차례 다녀 온 적이 있다. 혼주, 그들은 편하겠지만 바쁜 시간을 내어 찾아간 예식장 손님들에게는 무언가 한 대 뒤통수를 맞은 것 같은 충격이 동반한다.

문득, 그립고 보고 싶어진다. 내가 아버지 장례 때 했던 '상여喪輿' 메고 운구를 하던 그런 모습이, 대보름날 친구들과 깡통에 불을 지펴 밤하늘에 빙긍 빙글 돌리며 즐거워했던 그런 모습이 다시 보고 싶어진다. 우리는 잃어버린 놀이 숨바꼭질처럼 너무나 많은 아름다운 우리의 것을 잃어버리고 지우고 있다.

우리나라는 누구나 알다시피 자원이 부족한 나라이다. 정치, 경제, 군사, 외교 어느 것 하나도 강대국들과 어깨를 나란히 하기에는 무언가 역부족이다. 하지만 우리의 전통문화는 그 어떤 나라의 문화와 견주어도 자랑할 만한 당당하고 위대한 문화이다. 현대의 무한한 경쟁시대에서 우리 민족, 우리나라가 으뜸으로 나가는 일은 우리의 전통문화를 이어가고 보존하며 세계에 알리는 길이고 또한 우리의 건강과 풍요로운 삶 위에 더불어 가는 삶을 살게 하는 것이므로 반드시 계승 발전되어야 한다.

아내에게 넌지시 농담 삼아 한마디 해보며 이글을 줄인다. "여보. 내가 당신보다 먼저 죽으면 영안실에서 당신 혼자만이라도 하얀 한복을 입어 주시요! 나는 서양식도 아닌 여자 상주들의 검은 한복이 싫소. 죽은 영혼을 밝혀주는 우리의 풍습 그대로 당신은 꼭 소복素服인 하얀 한복을 입어 주시요!"

잊혀져가는 우리의 신神들

작업실 안쪽 출입문 위에 2년 전 이사 올 때 타래실로 메달아 놓은 북어가 먼지가 쌓이더니 비 오는 날이면 냄새도 나는듯하여 그것을 떼어내어 집으로 가져갔다. 그리고 다음날 '실과 북어'를 몇 시간 동안 공들여 그림으로 그리고, 그럴듯하게 액자로 만들어 걸어 놓으니 방문하는 사람들마다 그것을 보고는, "진짜 북어인줄 알았다!"며 재미있다고 평을 해줄 때마다 나는 우리의 소중한 문화가 점점 잊혀져가는 것에 대한 안타까움이 든다.

몇 년 전, 그러니까 2008년 2월 10일 오후 8시 50분에 우린 국보 1호인 '숭례문'을 잃었다. 이런저런 안타까운 이야기들이 많이 나오지만 무엇보다 대한민국의 목조건물의 상징인 국보 1호를 불태운 것은 아마도 우리의 자존심마저 전소全燒해버린 것이 아닐까 하는 생각에 우린 더 심한 충격에 휩싸이고 있는지 모른다.

그랬다! 우린 우리의 것을 지키지 못했고 더 나아가 사랑하지도 못했다. 아무리 시대가 변했다하여 현대적인 것만을 좋아하고 새 것에만 관심이 있다 해도 우리의 근본은 소홀히 해서는 아니 되는데, 우린 현대화란 이름으로 우리의 아름다운 옛 문화재와 풍습을 모두 잃어버리고 있다. 아니, 잃어버린 것이 아니라 고의적으로 우리 자신들이 필요 없는 것이라

치부하여 마음에서, 생활에서 떼어내어 역사의 어둠속으로 거침없이 버리고 있는 것이다.

20년 전까지만 해도 자기 자신의 종교를 떠나 우린 늘 그래왔던 것처럼 집에 이사를 하거나 상가, 회사가 개업을 하게 되면 돼지머리를 사고 떡을 맞추어 간단히 고사告祀를 지내는 옛 풍습을 자연스럽게 이어 나갔다. 그때 고사가 끝나면 이웃에 떡을 돌리며 풍성한 실타래에 북어를 묶어 출입문 안쪽에 메달아 두었다. 그 이유는 아마도 북어가 입과 머리가 크고 알이 많으니 자손번창과 부자가 되게 해 달라는 의미가 담겨있는 것이고, 실을 묶는 이유는 실처럼 끊이지 않게 사업과 행복이 길게 번창하라는 뜻을 담고 있는 일종의 '기복신앙起福信仰'의 유래에서 나온 우리민족의 민속적 신앙의 한 의례였을 것이다.

이렇듯 우리 조상들은 집의 개념을 '인간과 신이 공존하는 공간'으로 〈집 지킴이〉의 존재를 믿었고 집 전체를 관장하는 성주上樑神, 집터를 지키는 터주地神등으로 우리네 집은 인간과 신이 함께 사는 '작은 우주'였던 것이다. 그리고 그것은 중국과 일본과는 달리 우리의 집지킴이 신은 눈을 부릅뜨고 꾸짖는 존재가 아니라, 집안의 걱정을 덜어주고 억울한 가슴을 어루만져주는 정겨운 이웃이었다. 그러나 이런 집 지킴이는 일제 강점기에 '미신타파'라는 굴레를 뒤집어쓰고 하나 둘 사라졌고, 집안의 몇몇 아낙네들에 의해 명맥을 유지해 왔다. 1970년 중반에 이르러서는 식민지 교육에 젖어있던 근대화 관료들에 의해 또 없어지기 시작했으므로 우리를 지키던 '우리의 신神'은 농촌에서 도심의 공간까지 수 천 년 동안 머물렀던 곳을 빼앗기고 결국 우리의 생활 속에서 사라져 버렸다.

마치 김광섭 시인의 시詩처럼, 아침부터 돌 깨는 소리에 놀라 가슴에 금이 간 성북동 비둘기처럼 원래 살던 번지가 없어진 것처럼 말이다.

우리 민족에게 가장 잘 어울리는 말 중에는 '풍류風流'라는 말이 있다. 그

풍류라는 여유 있고 고아한 말은 우리의 정서, 즉 우리의 심리적 취향을 잘 반영한 말이다. 풍류는 분명 한국인이 누린 '멋의 문화'였고 예술, 종교, 정치를 포함하여 각박하지 않고 남음이 있는 '여유의 문화'였다. 집안에 행운의 신을 들여놓는 것 또한 우리민족의 그윽한 풍류의 생활 그 자체였다. 그러나 그러한 풍류마저도 서구의 가치관을 동경하고 따라하면서 우리 문화는 국적 없는 세계화와 보편화를 현실가치로 받아들이면서 전통문화는 진부하다고 버려졌다. 이렇게 모든 것이 왜곡, 변질, 경시되어 지난날의 전통문화를 다 버려야 옳다는 주장이 성립된다면 우린 숭례문을 잃었듯 아마도 우리의 모든 것을 잃게 될 것이다.

다시 한 번 예전의 그 모습으로 돌아가 보자.

새집으로 이사하고 새로운 사업을 시작하는 첫 날, 이 곳 저 곳을 꾸미고 새 가구를 사들일 때, 꼭 거창한 고사는 안 지내더라도 마음속으로 나마 그 집터를 관장하는 신께 인사를 드리고 마음을 정갈하게 가다듬고 새로운 공간에서의 출발을 감사하는 마음을 가져야한다. 그것이 자신을 낮추는 일이고 곧 행복의 지름길로 접어드는 길이 된다. 각자의 종교가 어떻든 기도를 하거나, 절을 하는 각자의 의례적 모양새는 다르지만 그 의식만으로도 우리는 전통적 의례를 갖추는 것이고 또한 우리가 행하여야 할 민족의 문화를 이어가는 행위가 되는 것이다.

우리인간은 기쁘고 좋아 날뛸 때는 염원의 기도를 잊어버린다. 그러다 일이 안 풀리고 불안할 때 자신을 낮추게 되고, 그제야 신을 찾으며 기도를 하게 된다. 그러나 새로운 장소에서 다시 시작한다는 경건한 마음과 행복의 추구는 이런 행위를 할 때 순기능이 나타날 것이다.

물론 이글에서처럼 현대적 새 건물에 북어를 메달아 놓는 것이 미관상 부자연스러울 수가 있다. 그렇다면 앞의 나의 행동처럼 실제 북어가 아닌 북어를 그린 그림이나, 실과 북어를 연출하여 사진을 찍어 자그맣게 곱게 액자를 해서 걸어둔다면 그 공간속에 또 하나의 예술작품이 걸려있는 것이다. 그리고 아이들이 성장하며 커갈 때, 그것이 무엇이냐고 묻고-답을 해줄 때 우리의 것은 계속 지켜져 이어나가게 될 것이다. 그러면 그 액자 속의 '행운의 신'은 늘 우리를 보고 미소 지으며 우리의 답답하고 억울한 가슴을 어루만져주는 또 하나의 작은 하늘이 될 것이다.

이런 퓨젼은 싫다

며칠 전 예술인 뉴스에 가야금의 명인 황병기선생의 기사가 나왔다. 「그래도 나는 퓨전음악은 안 한다」라는 헤드라인 기사였다. 그는 30~40년 전부터 장르를 넘나드는 파격적 행보를 해왔고, 최근에는 첼리스트 장한나와 같이 연주를 하였는데, 그 장소가 공연장이 아닌 빌딩의 로비에서 갈라쑈Gala Show 음악회를 개최하는 등 재미있는 국악공연으로 우리 대중들에게 친근하게 와 닿아있는 예술인이다. 그런 그가 오죽하면 자신만큼은 '퓨전음악'을 하지 않는다고 인터뷰를 했을까.

가슴에 와 닿는 말이다.

우리가 살고 있는 지금 이 시대는 생생한 퓨전Fusion의 시대이고, 그 퓨전은 우리 생활 속에 포스트모더니즘이란 이름으로 깊숙이 침투해있다. 21세기는 수직적 위계질서가 무너지고, 다양성을 인정하는 복합적 사회구조다. 기존의 장르를 파괴하고 새로운 장르를 만들어 내기도 하고, 하나의 장르에 한정하기보다는 다양한 장르가 혼합되기도 한다. 이는 포스트모던 시대의 해체주의解體主義를 특징으로 한 '탈중심화' 현상이다.

그것은 집 전화를 변화시킨 핸드폰을 시작하여 방송·통신·인터넷 등 네트워크의 융합, 컴퓨터·통신·정보 가전과 같은 기기의 융합 등등 한 나라의 산업을 이끌고 있는 최첨단 상품에서 시작하여 심지어는 헬리콥

터의 기동성과 일반 항공기의 속도를 조합한 하이브리드 항공기까지 탄생되었다. 이런 현상은 우리나라에서도 음식, 의상에 이르기까지 이제 퓨전은 우리 일상에서 떼어낼 수 없는 키워드가 된 것이다. 그래서 퓨전은 단순한 트랜드가 아니라 이제는 하나의 커다란 일상의 흐름이자 대세로 자리 잡았으며 시시각각 변화하는 인간의 욕구에 맞추어 고전과 현대를 융합하는 디지털 혁명시대의 마케팅이 된 것이다.

그러나 이 퓨전에 어떤 것들은 문제를 안고 있다는 것을 나는 평소 지적한다. 왜냐하면 전통은 그 나름대로 존재해야 만이 아름다운 것이 있기 때문이다. 순수한 전통을 현대생활에 억지로 끼워 맞추어 그 미적가치가 추락한다면 고귀한 전통의 멋은 사라지는 것이다. 그 으뜸 주자가 바로 〈개량한복〉이라 부르고 있는 생활한복이다. 결론을 미리 들추어 표현해 보자.

"개량한복을 입으면 꼭 머슴 같다"는 말을 하면서 몇몇 사람들은 그것을 싫어한다는 표현을 대놓고 토로한다. 좀 충격적인 말이지만, 나 역시 그런 생각이고, 또 이 말에 공감하는 독자가 많으리라 난 생각한다.

비싼 돈을 치르고 곱게 입은 옷이 남들이 보기에 마치 식당에서 일하는 사람의 이미지로 보이고, 어떤 이의 말을 빌리자면 '운동권' 이나 '점쟁이' 같다는 말까지 나오는데 실제 그 옷을 입고 있는 당사자가 들으면 얼마나 당황하겠는가. 그래도 여성의 개량한복은 예쁘기나 하지만 정말 남성복에 있어서 왜 이런 평판이 나오는지는 더 깊게 말하지 않더라도 분명 전통과 현대를 억지로 융합시킨 어울리지 않으며 조잡하여 철학이 없는 디자인 탓이기 때문에 이런 결과가 나온 것이다.

한복은 우리 겨레가 오랜 옛날부터 입어온 옷의 총칭이다. 그런 한복은 삼국시대를 거쳐 고려시대, 조선시대에 이르기까지 약간씩 다른 디자인을 해 온 것은 사실이지만 조선후기에 정착된 모습을 보여준다. 그러다가

1910년대에 신여성, 여학생들을 중심으로 한복의 불편함을 개선하고 활동성과 기능성을 고려한 통치마저고리형의 한복으로 바뀐 것이 한복변천의 역사적 사실이다.

우리 한복의 특징은 서양 옷과는 달리 몸을 여유롭게 감춰준다는 것이다. 따라서 입는 이에게 건강한 생활을 할 수 있도록 하며, 살이 찌거나 마르거나에 상관없이 입을 수 있어 키만 비슷하면 서로 돌려 입을 수도 있는 더불어 사는 옷이라 할 수 있다. 거기에 동정, 깃, 섶, 도련사폭의 디자인으로 그 아름다움을 한껏 뽐내는 옷이니 프랑스인들은 이런 우리의 한복을 보고 '하늘을 가르는 바람의 옷!'이라고 극찬을 아끼지 않았다.

그런 아름다운 옷을 일상생활에서 약간의 불편함이 따른다는 이유에서 또는 입기가 거북스럽다는 생각으로 그 형태를 바꾸어 놓은 것이 지금의 개량한복이라 불리는 생활 한복인 것이다.

그러나 더 깊게 생각해 보지 못한 저급디자인의 실태를 드러내고 말았다. 여러 가지 문제점을 표출하고 있지만 가장 중요한 것을 잘못 고친부분이 바로 '동정' 부분이다. 한복의 키포인트는 바로 얼굴과 목 밑의 겨울 눈처럼 하얀 동정이 매력인데 그것을 없앤 것이다. 서양 옷은 그 자리에 넥타이나 스카프를 하는데 말이다. 내가 보기엔 이 부분에 꼭 동정을 달지 않더라도 전체 옷 색깔과는 다르게 목선부분은 하얀색 천 또는 다른 밝은 색으로 했어야한다. 그래야 그 옷을 입었을 때 그곳이 포인트가 되어 얼굴이 밝게 정리되면서 또한 품위가 있어 보일 것이다. 비로소 그것 하나만이라도 디자인이 개선된다면 뭔가 엉성하고 부족해 보이지 않고, 심플하면서도 세련되어 지적인 느낌이 풍겨 고고한 전통과 현대의 편리함이 잘 조화가 되는 퓨전으로 현대의 일상한복이 재탄생되는 것이다.

이제 서울 인사동 거리의 개량 한복점은 예전과는 달리 몇몇 안 되는 상점들이 일부 개량한복 매니아들만을 충족시켜 주고 있는 형편이다. 분명

한 것은 전통은 본래의 멋이 남아있을 때 아름다운 것이다. 결코 편하다는 이유로 그 전통을 마음대로 휘젓거나 변화하면 안 된다. 다시 한 번 프랑스인들이 우리에게 극찬했던 말을 떠오려보자.

“하늘을 가르는 바람의 옷!”

영혼을 밝혀주는 우리의 흰 옷

현대 우리나라의 패션산업은 이제 전 세계를 휩쓸고 있다고 해도 큰 과언은 아닐 것이다. 흔히 말하는 〈동대문 패션〉은 섬나라 일본을 비롯하여 중국과 동남아는 물론이고, 패션예술의 본 고장인 프랑스 및 서구세계에서도 대단한 관심의 대상이 되고 있다.

더욱 고무鼓舞적인 것은 이곳에 서울시가 야심 있는 도심 프로젝트를 내세워 추진하였고 이제는 그것이 모두 완공되었다. 우리에게 많은 추억과 애환이 담겨있는 '동대문운동장'을 없애고 역사문화공원을 만들어 2009년 말 개장하였고, 그 주위에 세계적인 디자인공원을 조성하여 이제는 전 세계인의 패션 메카로 발돋움하였다.

그렇다면 이제 이 옷이라는 것에 대해 우리는 원초적 질문을 던져 볼 필요가 있다. 인간이 왜 옷을 입게 되었을까? 우리 단군 할아버지는 무슨 옷을 입고 살았을까? 물론 어린아이 같은 상상력에서 비롯된 의문 같지만 우리 인간생활에 있어 매우 중요한 의衣, 식食, 주住중의 하나이니 실소를 자아낼 만큼 가벼운 질문거리는 결코 아닌 것 같다.

인간이 옷을 입게 된 이유는 크게 세 가지 학설로 입증되고 있다. 수치스러움 때문에 옷을 입기 시작했고, 자기 몸을 가꾸고 꾸미고 싶은 본능의 '장식설'도 있으며, 자연계로부터 육체보호를 위한 '실용설'이 있다. 이 모든 것은 인간의 옷의 기원설로 인식되고 있지만 이제는 두 번째 장식설에 더 무게를 두고 있는 것이 사실이다. 우리는 많은 옷을 옷장에 두고 아침이면 새로운 옷으로 치장을 하고 집을 나선다.

그러나 이 글에서는 좀 더 다른 시각에서 우리 인간의 통과의례 中 장례喪禮때 우리가 입는 옷에 대해 살펴보자. 상가喪家도 내가 보기에 다른 문화와 마찬가지로 동양과 서양의 혼합문화가 잘 나타나있는 장소인 것 같다. 몇 년 전만해도 대학병원에 마련되어 있는 백화점형의 상갓집에서 각 호실마다 상주들의 옷 모양과 색깔이 다른 것을 발견할 수 있었다. 가령 A실의 상가는 여성이 하얀 한복의 상복을 입고 있고 남성은 검은색 양복을 입고 있는데, B실에는 여성이 검은색 한복을 입고 있다. 또 C실에서는 상주가 무색의 삼베옷을 입고 있는 것을 볼 수 있었다.

왜 그럴까? 한번쯤 궁금해 볼 필요가 있는 광경이다.

물론 이 세 가지 모두가 엄격히 예복을 갖추어 입은 것이고, 생명에 대한 존엄성을 나타내는 것임과 동시에 삶과 죽음의 갈림길에서 죽은 이를 예禮로서 보내기 위한 산 사람들의 마음이 반영된 것이다. 그렇다면 흰색 상복과 검은색의 상복의 의미 차이는 무엇이고 그것이 왜 다른 걸까?

먼저 우리나라에서는 고대로부터 흰색의 상복을 입어왔다. 그러나 엄격히 말하면 흰색이라기보다는 무색無色이라고 표현하는 것이 더 정확할 것이다. 상복을 '소복素服' 이라고 하는 것은 색깔이나 꾸밈상태가 없는 옷, 즉 옷감에 물감이나 무늬가 없는 그대로의 소박한 옷이라는 의미이다. 그리고 전통적으로 죽은 이와 친분이 깊을수록 거친 삼베에 투박한 바느질이 된 옷을 입어 죽은 자에 대한 슬픔과 살아있는 것에 대한 미안함을 표현한 것이다.

이처럼 우리의 상복이 무색 또는 흰옷인 까닭은 상주로서의 슬픈 마음과 속죄의 표현이 있고, 더욱 중요한 것은 가장 밝은 흰색을 입음으로써 새로 시작하는 사자의 저승길을 밝히기 위함 이였다. 즉 그 영혼이 좋은 세계에서 영생하기를, 이승에서의 모든 고통과 슬픔, 사연은 버리고 처음부터 다시 시작하기를 기원하는 주술적 믿음이 담겨있는 것이다.

거기에 반해 서양에서는 상복으로 검은색의 옷을 입는데, 서양에서 검은색이 애도哀悼의 빛깔로 상징화되기 시작한 것은 기원전 323년, 알렉산더 대왕이 죽음을 맞이한 후 부터라고 전해지고 있다. 검은색은 어둠을 상징하는 색으로 자연스럽게 죽음과 연결된다. 즉 "하느님이 빛과 어둠을 나누사 빛을 낮이라 칭하고 어둠을 밤이라 칭하시니라" 라는 구약성서의 구절처럼 서양인들은 인간의 죽음을 곧 끝으로 보는 것이다.

이렇게 서양과 우리나라의 죽음에 대한 인식차이가 다른 것은 서양에서는 죽음을 암흑으로 모든 것이 사라진 깜깜한 단절의 세계, 즉 끝으로 인식하는 반면, 우리는 죽은 이의 영혼이 또 다른 세계에서 처음부터 다시 태어날 수 있다는 믿음의 세계관을 갖고 있어, 이 모두는 인간의 '사후세계관死後世界觀'의 차이에서 나온 것이다.

곰씹어보면, 이 얼마나 우리민족의 아름다운 사상인가!

우리가 일상생활에서 평상복 하나를 입더라도 자기의 신체구조, 피부색, 모임의 성격과 직업상의 이미지를 고려하듯, 이제 상문화喪文化에서도 상복이 갖는 의미를 생각해보아야한다. 그런데 요즘 들어서는 위의 두 가지 경향은 볼 수가 없다. 남녀 모두가 서양식의 의식으로 검은색 양복과 검은색 치마저고리를 입고 있다. 참 안타까운 현상이다. 무조건 서양의 사례를 좇는 것 보다 이제 아름다운 정신이 깃든 우리의 흰색-무색옷을 입는 것을 되살려야 한다. 이런 아름다운 우리의 상복의식문화를 잘 지켜나갈 때 우리의 정신은 더욱 고고해질 것이며, 평상복에서의 세계적 패션강국을 넘어 전 세계에 우리의 정신문화를 알리는 또 하나의 패션문화를 창출해 나갈 수 있을 것이다.

뒤늦게 본 드라마

2003년에 제작 방영되었던 드라마 〈대장금〉을 나는 방영이 끝난 시점 훨씬 뒤에 늦게 만나게 되었다. 그야말로 10년 만에 나는 남들의 시선 바깥에서 이번 달 내내 혼자 그것을 보는 재미에 흠뻑 빠져있었다. 시청률 55.5%의 기록을 세운 그 당시에 나는 이런저런 사정으로 그 드라마를 보지 못했는데, 이번 여름방학 기간 그 드라마를 패키지로 구입해 본 것이다. 1회 분 상영시간이 약 한 시간 정도인데 어떤 날 밤은 다음회의 이야기가 너무 궁금하여 리모컨을 7번 누른 적이 있으니 장장 7~8시간을 그 드라마에 눈을 박고 하룻밤을 세웠던 것이다.

이 드라마는 조선시대 중종 임금의 신임을 받았던 의녀醫女 '장금長今'의 삶을 어린 시절부터 시작하여 수라간水刺間의 음식 만드는 궁녀 시절과 의술을 펼치던 의녀의 활동까지를 작가가 재구성한 픽션Fiction이다.

역사적 기록을 보면 의녀로서는 유일하게 임금의 주치의主治醫 역할을 했고, 중종이 마지막까지 자신의 몸을 맡겼을 정도로 신뢰를 받았던 의원이라고 『조선왕조실록』에 기록되어 있다. 천민신분의 의녀로서 수많은 남자 의관醫官을 제치고 왕의 주치의가 되었다는 것은 당시 남성위주의 엄격한 관료주의제 아래서는 거의 불가능한 일이었음에도 불구하고 그녀는 임금의 총애를 받은 여인이었으니 뛰어난 의녀였음은 이런 기록으로 보아 짐작할 수 있겠다.

그러나 이 드라마의 도입부분과 절정부분은 거의 의녀시절 이전에 임금의 진지를 짓던 수라간水剌間 궁녀시절의 삶이 대부분을 차지한다. 나는 이 부분에서 결국 테이블위의 담배 재떨이 옆에 커다란 노트 하나를 비치하게 된다. 왜냐하면 드라마 속에서 튀어나오는 내가 그동안 모르고 있었던 여러 가지 새로운 이야기와 과히 시詩적이라 할 수 있는 명대사를 기록하기 위해서였다. 궁금한 걸 못 참고, 새로운 걸 찾는 내 버릇이 발동한 것이다.

나는 공부하는 것을 참 좋아한다. 무언가 새로운 것이 있으면 그것을 찾아내고 그것을 체화시키기 위해 중얼거리기도 하고, 작은 쪽지에 써놓고는 생각이 잘 안 나면 호주머니 속에 있는 구겨진 그 메모를 끄집어내어 보다 보면, 그 지식은 곧 내 것이 된다. 그리고 반드시 그것을 친구에게나 제자들, 가족들에게 곧바로 전달하다 보면 영영 잊어버리지 않게 되는 비법 아닌 비법을 이용하고 있다.

오십 중반을 넘기고 이제 삼사년 뒤에는 환갑을 맞이할 이 나이에 무슨 국문학이니 교육학이니 하면서 그림쟁이 화가畵家가 대학원 과제를 밤새 끙끙대며 하고 있는 나를 보고 몇몇 친구들은 눈살을 찌푸린다. “좀 심플하게 살아라!” 하면서 충고 아닌 충고를 던지기도하지만 나는 아랑곳하지 않는다. 아마 나는 칠십이 넘은 나이에도 또 무엇을 배우러 어딘가를 다닐 것이라는 것은 그 누구보다 내가 잘 아는 나의 오래된 지병이다.

나의 다른 글에서도 인용한바있지만, 소크라테스가 자기를 심판하는 독약이 준비되고 있는 동안 피리로 음악 한 소절을 연습하고 있었던 것처럼 말이다. 죽음을 눈앞에 둔 상황에서 도대체 그게 무슨 소용이 있겠냐고 누군가 빈정대는 말에 소크라테스는 웃으며 이렇게 답변한다. “그래도 죽기 전에 내가 이 순간 음악 한 소절을 배우는 재미가 있지 않겠는가?”

이제부터 그렇게 메모하여 본 '드라마 대장금을 통해 알게 된 것들'을 소개해 보자.

남자인 내가 당연하게 몰랐던 이 드라마에서 익힌 지식을 아내에게 얘기해 주자 아내 역시 너무 좋아한다. 여자인 자기도 몰랐던 것인데 알게 되어 기쁘다고 화답和答을 해주었다.

먼저 음식에 있어서, '낙지'는 수놈이 암놈 보다 맛이 있다 한다. 수놈을 가리는 법은 다리 빨판이 가지런하게 생긴 것이 바로 수놈이고, 빨판이 울퉁불퉁하고 불규칙하게 생긴 것은 암놈이라고 드라마 대장금은 가르쳐 주고 있었다. 이렇게 되면 나도 이제 어시장에서 맛있는 낙지 한 마리는 거뜬히 골라 살 수 있게 되는 멋진 남자(?)가 되는 것이다.

그리고 최상품의 '소금'을 가리는 법도 대장금은 이야기해준다. 소금을 한줌 손에 쥐었다 놓았을 때 손에 소금이 묻어남아 있는 것이 없으면 좋은 소금이라는 것이다. 이제 시장에서 소금을 살 때 내 손이 최상품을 가려내는 측정도구가 될 수 있는 것이다.

'홍어'는 가래가 많은 사람에게 좋은 훌륭한 치료의 음식이 되면서 장에 좋고 소화와 혈액순환에 뛰어난 효과가 있다는 것도 알게 되었다. 또한 장腸이 탈이나 약국과 병원 문이 닫힌 밤에 고생을 한다면 '생강'을 다려 마시면 치료효과가 있다는 것도 알게 되었고, '장독'이 있는 곳에 나무를 베어내면 장맛이 변한다는 것도 대장금은 이시대의 모니터 속에 살아나 우리에게 가르쳐주고 있었다.

이것뿐이 아니다. 아름다운 우리의 옛 한방용어와 궁중용어도 배울 수 있었다. '관절염'을 그들은 '세절풍歲節風'이라 하였다. '세월의 바람이 들어 마디가 아프다'는 뜻이니 이 얼마나 멋진 표현인가. 임금이나 높은 사람의 대변을 그들은 '똥'이라는 명사 대신 '매우梅雨'라 했다. 원래 매우라는 말은 매화나무 열매가 익어 떨어지는 장마철을 이르는 말인데 그들은 그처럼 사람의 생리작용도 자연에 비유해 아름다운 표현을 한 것이다. 그렇다면 '동성애'는 그 당시 무엇이라 표기했을까? 그것을 '대식對食'이라 했는데 이 말은 우리 독자들 나름대로의 상상의 해석에 맡겨보겠다.

이렇게 우리는 드라마 한 편에서도 많은 것을 배울 수 있다. 인간에게는 살아있는 한 좀 더 전진적인 사고가 필요하다. 나이 들어 몸은 늙어도 생각은 녹슬지 않는다. 체력에 부담을 주지 않는 범위 내에서는 생각을 끊임없이 발전시켜야 한다. 은퇴 후 넉넉해진 시간이 있다면 이런 '사소한 공부'를 하기에 가장 좋은 때임을 알아야 한다. 다음 글에는 드라마 「대장금에서 보여 지는 교육적 요소」를 한 상궁과 장금이 두 스승과 제자의 일화를 통해 이야기 해보자. 이 시점에 그들의 대화가 생생히 이 밤을 수놓는다.

"장금아! 물도 그릇에 담으면 음식이다"

부안에서의 밤과 낮

이번 여름방학 여행은 내게 있어 참한 행운의 여정旅程이었다. 왜냐하면 평소 늘 마음속에서 한번쯤은 꼭 가봐야 하는 곳, 한번 꼭 가보고 싶은 곳, 두 목적지가 머무는 장소에 서로 근접되어있어 한꺼번에 양 이틀간 여유롭게 다녀왔기 때문이다. 첫째 날은 비안도飛雁島에 다녀왔다. 수석취미를 가진 이래 수석가게에서 마음에 드는 해석海石을 흥정하다가 산지産地가 궁금해 물어보면 으레 "비안도입니다!" 라는 대답을 듣게 된 적이 한두 번이 아니었다. 그래서 나는 늘 비안도를 가보고 싶다는 생각이 마음속 깊이 자리하고 있었다.

비안도는 전북 군산시 옥도면에 위치해 있는 작은 섬이다. 이곳은 많은 사람들에게 알려지지 않아 사람들의 발걸음이 그리 많지 않을 것으로 보여 지는 섬이다. 지리적으로는 군산항보다는 격포항이 더 가까울 수도 있는 섬이지만, 아직까지 여기는 위도로 가는 배는 있지만 이 비안도로 들어가는 배, 즉 객선客船은 없다. 그러다 보니 정말 사람들에게 오르내리는 말처럼 이 섬은 그야말로 "비밀의 섬"인 것 같은 느낌이 앞서게 되는 것 같다.

바다 물결 따라 날아가는 기러기의 모습이 노을 진 비안도 섬에 그 그림자가 비친 것처럼 보여 비밀의 섬이라고 하였다는데, 무엇보다 지명에서 느껴지는 감흥이 절로 나를 흥분케 하였다. 비안도의 섬 모양이 기러기 날아가는 형상이라 하여 비안도飛雁島라 불리게 되면서 이 섬에서는 노래자랑을 하지 말라는 정도로 가락과 낭만이 남다르게 자리하고 있는 섬이다.

우리 일행은 정기 여객선이 없으니 주민이 가지고 있는 고깃배를 빌려 타고 좌석도 없는 작은 배의 바닥에 앉아 바다를 가로질러 가는 순간, 섬 남해도南海島에서 어린 시절을 보낸 나에게도 바다수면과 내 시선의 눈높이가 거의 일직선 상태의 느낌은 처음이었으므로 반은 두려움의 겁, 반은 기쁨의 설렘 상태에서 가슴 속에서 야릇한 두 감정이 처음 연애하는 사내의 가슴앓이처럼 충돌하고 있었다.

먼저 주민이 살지 않는 근처 무인도에 배가 멈췄다. 아련히 보이는 모래사장에 돌들이 깨알처럼 나를 반기지만, 내려야하는데 겁이 났다. 인적이 없으니 길이 없다. 파도에 닿아 바위들이 아침햇살에 반짝이지만 그런 것에 감탄하기엔 아직 사치인 것처럼 발길이 미끄러워 겁이 나는 것이다. "조심조심 또 조심" 하라는 우리들끼리의 중얼거림 속에 몇 큰 바위를 넘으니 삼면은 바위벽이 병풍처럼 쳐있고 내가 넘던 큰 바위섬 위에는 소나무 하나가 우뚝 서있으며 바다를 향하는 곳은 탁 트인 야릇하고 아름다운 만화책에서나 볼 법한 무인도의 아담한 돌밭이 드러났다.

돌도, 풍광도, 우리들의 마음도 그렇게 아름다운 세 가지의 감동을 마음에 담은 채 그날 밤 나는 술이 취한 내 가슴에 낮에 주운 자그마한 몽돌 하나를 끌어안고 야릇한 꿈을 꾸며 그렇게 잠이 들었다.

다음날은 부안으로 발길을 옮겼다. 400여 년 전 붉게 물든 부안의 바다에서 시를 짓고 거문고를 타던 이매창李梅窓과 유희경劉希慶의 단심丹心도, 매창을 사랑하던 허균許筠의 그리움도 내 마음 같았으리라. 달려가고 싶고, 함께하고 싶지만 서울과 부안이라는 너무나 먼 거리에 사무치도록 그리운 연인을 흠모하던 부안의 노을은 오늘도 그들의 사랑을 기억하며 붉게 물들이고 있는 것이다.

그녀의 분신과 다름없는 손때 묻은 거문고와 함께 묻혀 고이 잠들어 있는 그녀의 묘墓 앞에 종이컵에 소주 한잔을 붓고 나는 매창의 시 한 수를 가슴으로 읊조리며 절을 했다.

> 이화우梨花雨 흩뿌릴 제 울며 잡고 이별한 임 추풍낙엽秋風落葉에 저도 나를 생각하는가천 리에 외로운 꿈만 오락가락 하노매.

인척도, 조상도 아닌 묘에 절을 하는 내 모습을 보며 동행인 내 옆의 이 여인은 또 어떤 생각을 했을까? 그 여인이 허균이 지은 '매창의 죽음을 슬퍼하다' 라는 시비詩碑의 글을 읽고 눈시울을 적시며 자꾸만 손등으로 눈 아래를 닦아내었다.

> 아름다운 글귀는 비단을 펴는 듯하고 / 맑은 노래는 머문 구름도 풀어 헤치네 / 복숭아를 훔쳐서 인간세계로 내려오더니 / 불사약을 훔쳐서 인간무리를 두고 떠났네 / 부용꽃 수놓은 휘장엔 등불이 어둡기만 하고 / 비취색 치마엔 향내 아직 남아있는데 / 이듬해 작은 복사꽃 필 때쯤이면 / 누가 설도의 무덤을 찾으리.

매창의 원래 이름은 계유년癸酉年에 태어났다하여 계생癸生, 계생桂生, 계랑癸娘, 계랑桂娘이라하였다. 그러나 매창은 이 이름이 마음에 들지 않았는지 스스로 자신을 '매창梅窓'이라고 하면서 '창가에 핀 매화'를 자신과 비교하며 자호自號했다. 그러고 보니 나도 닭띠丁酉年이다. 나에게 기생이나 무당의 끼가 많은 예인藝人이라면서 지인들이 평소 늘 놀려대는 것을 보면 이 여인과 나는 꽤 닮은 면이 있는 것 같아 혼자 실소를 하면서도, 그녀에 대한 그리움 때문에 자꾸만 가슴앓이하며 폭염에 땀과 안타까움의 연정이 함께 흘러내린 부안의 밤과 낮의 나의 여정이었다.

기녀 시인의 사랑과 예술

지난 7월 한여름에 나의 1인 방송채널 〈그림은 그리움이다〉라는 유튜브You tube 방송에 '기녀에게 예술을 배우다' 라는 콘텐츠를 촬영하여 방영하였다. 사실, 시대를 고리타분하게 거슬러 올라가 그것도 기생이라는 신분을 들먹이며 그녀들에게서 예술을 배운다는 것이 시청자들에게는 약간 의아한 부분도 있었을 것이다. 그러나 나의 이런 주장은 사실 오래된 지론이었다. 국어국문학을 수학하던 시절 그 당시 나는 미술학도를 졸업한 화가의 입장이었는데, 교과서에 나온 기녀들의 이야기가 화살나무의 선홍빛 단풍처럼 내 가슴에 꽂혀 들어온 것이다.

그녀들이 살았던 시대적 배경을 떠나 그 여인들의 파란만장한 삶, 그들이 즐기고 익힌 춤과 가락 그리고 사랑과 문학, 이 모든 것들이 바로 예술이고 곧 그런 것들이 현대의 우리 예술가들의 정신과 삶 자체였기 때문이다.

동짓달 기나 긴 밤 한 허리 베어내어
춘풍 이불 아래 서리서리 뉘었다가
어른 님 오신 날 밤이어든 굽이굽이 펴리라.

이것은 너무나도 유명한 황진이黃眞伊의 작품이다.

난 늘 이 시조를 읊조리면 가슴에 긴 강이 흐르는 느낌을 받으며 눈시울이 붉어진다. 임이 떠나고 없는 긴 겨울밤이 너무나 외로워 자신이 그렇게 할 수만 있다면, 밤하늘 꼭대기로 올라가 그 긴 밤의 허리 부분을 가위질하여 홀로 지 샌 이불 밑에 넣어두겠다는 것이다. 그래서 언젠가 돌아올 임 오는 날에 이불 밑에 둔 그 밤을 끄집어내어 임과의 정든 밤을 인위적으로나마 길게 늘려보겠다는 이야기이다.

이러한 발상은 세계 어느 시인의 발상과도 비교해 뒤지지 않을 천재적 영감의 사랑이야기이다. 이 시에서 알 수 있듯, 황진이는 여러 사대부들과 교류했던 거와는 달리 평생을 고독한 심정으로 보냈고, 심장을 꽉 붙잡아 놓아 주지 않는 지독한 증오심을 버리고 싶어 하며 한평생을 살았던 인물이다.

불우했던 어린 시절, 황진이는 아버지의 손을 제대로 잡아 보지 못한 채 천대받는 어머니 밑에서 자랐다. 비록 절세의 미모와 천재적인 예능을 타고 났으나 모순으로 가득 찬 세상은 그녀에게 기생이라는 딱지를 붙여 놓고는 평생 동안 그녀의 삶을 무겁게 짓눌러댔다. 그러나 황진이는 남을 사랑하는 것이 아니라 바로 자기 자신을 사랑함으로서 내면의 상처를 스스로 치유해 나갔다. 만약 그녀가 그러지 않았다면 자신의 심리적 병을 회피回避한 것으로 예술가의 삶 대신 신분 높은 남자들의 노리개로 전락했을 것이다. 그런 결과로 결혼과 이혼을 반복하고 핍박받으며 불행하게 살았을 가능성은 불을 보듯 자명한 일이다. 그러나 그녀는 자기 병病을 깨달아 죽어가면서까지 세상의 여자들을 위해 교훈을 남기려했기에 황진이의 삶은 어찌 보면 한 예술가로서 행복했는지도 모른다.

떠돌며 밥 얻어 먹기를 평생 부끄럽게 여기고 平生恥學食東家
차가운 매화가지에 비치는 달을 홀로 사랑했었지 獨愛寒梅映月斜

고요히 살려는 나의 뜻 사람들은 알지 못하고 時人不識幽閑意
제멋대로 손가락질하며 잘못 알고 있어라 指點行人枉自多

위의 한시漢詩는 조선선조 때의 부안에 있던 기생이며 여류시인이었던 이매창梅窓의 작품이다. 매창은 기생妓生이었으나 고고하였다. 어느 나그네가 매창의 소문을 듣고, 시로써 매창을 유혹하자 매창은 위와 같은 시를 지어 그를 물리쳤다. 벼슬이 높다고 해도, 돈이 많다고 해도, 명성이 높다고 해도 그것에 유혹될 매창이 아니었다. 이것은 어쩌면 모든 예술가들에게 있는 공통점일 수도 있다.

이매창은 부안 현리의 서녀로 태어나 아버지에게는 어릴 적 한문을 배웠고, 시문과 거문고는 어머니에게 배웠으니 어머니가 기생이었을 거라는 추측이 있다. 이것은 위의 황진이 역시 어머니가 기생이었다는 공통점이 있다. 매창의 신분은 기생이었지만 그녀는 오직 한사람, 20살 나이에 만난 시객詩客 유희경에게만 사랑을 주고 정절을 지킨 여인으로 400년 동안 우리에게 사랑을 받아 온 기녀시인이다. 또한 홍길동의 저자인 '허균'과의 이룰 수 없는 애절한 플라토닉 사랑으로 우리에게 감동을 준 여인이기도하다. 자기 신분의 한탄을 넘어 이매창은 시조와 한시를 비롯하여 가무歌舞와 거문고에 이르기까지 다재다능한 부안의 명기로 개성의 황진이와 더불어 여자로서의 지조와 예술성으로 조선 명기의 쌍벽을 이룬 기녀시인인 것이다.

16세기에 살았던 여인 둘, 아니 그녀들이 21세기에도 살아있다.

그들이 바로 황진이와 이매창이고, 신분제 사회와 남존여비男尊女卑라는 현실의 가장 주변부에 놓였지만, 오히려 그 처지를 극복하며 세상환경을 자기 발아래, 치마폭 아래에 둔 기氣가 막힌 인생의 역전을 그들은 이룩해 낸 것이다. 우리가 이렇게 황진이와 이매창에게 받아야 할 교훈은 두 가지로 나는 발설한다.

첫째는 자유정신이다. 기녀시인들 개인의 일생이나 그들이 보여 준 행적에 대한 관심을 넘어, 어느 시대에서나 존재하는 현실에 대한 '저항정신'과 억압에 맞서는 자유로운 인간의지에 대한 매혹이자 진솔하고 아름다운 인간성 회복이다. 그들은 아픈 상처를 한탄하기에만 그치지 않았고, 훌륭한 예술로서 남에게 흔들리지 않는 자존감을 되찾은 것이었다. 우리 주변에서 보면, 아직도 자신의 집안환경이나 자기의 처지를 비관하면서 노력은 하지 않은 채 세상을 비판하고 있는 사람들을 심심치 않게 목격하게 되는 것과는 정반대이다.

둘째, 그녀들 예술의 근원은 상상력想像力, 관찰력觀察力, 직관력直觀力이다. 그들은 임과의 사랑, 세상과의 고통, 폭넓은 세계관과 미래에 대한 꿈을 무한한 상상력으로, 사물을 포함한 세계와의 포착을 세밀한 관찰력으로, 혼자 있는 시간에서의 직관력을 길러내어 그러한 역사에 남는 예술작품을 남길 수 있었다. 그래서 밤하늘의 긴 시간을 가위로 잘라내고, 배꽃의 하얀 리듬을 추풍낙엽으로까지 끌고 갈 수 있었던 것이다.

창부 타령, 민요가 아니다

나는 우리의 가락, 즉 민요와 우리의 악기 연주를 좋아하게 된 것이 30대 나이 초初였다.

20대에는 군대 가기 전 친구들과 기타를 들고 유원지나 산에 놀려 다니며 노래를 불렀고, 성탄절 이브에는 동네 음악다방에서 나와 내 친구를 초대해 '게스트가수'로 지정되어 듀엣으로 노래를 불렀다. 노래솜씨를 조금 뽐낼 정도의 젊은이는 누구나 다 가져보는 생각이겠지만, 나도 그 당시 가수의 꿈을 가졌던 것은 사실이다. 합기도合氣道라는 무예를 연마하는 도장에서도 나는 늘 동료들에게 노래를 신청 받았고, 공군근무시절에도 노래솜씨와 그림솜씨로 군대생활을 참 편하게 치를 수 있었다.

그러던 내가 30대 초 어느 날 차안에서 가야금 산조 한곡을 듣는 순간, 무언가가 내 가슴 속에 야릇하게 스며들었다. 그것이 지금도 환갑을 넘긴 이 나이에도 그것은 내 가슴 속에서 떠나질 않는다. 그때 내친 김에 국악기 장고長鼓를 배우게 되었다. 광고회사 사장 초창기시절이었는데, 일주일에 두 번씩 스승을 초빙하여 직원들이 퇴근하고 난 시간에 장고를 개인지도 받은 것이다. 그 장고솜씨를 요즘 가끔 술기운에 때려보면 옛 추억을 떠올리게 하는 하나의 작은 시나위가 된다.

그렇게 우리의 가락에 젖어있을 때 또 무언가 하나가 더 내 가슴에 포개어 앉았다. 그것은 우리의 민요가락 中 〈창부타령〉이었다.

창부타령은 사실 민요가 아니고, 무가巫歌이다. '노래가락'과 같이 원래 서울의 굿판에서 무당이 부르던 무가였던 것이 후에 경기민요 소리꾼들에 의해 통속 민요로 변한 것이다. 여기에서 '창부倡夫'는 무당의 남편이면서 악기를 연주하는 사람을 지칭하는 말인데, '창부타령'의 창부는 광대의 혼령을 뜻하는 "광대신"을 가리킨다고 한다. 광대신인 창부를 불러서 재수가 있게 해달라고 비는 굿이 곧 창부 굿으로서 창부타령은 그렇게 굿판에서 불리던 노래였다.

그리고 이 창부타령에 대한 속설이 또 하나있는데, 이것이 우리에게 더 신비로움을 느끼게 한다. 그것을 느끼기 위해 우리는 무당의 존재에 대한 것을 알 필요가 있다. 무당의 종류는 크게 두 부류로 나누어진다. 하나는 '세습무世襲巫'로서 무당인 부모가 죽고 나면 그 딸이 그 직업을 이어받아 무당 직을 수행하는 것이고, 또 하나는 어느 날 빙의憑依상태로 있다가 신神이 몸속에 들어와 무당을 한다는 '강신무降神巫'로 구분된다. 그런데 이 창부타령의 기원에서는 첫 번째 세습무를 대상으로 한다. 나이가 서른이 넘어도 무당이라는 신분 때문에 결혼을 하지 못해 외로워하는 처녀 세습무가 어느 날 밤, 죽은 총각귀신의 혼령을 불러내어 둘이 밤새워 노는 장면을 노래화한 것이라는 것이다. 이 얼마나 멋진 발상인가. 아마도 동북아시아 샤머니즘Shamanism 전체를 뜯어보아도 이만한 샤먼적 놀이는 없다. 그만큼 창부타령이 갖는 놀이문화의 이미지는 우리민족만의 고유한 정서일 것이다. 그래서 이 속설에서의 "창부"는 부를 창唱, 지아비 부夫를 쓴다. 즉 '그리운 임을 부른다'는 뜻이 되는 것이다.

이 창부타령은 지금의 통속 민요로 바뀌면서 "디리리 디리리리리~ 아니 노지는 못하리라"라는 후렴구까지 첨가하게 되었다. 가락의 흐름이나 장식음의 처리가 경기 민요 중에서도 가장 섬세하고 세련되며, 음역도 넓어서 전문성이 요구되는 노래이다. 보통 민요와 같이 메기고 받는 형식이 아니고, 독창으로 한 절씩 기교를 부려서 노래하는 것이 특징이다. 흥겨운 굿거리장단에 얹어 부르며 노랫말은 다음과 같다.

아니 아니 노지는 못허리라.
서산에 해 기울고 황혼이 짙었는데
안 오는 님을 기다리며 마음을 조일 적에
동산에 달이 돋아 왼 천하를 비쳐 있고
외기러기 홀로 떠서 짝을 불러 슬피 우니
원망스런 우리 님을 한없이 기다리다
일경, 이경, 삼, 사, 오경, 어느듯이 새벽일세
추야장 긴긴 밤을 전전불매 잠 못 들 제
상사일념 애타는 줄 그대는 아시는가.
(중략)
공산야월 달 밝은데 이별한 임 그린 사랑
이 내 정을 다 녹이고 지긋지긋이 애탠 사랑
남의 정만 뺏어가고 줄 줄 모르는 얄민 사랑
(중략)

인간이 신과의 교류를 하기 위한 '접신接神'의 노력은 악기와 노랫소리로 대변된다. 그런 풍습이 우리에게는 '풍물굿'이라는 것으로 이어져왔고, 얼마 전 근대기까지 농악을 치면 그 소리가 삼 십리 밖에까지 들려, 농악 소리가 나면 습관적으로 귀를 기울이고 문간에 나가보게 되는 것이 우리 민족이었다. 갓 시집 온 새색시도 농악 소리가 나면 설레고, 부엌에서 치마폭으로 눈물을 닦던 아낙네도 나가보고, 자식에게 매질을 하던 엄한 아버지도 매를 놓고 그 음악의 현장으로 뛰쳐나갔던 것이다.

이것이 우리민족의 음악성이라는 것이 나는 참으로 자랑스럽게 느껴진다. 오늘 밤 야심한 이 시각에 나는 소리 낮추어 세습무도, 강신무도 아닌 내가 창부타령을 달빛 아래 불러본다.

"아니 아니 노지는 못허리라~~"

내가 꿈꾸는 교육

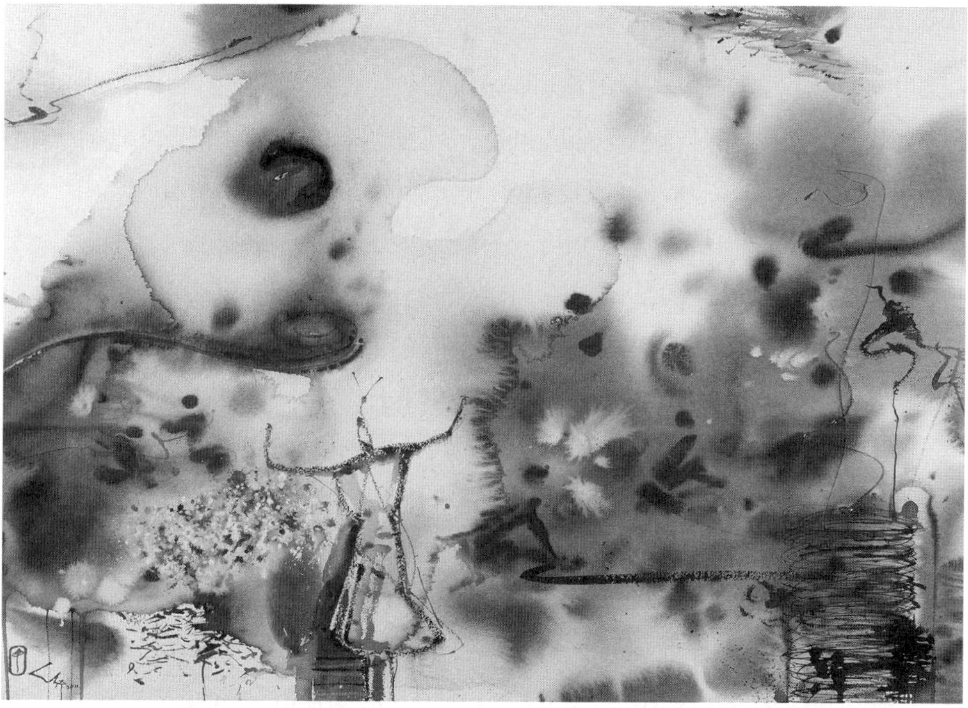

신석주作 / **春花秋月(너와 함께)** / 72.7cm x 53cm / Watercolor on paper

남산 제자 열전列傳

서울 남산 기슭아래 필동筆洞이라는 동네에 자그마한 미술스튜디오 하나가 있다. 이곳은 내가 그림을 그려 작품 활동을 하고, 글을 써서 여기저기 기고를 하며 생활하는 곳이다. 사층으로 이어지는 작은방에서는 틈틈이 학교강의준비와 공부를 하는 나만의 작업실이지만, 무엇보다 이곳은 내게 그림을 배우러오는 제자들과의 보내는 시간이 가장 많으니 분명 이곳은 또 하나의 평생교육현장이기도 한 것이다.

남을 가리키는 것은 힘든 일이기도 하지만 무척이나 기쁘고 즐거운 일이다. 단지, 정규교육이 아닌 즉 학교밖에 있는 '비형식 교육Nonformal education'이다 보니 탄력 있는 교육내용과 다채로운 학습자의 자발적 필요에 따른 교육서비스 등 형식교육에 비해서는 많은 장점을 가지고 있지만, 그에 못지않게 가르치는 자로서의 스트레스 또한 많은 것이 사실이다.

학교교육과 같은 형식교육에서는 성적과 생활 관리의 측정결과가 교수자의 손에 있다 보니 엄격한 상명하복上命下服의 위계질서가 성립되어 나름대로 스승의 권한이 올라서 있지만, 이 비형식교육의 장에서는 때로 스승의 위치가 흔들리기도 한다. 그것은 자신들이 필요에 의해서 일정금액의 수업료를 다달이 내고 공부하는 곳이다 보니 언제든지 스승의 손을 놓을 수 있다. 그래서 가르치는 자는 정해진 일정기한의 수업목표설정이 어렵고, 배우는 자의 입장에서는 졸업장 같은 수업후의 형식적·제도적 보상이 없기 때문에 오랜 기간 스승과 제자 사이라는 인연의 장을 끌고 가는 것은 매우 어려운 일이 된다. 그러다 보니 스승과 제자 사이가 때로는 갑甲과 을乙의 관계가 될 수도 있고, 슬픈 말이지만 어쩌면 그 관계형성이 뒤바뀌기도 하는 그야말로 고객과의 계약관계로 돌변하기도 하는 것이다.

그러나 이곳 또한 분명 교육의 장이니 남들이 모르는 우리들만의 스승과 제자 사이 사랑의 이야기는 하루도 빠짐없이 매일 건강한 꽃을 피운다.

나에게는 이곳에 여러 명의 제자가 있다. 잠시 한두 달 배우다 그만두는 잊혀진 제자들도 많지만, 일 년을 넘기고 십년이라는 긴 세월을 같이 함께한 제자도 둘이나 된다. 이제부터 이름 하여~ 그 남산골 제자들의 이야기를 해보자!

Y는 십년 째 나에게 그림을 배우는 최초의 내 개인레슨 제자이다. E와 친구지간이라 같이 입학을 하였고, 그 당시에는 내가 지금 규모의 작업실을 가지고 있지 않아 방송통신대학교의 미술반을 빌려 그 대학생들과 같이 공부를 한 제자이다.

그야말로 남의 집 생활을 눈칫밥 먹으면서 공부를 한 것이다. 나이가 마흔을 훨씬 넘긴 주부였음에도 나는 정해진 시간보다 늦게 오면 가차 없이 여러 학생들 앞에서 손바닥을 때렸다. 지금생각하면 정말 있을 수 없는 일 같지만 그래도 나의 지도를 가장 잘 따라 준 제자인 건 사실이다. 이제는 대한민국미술대전國展을 비롯하여 국내의 이름 있는 각 공모전에서도 여러 차례 수상을 하여 한국미술협회의 정회원이 되었으며, 내년에는 그녀만의 개인전을 계획하고 있다. 친구인 E보다 꽤가 많아 내리치는 손바닥 매를 많이 피하기도 했고, 내가 보내는 긴 문자메시지에 성의 없이 짧은 답答을 보내 야단도 많이 맞지만 지금은 그 누구보다 현명한 내가 아끼는 애제자이다.

그녀친구 입학동기생인 E는, 참으로 고운심성의 미모 또한 수려한 제자이다. 내가 밤새 만들어 놓은 소품을 보면 다음날 와서 "어머, 이뻐요!"라고 하면서 감동해주고, 작업실외 바깥장소에서 어떤 예쁘고 고운 것을 보면 내 생각이 난다고 하며, 외국과의 우리나라 팀 축구중계가 있는 날이면 밤이 깊은 시간임에도 남편 옆에서 내게 기쁘다는 문자메시지를 보내는 애틋한 제자이다.

그런 그녀가 한 때는 내게 오지 않았다. 스승의 가르침이 마음에 들지 않았던 것도 있었겠지만, 무엇보다 그림에 대한 본인만의 위축감이 그녀를 괴롭혔던 것 같았다. 지금은 그런 슬럼프를 훌훌 털고, 이제는 이전 보다 더 열심히 내 작업실 문을 열며 비구상 그림에 정진한다. 그리고 이제 몇 개월 후 그녀만의 솔로 전시-개인전이 한 겨울의 동백향 같은 내음으로 세상에 보여 질 것이다. 이 얼마나 기쁜 일인가.

그리고 나이가 나보다 17살 많은 노老제자가 둘 있는데 그중에 J 제자의 이야기를 하고자 하면 내 입가에 웃음이 감돈다. 삼년 전 무슨 백화점 아카데미를 거쳐 내게 왔는데 작고한 유명시인의 사촌 여동생이다. 이 분이 오는 날이면 나는 잔뜩 긴장을 해야 한다. 워낙 까다로운 성품인지라 자칫 내가 실수라도 하면 안 된다는 생각을 내가 하게 되는 것이다. 그러나 그림수업시간의 과반수를 내가 그려주어야 하는 아픔을 동반해야 한다. 결국 모든 그림에 내 손이 너무 많이 가는 것이 내가 못 마땅해 여러 번 질책하며 다툰 적이 있고, 결국은 두 번이나 이곳을 탈퇴하여 나갔다가 다시 또 이곳에서 그림을 그리고 있는 애증의 제자이다.

그이는 나이 칠십이 넘은 나이에 전철을 여러 번 갈아타지만, 이곳 오는 날을 손꼽아 기다린다는 그 제자 앞에서 자기주도적인 학습이 중요하다고 강조만 하는 것은 이미 빛을 잃고 만다. 내가 그의 그림에 정성을 들여

만져주는 것, 이것 또한 스승으로서 한 나이 많은 그림을 아끼는 노 제자에게 해 줄 수 있는 최대의 교육서비스이라고 나 스스로 위안을 한다. 그는 하루하루 그림 때문에 아픈 병도 없이 건강하게 이곳을 나올 수 있다고 하면서, 가끔은 그의 손에 내게 주려고 가지고 오는 반찬거리가 들려 있기도 한다.

S제자 역시 나보다 나이가 많다. 그리고 나처럼 그도 술을 좋아한다. 이 제자가 나오는 날이면 나는 으레 저녁이면 그와 함께 술집에 앉아있다고 해도 과언이 아닐 것이다. 그는 늘 술을 안했을 때에도 자기방어적인 욕지거리를 한다. 물론 그 욕지거리가 남을 해하려는 의도는 없지만 주위의 다른 제자들과의 불협화음도 가끔 생겨 나를 곤란하게 하지만 무엇보다 그림에 대한 열정은 더없이 뜨거운 제자이다. 정이 많아 남의 애로사항을 챙겨주는 자상함도 있고, 무엇보다 늘 스승의 경제적 고통을 누구보다 잘 헤아려 주는 고마운 제자이다.

그러나 그가 요즘 작업실주위를 배회하며 서성댄다. 아마 남들과의 비교심리가 작용하는 것 같은데, 이럴 때 스승은 가장 마음이 아픈 것이다. 이글이 끝나면 내일부터 그가 담배를 태우며 남의 그림에 대한 비교의식 없이 편하게 그릴 수 있는 그만의 단독 작업공간을 구석에 만들어주어야겠다는 생각을 한다.

W라는 제자가 이곳에 처음 왔을 때 나는 마치 일본에서 온 교포僑胞인 줄 알았다. 말투가 마치 일본사람이 한국어를 구사하는 것처럼 아주 독특했기 때문이다. 지금도 처음 가는 곳에서 그녀가 일본에서 온 사람이라고 농담을 하면 모두가 고개를 끄덕거리며 인정하는 진풍경을 자아낸다.

첫 면접 날 본인은 어떤 것이든지 간에 두세 달을 넘겨 배운 적이 없다고 토로하기에 오랜 기간 수업이 어려울 것이라고 생각했는데, 내 판단이 착오였음을 증명해 주는 듯 그녀는 일 년이 넘도록 한 번도 결석이 없는 제자로 기록을 세우더니 이제는 그 세월이 벌써 6년째이다. 그리고 늦은 나이이지만 내 권유로 그녀는 한 미술대학교에 입학하여 이제 서양화과 4학년에 재학 중이다. 이것은 마치 중국 『여씨춘추呂氏春秋』에 기록되어 있는 '교육에서 즐거움'이 무엇보다 중요하다는 것을 깨닫게 해주는 제자임이 틀림없는 일이다. 훌륭한 스승은 제자들로 하여금 안심하게 공부에 몰두할 수 있게 하고, 그 무엇보다 즐거운 동기를 만들어주어 자신감을 심어주고, 휴식시간을 즐기도록 해 주어야한다는 교육지침이 중요하다는 것을 나는 이 제자를 통해 자주 각성한다. 오늘도 우리는 그녀의 일본어 말투 때문에 그림 캔버스를 앞에 두고 모두들 파안대소破顔大笑에 포복절도抱腹絶倒를 한다.

그리고 나에게 과학선생님 두 분의 제자가 있다. 우리나라의 최고학부를 나와 명문고교에서 과학과목 교사를 지낸 그들은 이곳에서 그야말로 자기주도적 학습의 대가라 해도 과언이 아니다. 그중 L제자는 내게 처음와 미술연필 깎는 것부터 기초를 시작하여 이제는 연필소묘, 파스텔화, 수채화 등의 모든 과정을 마치고 유화그리기 과정에 있는데 나날이 그 실력이 타 제자들의 부러움을 살 정도로 그야말로 일취월장日就月將의 실력을 보여주고 있다. 그의 박식한 지식 때문에 나는 늘 이 제자와 토론하는 것을 즐기고 있고, 나에게 "음주飮酒 브레이크가 없다"며 나를 놀려대기도 하는 인생의 선배격인 제자이다. 그래서 나또한 예술적 감성보다는 늘 객관적이고 논리 정연한 것을 좋아하는 성격이니 "그대는 실증주의 철학자 오귀스트 콩트Auguste Comte 같다"고 내가 놀려주기도 한다.

그 두 사람 중 하나, 나를 설레게 하는 또 한명의 과학선생님 출신 H제자가 있다. 그 역시 우리나라에서 최고가는 명문대학 학부출신의 명문과학고 생물선생님이었는데 이제는 정년이 남았음에도 불구하고 학교를 그만두어 이곳에서 그림만을 그린다.

다른 제자들은 일주일에 이틀 수업하는데 비해 그는 매일같이 나와 아침에 대걸레로 화실 청소를 하고, 오전 열한시부터 오후 다섯 시까지 꼬박 여섯 시간을 이젤 앞에 앉아 그림을 그린다. 평소 말이 없는 그가 왜 미술을 전공하지 않았는지 의문이 들 정도로 그림실력이 대단한 것은 나만의 평가뿐 아니라, 그림을 시작한지 몇 달도 되지 않아 벌써 국내 저명한 공모전에서 큰상 몇 개를 타 내었다.

정확한 데생력dessin과 관찰력 또한 겸비하고 있어 가리키는 스승의 입장에서는 더없이 편한 제자이다. 더 기쁜 것은 이제 그는 하루하루 그림실력의 향상 뿐 아니라 예술가로서의 감성과 취향을 습득해 간다는 것이다. 나는 늘 남들 앞에서도 그를 칭찬한다. 그 이유는 그가 과학 분야에서도 뛰어났겠지만, 내가 보기에는 미술에 더 소질이 있다고 생각하기 때문이다. 지금은 이곳을 졸업하여 본인의 집에 작업실을 만들어 그림을 그리고 있는데, 한 달에 한번 꼴로 그린 작품을 사진 찍어 내게 메일로 보내온다. 그러면 나는 그것에 대해 나름대로 피드백을 해주며, 아직도 몸은 여기에 없지만 그의 정신은 이곳에서 살아 숨 쉬고 있다. 정말 바람직한 역사가 이 작업실에서 탄생되고 있는 것이다.

K라는 제자가 있다. 그는 처음에 나에게 온 날, 삼십분 가량 대화 도중에도 한 번도 나와 눈을 마주친 적이 없다. 나이는 꽤 많은 남성인데 수줍음이 아닌 긴장감의 동반이었던 것 같았다. 시골에서 학교를 다니며 어릴 적부터 그림실력이 특출했으나 전공을 하지 못하고, 인테리어 등의 직업일을 하면서 틈틈이 독학으로 그림을 이어왔다고 했다. 그의 그림을 처음 본 그때의 순간이 나는 아직도 잊혀 지지 않는다. 그 이유는 어디선가 많이 본 그림 풍이었기 때문이다. 즉 순수미술Fine Art에서의 '회화성繪性'이 결여된 상업화 같은 것이었으나, 매우 뛰어난 데생력을 갖추고 있었다.

그런 그가 이제는 국전이라 칭稱하는 대한민국미술대전에 입·특선하고, 각 공모전에서 대상까지 수상하여 작년에 첫 회 개인〈부스전Booth exhibition〉을 가졌다. 늘 내 앞에서는 퉁명스럽게 나를 대하는 척하지만, 누구보다도 나를 많이 생각해주는 마음을 가진 제자이다.

공자는 3천명의 제자들 중에서 77명의 제자를 수제자로 인가했고 그 중 '안회顔回를 최고의 제자로 아꼈다. 나에게 수제자는 누구이고, 최고의 제자는 누구일까? 그러나 지금 이 남산골 아래 나의 제자들은 먼 훗날 내 가슴에 모두가 수제자로 기억되어 나를 흐뭇하게 만들어 줄 것이라는 믿음을 새삼 오늘 되새겨본다.

내안의 작은 중국

"这里怎么走?"여기를 어떻게 가나요?

"走到那边一直往前走吧"걸어서 쭉 앞으로가세요.

"步行 5分钟-, 有左边!" 걸어서 5분 거리예요!

"多谢,多谢！"고맙습니다. 너무 고맙습니다!

"不客气, 路上小心!"아녜요 천만의 말씀, 조심해서 가세요!

며칠 전, 횡단보도 신호대기 중에 갑자기 중국인 한 분이 약도를 보여주며 내게 말을 건넸고, 순간 나와 그 중국인 사이에 이루어진 짧은 대화이다.

그가 보여 준 약도 속의 장소는 명동 퍼시픽 호텔이었으므로 "지금 서있는 곳에서 걸어서 저쪽으로 계속가세요!","약 5분 정도 걸어가면 왼쪽에 있습니다"는 말을 내가 해 준 것이다. 그리고는 신호가 바뀌어 우린 같이 걷다가 헤어졌다. 그 중국인은 길을 가면서도 또 되돌아서서는 "고마워요, 고마워요!"를 연발한다. "별 말씀을 요~ 조심해서 가세요!" 내가 중국어로 응대해주며 그에게 나는 눈을 돌리지 못하고 마치 연인戀人이 헤어지듯 한참이나 그를 바라보고 있었다.

신기했다. 내가 자랑스러웠다. 중국어를 일주일에 두 번씩 30분간 공부한 기간이 오늘로 딱 2년인데, 갑자기 닥친 상황에서 나는 잘 대처하였고, 무엇보다 내가 한 말을 그가 잘 알아들었다는 것이 신기하고 대견한 것이다

2년 전, 겨울날이었다. 우리 동네에 고급 중국요리집이 하나 있다. 그 중국집 뒷골목이 내 작업실로 가는 지름길이라 나는 늘 그 골목길로 다니는데, 하얀 요리사 복장차림을 한 남자가 서툰 한국어 발음으로 항상 내게 인사를 하는 것이었다. 사람이 하도 친절해서 그날은 내가 용기를 내어 짧은 한국어로 말을 건넸다. “나에게 중국어를 좀 가르쳐 줄 수 있나요?”... 그러자 그가 “하오!” 하고 대답을 했고, 그렇게 나는 그가 퇴근하는 시간 늦은 밤 9시 30분에 일주일에 두 번씩 중국어를 배울 수 있었다. 그 학습은 요즘도 계속 이어지고 있지만, 너무나 황홀하고 즐거운 시간이다.

하나의 외국어를 짧은 시간에 배워 편안하게 구사하기는 쉽지 않다. 더군다나 누구나 그렇듯이 처음에는 열정을 갖고 시작하지만, 1년을 넘기지 못한 채 포기하고 만다. 그러다 보면 이사하는 날, 여기저기에서 외국어 카세트테이프나 교본이 발견되고 그 순간 끈질기게 공부하지 못한 자신에 대해 반성을 하곤 한다. 그것은 학원등록도 마찬가지이다. 그래서 잘 아는 사람이 새로 외국어 공부를 시작한다고 하면 자신이 갖고 있던 교재를 주려고 할 때, 으레 제1권이나 카세트의 첫 번째 테이프는 도저히 찾을 수 없게 된다. 왜냐하면 그 첫 시작은 열심히 했기 때문에 어느 곳에서든 들고 다니며 공부했으니 그것이 어디에 있는지 모르는 것이다. 나 역시 그런 경험이 있다. 그러나 이 중국어학습은 지금의 2년을 넘어 더 긴 학습을 해야 하지만, 좀처럼 학습의 열기가 식지 않는다. 현재 내가 외국어 전문 강사도 아니고, 긴 세월 중국어를 공부한 사람도 아니지만 이 글을 쓰고 있는 특별한 이유가 있다.

그것은 공부하는 즐거움을 알리고 싶고, 혹여 이글을 읽는 사람 중에 중국어를 공부하고 싶은 사람 중에 한사람이라도 내 체험의 이글이 도움이 되었으면 하기 때문이다. 다시 말해 이글은 중국어를 공부하는데 있어 아주 효과적인 나의 체험수기인 셈이다.

첫째, 기죽지 마라! 중국어를 공부하다보면, 배운 것을 써먹고 싶은 것이 당연하다. 그래서 중국집에서 화교출신 사장이나 중문학과 출신, 혹은 이미 중국어를 자기 보다 더 많이 알고 있는 지인들 앞에서 자랑 삼아 한마디 하면, 으레 발음이 틀렸다는 핀잔을 듣게 되며 본의 아닌 망신을 당하게 된다. 그러나 그것은 당연한 것이다. 내가 중국인도 아니고, 중국어를 전공한 것도 아니고, 한 번도 중국에서 살던 경험도 없다. 그들은 물론 나보다 잘하니까 그게 듣기 어색해서 발음이 엉망이라고 하면서 고쳐주려고 하는 것도 있지만, 솔직히 그들은 자기가 더 낫다고 으스대는 표현을 그렇게 하는 것이다.

이런 상황이 닥치더라도 절대 기죽지 마라! 물론, 중국어에서 제일 중요한 것이 발음이고 성조聲調,Tone language이다. 그러나 발음과 성조는 많이 말하고 익숙해질 때까지 읽고 익히면 자연히 좋아진다. 이세상의 모든 기술은 습득하여 부단히 익히면 세련되어 지는 게 진리 아니던가. 예를 들어보자! 텔레비전 같은 곳에서 외국인이 한국말을 더듬거리며 우리가 듣기에 어색한 발음을 하지만, 우리는 그것이 불편하지만 더 귀엽게 받아들인다. 오히려 그들에게 "야~! 한국말 참 잘하네!" 하고 그들의 서툰 한국어를 인정해주며 정情을 베풀어 준다. 이것은 외국에서도 마찬가지이다. 그러니 절대 기죽지 말고, 때로는 무식하게 보일지라도 자꾸 내 뱉어라!

둘째, 많이 외워라! 흔히 최고학부를 졸업한 사람들에게서 자주 듣는 말이 있다. "나는 외우는 것을 못해요!" 그러나 그것은 한마디로 순 거짓말이다. 어떻게 외우지 않고 시험문제를 풀 수 있으며, 어떻게 머릿속에 외운 것이 없는데, 그 많은 상식이 평소 튀어나올 수 있을까? 우리나라사람들은 마치 외운다고 하면 '노력파' 라고 빈정댄다. 노력파 보다는 그냥 가만히 있어도 모든 것을 아는 터무니없는 '천재'를 그리워하는 모진 병이 있다. 그러니 그런 말에 절대 속지 마라!

또 유명한 외국어 강사들은 외우지 말고 무조건 듣기만 하라고 한다. 그러면 어느 날 귀가 티여 그 말을 다 이해하게 된다고 한다. 이것도 내가 감히 말하는데, 순 거짓말이다! 그것은 아마도 자기네들 강좌를 더 밀접하게 들으라는 말일 수도 있다. 또한 그런 학습형태는 다른 말을 하나도 모르는 어린아이가 외국에 가서 살고 자랄 때 적용되는 말이다. 우리같이 가슴에 사연事緣 많고 나이 먹은 사람들에게는 통하지 않는 학습방법이다.

그러니까, 배운 것은 무조건 외워라! 외워도 금방 까먹는다. 외워도 막상 말을 하려고 하면 생각이 나지 않는 것은 자신이 머리가 나빠서가 아니다. 당연한 것이다. 그러면 벽, 화장실, 호주머니에 항상 외워지지 않는 그것을 써서 놓고 생각이 나지 않을 때 마다 보고, 중얼거리면 어느 날 이 글의 도입부의 나처럼 자연스럽게 말을 할 수 있게 된다. 이때 더욱 중요한 것은 입안에서만 응얼거리지 말고, 자기 목소리가 자신의 귀에 들리도록 소리 내어 중얼거리는 것이 중요하다. 이 세상에 공짜는 없는 것이 절대적 진리이다. 내가 노력한 만큼 보상은 주어진다. 특히 공부에서는 그렇다.

셋째, 말만 배우지 말고 '한시漢詩'를 공부해서 그것을 즐겨라! 단어만을 외우지 말고 대화체의 문장을 만들어 연습하는 것이 매우 중요하고, 그다음 중국 시詩 하나쯤은 외우고 즐기면, 긴 대화체의 내용을 문학적으로도 감상할 수 있으며 시 속의 정서가 아름답기에 즐거움을 동반한다. 그리고 혹여 중국 사람을 만나거나 중국에 여행했을 때, 그것을 써먹어 보라! 원주민의 극찬이 자신의 얼굴에 쏟아진다.

왜 그럴까? 예를 들어 보자. 어느 중국인이 우리 김소월의 「진달래」를 처음부터 끝까지 외워 한국어로 했다고 가정해 보자. 우리가 어떤 기분이겠는가? 너무나 반갑고, 너무나 고맙지 않겠는가? 누구에게서 배웠든, 인터넷에서 보았든지 간에 시중에 떠도는 중국 한시는 분명 우리의 진달래 시처럼 그들의 초등학교 교과서에 등재된 것임에는 의심할 여지가 없다. 그러니 그들 앞에서 그들의 시를 외운다는 것은 우리와 같은 찬사를 받게 되는 것이다. 이것이 외국어를 공부하는 첫 걸음이고, 보상이고, 즐거움이고, 황홀함이다. 이 글에 이태백의 시 한수를 적어본다. 나는 이 '산중여유인대작山中與幽人對酌' 시 하나로 중국어 배운지 5개월 만에 중국 여행에서 스타가 된 적이 있다. 그것도 처음 보는 중국인들과 단체 술자리에서 말이다.

> 兩人對酌山花開 둘이 마주 앉아 술잔을 대하니 산에도 꽃이 활짝 열리는구나
>
> 一杯一杯復一杯 한 잔 한 잔, 또 한 잔
>
> 我醉欲眠君且去 내가 취하여 졸리니 그대는 가시게
>
> 明朝有意抱琴來 내일 아침 이 자리가 생각나거든 그대는 거문고 안고 오시게나.

넷째, 자주 보는 간체자簡字는 반드시 번체자繁體字, 즉 원래 한자 정자를 찾아보라. 학습을 하다보면, 이상하게도 자주 등장하는 글자를 만나게 된다. 무슨 연유일까? 그것은 그들의 말에 자주 쓰여 진다는 뜻이다. 그런데 그 글자가 우리가 그동안 알고 있던 정체가 아니라서 당황하게 된다. 그러다 보니 자꾸 봐도 그 글자의 뜻을 모르니 문장이 안 외워지고 우리말로 문장을 떠올려 봐도 생각이 나지 않는 것이다. 예를 들면 중국 언어나 문장에서 자주 만나는 이런 글자가 있다. ' -하이'는 돌아 올 '환-還' 자

를 그렇게 간략하게 만든 것이다. 그래서 '아직' 이나 '돌아오다' 라는 의미가 있는 글자이다. 만약에 중국어로 "하이뿌라이- 不來!" 하면 '아직 안 왔다' 라는 뜻이 된다. 이렇게 그 글자의 본래의미를 알면 간자도 익히게 되고, 쉽게 말을 연상하여 떠 올릴 수 있게 된다.

물론, 중국어를 본격적으로 공부하기 전에 이 간체자를 미리 모두 학습해두면 좋겠지만 그것은 쉽지 않은 일이니 아예 포기해 버리고, 말부터 배워가면서 하나하나 익히면 된다. 너무 처음부터 완벽하게 혹은 기초부터라는 생각을 버리고 닥치는 대로 자주 쓰는 말부터 배우는 것이 최고이다. 꼭 공부 못하는 학생들이 제1과에서 열공 하다가 지쳐 포기하는 행위 따위는 닮지 마라.

다섯째, 자신보다 모르는 사람들에게 가르쳐라! 중국어를 한 일 년 정도 공부했다면, 중국어를 전혀 모르는 친구들이나 가족들에게 자신이 외국어 강사가 된 듯이 떳떳이 가르쳐 보라. 대단한 결과가 나온다. 가르침을 받는 사람보다 가르치는 자신에게 있어서 말이다.

왜냐하면, 자기가 배워 온 것을 자연히 복습하게 되는 것이고, 반복되는 학습은 바로 녹슬지 않게 장기기억으로 옮겨주는 것이기에 더더욱 자신에게 유리한 것이다. 아무리 격이 없는 사이라고 해도 가르친다는 행위는 긴장과 책임을 동반하기에 자신은 또 미리 공부하고 발음해 보아야하는 과정을 거친다. 그래서 그 효과는 놀라울 정도로 극대화 되고, 그것은 곧 자신의 발전이 되는 것이다.

여섯째, 잘난 체 하라! 많이 알지는 못해도 부끄러워하지 말고, 두려워하지도 말고 내가 아는 것만 일단 자신 있게 써 먹어라. 그리고 최대한 약간은 오버Over할 정도로 혀와 구강의 근육을 확장해서 말을 하면서 즐겨라. 우리가 어릴 때 자주 쓰던 그 말처럼 말이다. "짱꼴~라! 쮠땅에윤동화~먀뤈땽에 쨩후화!" 처럼 말이다.(ㅋㅋ)

가족이든, 친구이든, 편의점 중국인 아르바이트생이든, 상대가 비록 중국인이라도 그렇게 하다 보면, 무언가 상대에게서 받는 묘한 피드백을 느끼게 된다. 그 무어라 말할 수 없는 상대의 반응이 바로 '일상회화' 에서 받는 느낌과 자신감으로 쌓여가는 것이다. 어쩔 때는 상대방이 내말을 알아들었다는 쾌감에 잠을 못잘 기분 째지는 날도 경험하게 될 것이다.

일곱 번째, 미래를 향한 목적의식을 가져라. 그냥 좋아서, 친구가 하니까, 그냥 막연하게 공부하는 것은 의미가 없어 쉽게 포기하게 된다. 친구따라 강남가면 제 인생 망치는 것이다.

교육학 용어에 '도착점 행동Terminal behavior' 이란 말이 있다. 나는 이 말을 참 좋아한다. 한 수업단위가 끝날 때에 학습자가 성취해야 한다고 기대되는 행동을 말한다. 수업목표는 가능한 한 자신이 수업목표를 이룩했을 때 기대되는 효과를 상상하면 할수록 좋다는 것이다.

예를 들면, 중국어를 유창하게 할 수 있어 멋진 중국인 친구를 사귄다던가, 몇 년 뒤 중국여행에서 중국어로 대화를 할 수 있다던가, 중국어로 자신이 하고 있는 일에 중국손님을 접대한다든가 하는 구체적인 꿈을 가져야 한다. 그러면 인생이 변화한다. 사람 일을 어찌 알겠는가? 지금 힘겹게 배운 중국어 때문에 멋진 중국인을 만나 후에 장밋빛 인생이 다가올지 사람 일을 어찌 알겠는가 말이다.

마지막으로, 중국어를 사랑해라! 사랑하면 외워진다. 내 남편, 내 아내의 생일과 결혼기념일, 내 아들 딸의 생일을 외우고 있듯이, 사랑하면 자연히 외워지게 된다. 사랑하면 자꾸 중얼거리게 된다. 사랑하면 보고 싶어지고, 사랑하면 관심을 갖게 되고, 사랑하면 자꾸 닮아간다. 사랑하면 흐느끼게 되고, 사랑하면 더 잘 보이려고 노력하게 된다. 그래서 중국어를 사랑하게 되면 어느 날 당신은 중국어로 꿈을 꾸게 된다. 중국어로 욕도 할 수 있게 된다. 이 얼마나 벅찬 일인가. 그렇다! 중국어를 잘 공부하는 방법은 바로 '사랑'이다.

"워 아이 니!我愛你" "너를 사랑해!"

손때가 묻어있는 리포트

일주일 전 학부의 기말고사가 끝났으니, 내가 강의하던 과목에 대한 학생들의 학업성적을 산출하여 교학부에 제출하여야한다. 그동안의 중간고사, 출석률, 기말고사, 과제물 등을 꼼꼼히 검토하며 자칫 학생들에게 피해가 가지 않도록 신중함을 기하며 긴장을 놓지 않아야하는 것이 바로 학기말에 교수자가 가져야하는 책임과 의무이다.

나는 이번 학기에 좀 색다른 과제물을 내도록 학생들에게 지시했었다. 일반적으로 대학 별로 조금씩 차이는 있지만 학생들은 자신이 쓴 과제물을 교수의 개인 이메일이나 강의시간, 혹은 학교에 비치된 교수 사물함에 넣어두는 것이 대학에서의 과제물 제출방식이다. 그러나 나는 이번 학기에 색다른 방식의 제출방법을 학생들에게 지시했다. 그것은 바로 리포트를 컴퓨터 워드로 정리하여 작성하되, 반드시 자신이 쓰게 된 주제에 대한 마음가짐을 편지형식으로, 그것도 손 글씨로 한 장이라도 쓰고, 가장 중요한 것은 우체국에 가서 등기우편으로 내게 보내라는 것이 과제 제출방식이었다. 몇몇 학생을 제외하고는 과반수가 넘는 학생들이 재미있을거라며 재잘거리다 서로 우체국 가는 법에 대해 소곤거리기 시작했다.

솔직히 말해 나는 무엇보다 학생들의 손 글씨가 보고 싶은 것이었는지 모른다. 그리고 또 하나가 더 있다면, 이 디지털 시대에 사는 그들이 옷

가지나 책 등 모든 일상용품을 인터넷으로 구입해 택배로 받는 버릇에서 조금 빠져 나와, 발품을 팔아서 자신의 소중한 것을 정성스럽게 우표를 붙이며 상대의 주소를 손으로 써보는 그런 일련의 과정이 보다 더 인간적 행위라는 것을 가르쳐주고 싶은 것이었다. 그렇게 한 달이 지난 지금 내 책상 앞에는 여러 통의 등기 우편물이 놓여 져 있다.

사실, 지금 시대보다 우리가 공부했던 시절에는 리포트 하나를 쓸려고 하면 지금처럼 인터넷 같은 곳에서 많은 정보의 데이터를 쉽게 얻지 못했다. 그래서 발품을 팔아 서점에서 책을 고르고 거기서 찾지 못하면 청계천기슭의 헌책방을 하루 종일 뒤지고 다녔다. 그리고 정확한 최근의 데이터 등의 자료를 수집하려면 지자체 단위의 구청, 국회, 심지어는 청와대까지 편지를 써서 자료를 부탁한 학생들도 있었다. 그리고 찾아 수집한 자료를 정리하여 리포트를 작성하려면 종이 위에 삼각자 두 개를 직각으로 맞추어 정성스레 연필 선으로 안내 선을 긋거나, 줄이 쳐진 노트형식 종이 위에 또박또박 손으로 글을 써내려갔다. 그러다 중간에 한 글자가 잘못되면 칼로 오려 뒷면에 종이를 붙여 다시 쓰거나 아예 처음부터 다시 쓰기 시작하는 고된 노동의 과정이었다.

그래서 그것은 고생한 만큼 자신에게 만족감이라는 큰 보상과 함께, 학교에 제출할 때 자신의 모습은 마치 칼이 아닌 펜을 든 무사武士와 같은 비장한 마음가짐을 갖게 된다. 지금에 와서 회고해 보면, 오히려 그때로 돌아가고 싶은 마음이 들 정도로 참으로 과제물 하나에도 열과 성의를 다해 열심히 했던 것 같다. 그러나 요즘 일부 학생들은 아예 종이 위에 인쇄된 자료는 읽지 않는다고 한다. 그것은 바로 컴퓨터 화면에 떠있는 자료는 드래그Drag 복사가 가능한 데 비해 그럴 수 없다는 단점 때문이라는 것이다. 또 한 번 느끼게 되는 격세지감隔世之感이다.

학생들이 보내 온 등기우편이 모두 도착하기 전까지는 읽지 않고 쌓아

두었다가, 마지막 우편물이 도착했기에 개봉을 시작했다. 각기 다른 봉투와 각기 다른 글씨로 된 봉투를 여는 순간, 나는 감동하기 시작했다. 마치 예전에 받았던 연애편지 같은 향수에 젖어있었던 것이다. 학생들 개인 나름대로 무슨 사정이 그렇게 많은지 대화체 형식으로 그것도 손으로 쓴 사연들이 나는 마치 그 학생들이 바로 지금 내 책상 앞에서 이야기하는 듯 친근하고 사랑스러웠다.

그리고는 갑자기 옛 영화 하나가 떠올랐다. 2004년 국내에 개봉했던 외화 〈아저씨 우리 결혼할까요?我老婆秤, My Wife Is 18, 2002〉인데 리포트 주제에 대한 것을 읽어가는 순간 나는 이 영화의 줄거리가 생각 난 것이다.

주인공은 영국에 살고 있는 30살 남자 대학원생이다. 그는 수년 동안 학위를 따지 못하고 있는데, 그 이유는 그의 『여성에 대해』 라는 논문이 항상 모든 여성 심사위원들에게, 여자를 너무나 모르고 쓴 졸작이라는 평가를 들으며 "낙제" 점수를 받고 있기 때문이다. 주인공은 그래도 이미 그 논문에 너무 많은 시간을 투자했기 때문에 주제를 바꾸지 않으려 한다. 그러던 어느 날, 주인공에게 이성에 대해 직접적인 경험을 할 기회가 오게 된다. 그의 나이든 할머니가 죽기 전 그의 결혼한 모습을 보고 싶다는 소원에 맞선을 보게 되는데 막무가내 철부지 18세 여고생이다.

상대방은 18살의 홍콩 여고생으로 결혼은 고사하고 10분조차 함께 있기 힘든 어디로 튈지 모르는 천방지축 성격이었던 것이다. 하지만 할머니의 바램 때문에 결국 둘이 잠시 만나다가 헤어지고, 주인공은 논문 완성을 위해 홍콩에 오게 되면서 갈 곳이 없자 그녀와 재회하여 한 공간에서 살게 된다. 그렇지만 각자의 생활에 간섭하지 않고, 서로가 원하는 것들을 이루는데 도움이 되어 준다는 조건을 약속으로 내세우며 살게 된다. 하지만 너무나 다른 성격과 12년이나 되는 나이 차이 때문에 그들은 시간이 지날수록 다투는 일이 잦아지게 된다. 하지만 어느새 자신도 모르게 상대방에게 조금씩 끌리는 서로의 마음을 느끼게 된다는 줄거리이다.

위 영화의 줄거리처럼 우리는 그 어떤 하나의 목적을 두고 하는 일에는 필연적으로 작든 크든 여러 가지 사연을 얻게 된다. 내게 특이한 제출방식의 과제물 숙제를 받은 학생들도 위와 같은 로맨스는 아니더라도 이번 리포트를 작성하면서 이런저런 각자 나름대로의 에피소드가 있었음을 나는 짐작해 본다.

그래서 오늘 그들이 보낸 과제물 표지 위에 나는 최대한 높은 점수를 적어야한다는 것을 염두에 두며 빨간 펜으로 숫자를 적어 내려가는 아름다운 밤이었는지 모른다. 마치 우리가 어린 시절 담임선생님께 받았던 공책 위에 토끼모양의 그림과 함께 있었던 “참 잘했어요!” 라는 스탬프의 잉크빛 같은 밤을 가슴으로 맞이하게 된다.

구부리면 세워 진다

몇 년 전, 나와 같이 예술 활동을 하는 원로선생님이 내게 전시초대를 해왔다. 전시내용은 자신이 그동안 가르쳐온 후학들, 즉 제자들의 작품 발표전시회라는 것이었다. 경험 많은 스승아래서 그동안 얼마나 좋은 기량을 닦았는지, 그들의 그림 성향은 어떤지 매우 궁금하여 바쁜 와중에도 그곳 전시장을 찾아 나섰다. 그러나 전시장을 들어서자마자 느꼈던 서운함과 불쾌감은 전시장을 떠나온 지 몇 년이란 시간이 흐른 지금도 내게는 씁쓰레한 심정으로 각인되어 남아있다.

그 이유는 분명 제자들의 전시인데, 가장 좋은 중앙자리에 스승의 작품이 큰 것 하나와 그 옆에 소품 한 점, 즉 두 점이 걸려있었다. 제자들의 그림은 그 주위로부터 빼곡히 진열되다보니, 결국 어떤 제자 작가의 작품은 계단 끝이나 전시장 맨 끝 후미진 곳에 전시되어 있었다는 것 때문이었다. 결국 주객主客, 주인공이 뒤바뀐 꼴이니 그 전시장을 나서는 내 심정은 참 묘한 기분이 겹치면서 매우 불쾌했던 것이 사실이다. 그 후 그런 모습은 요즘도 몇몇 전시회를 가면 여전히 그와 같은 행태의 전시가 여기저기에서 펼쳐지고 있는 현실을 나는 자주 목격한다. 물론 제자들이 스승에 대한 예우禮遇차원에서 배려한 것이라고 생각하지만 참 보기 싫은 광경 중의 하나인 것은 분명하다.

또 이런 일도 있었다. 국내유수의 미술대학에서 평생교육원을 창설하여 일반인들에게 취미미술을 가르치는 곳에서의 일인데, 토요일 수업이 일찍 끝나 어느 전업주부학생 한 분이 지도교수님에게 식사를 대접하겠다고 하자, 그 지도교수가 나를 동행하고자 해 엉겁결에 따라간 적이 있었다. 그런데 문제는 그 교수가 나 외에 또 다른 교수 두 명도 불러내었고, 심지어 옆 반의 조교선생까지도 식당에 도착해 전화로 호출하여 자리를 같이하였다.

나는 이날 한사람의 식사대접이 여러 명으로 바뀐 것뿐 아니라, 더 심각한 것은 그곳이 강남지역 중심부의 '회전초밥' 식당이었는데 그 지도교수는 계속 '금색테두리 접시' 만을 집어 식사를 하는 데에 신경이 쓰였다. 우리가 알다시피 그 당시 회전초밥 집에서는 가격대의 상·중·하를 접시 색깔로 구분하여 손님들 앞에 내어 놓는다. 물론 금색테두리접시는 그 집에서 가장 비싼 가격의 음식이다. 나는 옆자리에서 점점 쌓여져 가는 그 교수의 금색 테두리 접시만을 응시하면서 그 학생의 얼굴 표정을 번갈아 살피어가며 '녹색접시' 몇 개만을 먹고는 더 이상 식욕이 떨어져 먹지 못했다. 결국 그 자리에서 주부학생은 지도교수 점심식사비로 삼십만 원이 넘는 가격을 "울며 겨자먹기식"으로 치러야만 했다.

음식으로가 아닌 심정心情의 소화불량이 심했던 하루로 그 일은 아직 내 기억에 씁쓰레하게 남아있다. 지난일이긴 하지만, 요즘의 '김영란 법'을 생각하면 엄두도 못 낼 일이었다.

타산지석他山之石이라 하였던가.

어제, 드디어 내게 길게는 7년-짧게는 1년 동안 그림을 배웠던 제자들의 첫 전시, 즉 '제1회 석미회미술전람회'를 치렀다. '석미회'란 내 이름 '석주'와 그 '미술인들'을 합친 말이다. 오전시간 작업실에 여느 날보다 일찍 혼자 나와 제자들 그림 옆에 부착할 이름표를 하나하나 내손으로 만들고, 작업실에 쌓여있는 전시할 제자들의 액자를 배달차를 불러 싣고, 길 건너 액자 집에 또 있는 나머지 액자들을 차에 싣고는 전시장에 도착했다. 모두들 성인 제자들이기에 직장생활과 가정에서 모두들 바쁘기 때문에 내가 챙겨주는 것이다.

먼저 집에서 본인그림을 싣고 온 몇몇 제자들과 합류하여 전시장에 그림을 디스플레이 하기 전 하나 하나 바닥에 놓아 보았다. "이 자리가 그 제자에게는 서운할 수도 있겠지?" "일층에는 없고 이층에만 자기그림이 있으면 또 어떤 이는 서운해 할 수도 있겠지?" 등등의 생각을 하며 미적 코디네이션과 디스플레이 개념을 뒤로 한 채 그렇게 그림을 걸기 시작했다. 그리고는 이층 전시장 맨 끝자리에 내 그림을 맨 나중에 걸었다. 그렇게 그림을 모두 건 후에, 전시를 처음으로 하는 제자들이라 그들에게 나는 거짓말을 해 주었다. "원래 이런 회원전에는 지도교수 스승의 그림은 맨 끝에 거는 거예요" 라고.

내겐 누가 뭐래도 참 흐뭇한 하루였다!

나는 앞의 두 사례로 참 많은 것을 그동안 배웠다. 탈무드에서 말한 것처럼 "나는 나의 스승들에게서 많은 것을 배웠다. 그리고 내가 벗 삼은 친구들에게서 더 많은 것을 배웠다"는 것처럼 말이다.

요즘 시대에는 '학생은 많은데 제자는 없고, 교사는 많은데 스승은 없다' 라고들 말을 한다. 시대가 물질만능주의로 변했고, 인간적인 정이나 의리가 사라지고 있다. 인생을 책임지는 지도자로서, 선배로서 이끌어 줄 만한 선생님이 그야말로 절실한 시대이다. 그런데 요즘 학원가에서는 오래 선생을 하다보면 학생 한명 한명이 돈으로 보인다고 한다. 과외를 하면 머리수대로 돈이 된다고 버젓이 얘기하는 그런 자들은 이미 선생님의 자격이 없는 것이다.

또한 일부대학에서는 강의교수들에게 학생모집을 강요하고, 그것이 이루어지지 않으면 계약기간이 버젓이 남아있어도 근무계약을 파기하며, 강의 실력이 있든 없든, 강의내용이 학생들에게 호평好評이 있어도, 다음 학기 강의를 주지 않는 추태도 서슴없이 행하고 있다. 정말 이대로 참스승은 없는 시대인가? 그야말로 '서툰 의사는 한 번에 한 사람을 해치지만, 서툰 교사는 130명을 한 번에 해친다' 는 서양속담처럼 누군가에게 있어 자신이 스승이라는 것은 그만큼 많은 책임을 짊어진다는 것을 우린 알아야 되는데 그것이 안 되고 있는 것이다.

노자사상에 이런 말이 있다. "자신이 무언가 새로운 것을 지니려 하면, 그 반대되는 무엇을 그 안에 허용해야한다"고 했다. 그래서 "구부려라! 그러면 당신은 곧게 되고, 텅 비게 하라! 그러면 당신은 가득 찰 것이며, 다 닳고 헤지면 새로울 것이다!"라고 하였다. 이 말처럼 남위에 있는 사람들은 '나'라는 것에 집착되어 높아만 지려고하는 교만한 것을 피해야 할 것이다.

이글 마무리 시점 잠시 후 제자들과 점심을 먹으러 작업실에서 나가야 한다. 오늘은 가격이 싸면서 맛이 좋은 집이 어디에 있는지 고민해봐야 할 시간이 되었다. 늘 그랬듯이 말이다.

안과 밖의 화이부동和而不同

하던 일을 다 마치고 동료들끼리 근처 식당에서 식사를 하기로 합의하며 밖으로 나가려던 순간 전화벨이 울렸다. 우리 동료들도 이전에 한 번 본적이 있는 사진작가로서 내게 공모전 요강에 대해 문의 차 근처에 왔다는 것이다. 그래서 나는 우리들이 마침 식당에 내려가니 그곳으로 와서 얘기하자고 제안하며, 모두들 식당에 삼삼오오 앉아 그 사진작가를 기다리고 있었고 마침내 같이 합석하게 되었다.

그런데 정작 우리 동료 중 한사람이 바깥에서 상기된 얼굴로 들어오지 않고 서성대는 것이다. 왜 그러는지 물어봤더니 "왜? 우리끼리 먹기로 했는데, 남을 불렀냐? 나는 모르는 사람하고는 같이 식사 안한다!" 하며 가방을 들고 가버리는 것이다. 또 이런 일도 있었다. 서있기만 해도 땀이 줄줄 흐르던 올 여름 어느 날, 인사동에서 동료 넷이 일을 보고 같은 장소로 이동하려고 할 때, 내가 날도 덥고 네 명이니 택시를 타는 게 좋겠다고 제안하자 그가 "나는 여러 명이 택시 타는 걸 안 좋아한다!" 하며 화를 내며 혼자 지하철입구로 걸어가는 것이다. 참 어이없는 사람이다.

더욱 이해가 안 가는 것이 그는 한자교육을 하는 한문 선생이고, 평소 공자·맹자·장자·논어·대학·중용·주역 등에 폭 넓은 지식을 가지고 있는 동양철학을 전공한 사람으로서 우리들의 단체 카톡에 하루에 서른 번이 넘게 '군자君子가 나아갈 길'과 '대인大人의 자세와 마음가짐'에 대해 문자를 보내는 사람이다.

그런 그가 아무 것도 아닌 일로 토라지고 화를 내며 사라질 때 마다 나는 '화이부동和而不同'이란 말을 떠 올리게 된다. 이 말은 당연히 그도 아는 말로서 『논어』 〈자로子路편〉에 나오는 말이다.

남과 사이좋게 지내기는 하나 자신의 뜻을 굽히지 않는다는 뜻으로, 붙어 다니되 화합하지 못하는 동이불화同而不和의 반대말이다. 공자는 "군자는 화이부동하고 소인은 동이불화 한다"고 했다. 다른 사람과 생각을 같이하지는 않지만 이들과 화목할 수 있는 군자의 세계를 '화이부동'이라 하였고, 겉으로는 같은 생각을 가진 것처럼 보이나 실은 화목하지 못하는 소인의 세계를 '동이불화'로 대비시켜 군자의 철학을 인간이 추구해야 할 덕목이라고 공자는 주장한 것이다.

앞의 동료를 보면 '참으로 알 수 없는 것이 사람이다' 라는 말을 실감케 한다. 머릿속에서는 그렇게 많은 지식이 있는데, 마음에는 실천이 없는 것이다. 그가 만약 화이부동을 말한다면, 그것은 안과 밖의 진리가 겉도는 괴리감을 가지는 것이다.

지식Knowledge은 지혜Wisdom와 다른 것이다. 지식은 세상에 널리 퍼져있는 보편적인 진리이며 정보이고 이론이기에 그런 것들 속에서 세상의 여러 것들이 정의가 되어왔고, 그것을 기반으로 어떤 일에 응용應用을 해나갈 수 있는 기반이 된다.

반면 지혜란 그 지식을 얻고 체험으로서 이해하고 응용하며 발전해나가는 정신적인 능력을 말한다. 그러므로 학습능력이나 방법에도 지식이 적용되기는 하나, 그 지식을 처음 만들 때와 일상에 응용시킬 수 있는 것에는 스스로 찾아내고 발전시킬 수 있게 할 때는 당연히 지혜가 필요한 것으로 서로 다른 것이다. 그렇기 때문에 지식이 아무리 많아도 지혜가 없다면 결국 머리만 무거워지는 꼴이 된다.

여기서 더 나아가 지식이 늘고 지혜가 넘쳐도 도道를 모르면 혼란에 빠지게 되어 진정한 삶에 대한 성찰을 하기에는 역부족이 된다는 사실 하나를 더 알 필요가 있다.

글자도 없었고, 그림을 그려도 알기 어려웠던 아주 먼 원시생활에서의 인간은 음식이 귀해서 얻을 때마다 기뻐했고, 입을 수 있는 옷마다 소중해서 고마워했고, 풍속을 따라 사는 것을 만족해하며, 거처를 편안히 여기며 누릴 줄 알았다. 그때의 사람들은 이웃나라를 서로 마주 보며 살았으며, 닭과 개의 소리가 이웃나라에까지 들렸다. 그러나 사람들은 늙어 죽을 때까지 서로 왕래하지 않았어도 궁금한 것이 전혀 없었다. 그 이유는 모두가 다 같은 것을 먹고, 같은 옷을 입고, 같은 생각으로 살았기 때문이다. 이때에는 지식이 별로 필요하지 않았다. 모두가 자연의 이치를 따랐고, 그만한 삶의 도를 알았던 것이다.

그러다가 총과 그물을 만드는 지식이 늘게 되자 우리 인간들은 속임수와 논쟁, 반목과 불신, 그것도 모자라 음모와 복수, 다툼과 원한으로 어지러워졌고 서서히 믿음과 사랑을 잃어가게 되었다. 그러면서 사람들은 자기 일만 알고 남의 일은 외면하며 자신이 좋지 않다고 생각하는 일은 비난할 줄 알면서도, 이미 자신이 좋다고 판단한 일에는 비난할 줄 모르게 되었다. 그래서 결국은 하늘로는 해와 달의 밝음을 어기고, 땅으로는 산과 물의 조화를 잃게 하고, 급기야 사시사철의 변화를 깨트린 탓에 이제는 폭염과 강추위로 계절도 사라진 것이다.

날씨는 더욱 변덕스러워지고 천지는 요동하며 서로의 질서를 잃어버린 일상이 되어버렸다. 그것은 풀벌레, 새, 뛰어다니는 짐승까지, 혹은 어린이부터 늙은이까지 모두가 그들의 본성을 잃어버린 세상인 듯 요즘 저녁 아홉시 뉴스의 화제는 이제 우리들에게 그렇게 큰 충격이 아닌 세상으로 변해가는 듯하다.

왜 이럴까? 대기오염도 심각하지만 그 근본은 우리의 지식과 지혜가 더 심각하게 오염되어 초래된 것이라 할 수 있다. 이 모두가 안에서의 화이부동과 바깥에서의 화이부동이 서로 다르게 움직여 지식과 지혜가 넘쳐도 도를 알지 못한 혼란의 결과로 나타난 것이다.

이글을 갈무리하면서 한문지식이 많은 그가 오늘만큼은 남들과 삼삼오오三三五五 어울려 즐겁게 식사하는 모습을 기대해 본다.

애듀테이너가 되자!

어젯밤 열시까지 동네의 한 문학교실에서 이틀 동안의 특강을 마치고 돌아왔다. 모두들 현직 시인들과 수필가, 소설가란 이름으로 그야말로 이 세상에서 이름만 대면 알 수 있는 현직 문학인들 앞에서 〈생활 속의 예술〉이란 타이틀을 내세워 내가 갖고 있는 끼 하나로 열정을 쏟아 부었다.

학생의 신분도 아닌 그들이 세 시간이나 되는 야간의 긴 시간과 딱딱한 의자에 앉았음에도 불구하고 한명도 졸지 않았고 중간에 퇴실하는 사람도 하나 없었으며, 계획에도 없던 추가 강의를 다음 주에 또 부탁하는 것으로 보아 내 강의에 만족감을 가졌던 것 같았다.

나는 외국인들을 대상으로 하는 〈한국문화〉강의가 있는 날이면, 으레 한복을 입는다. 개량한복이 아닌 정통복식으로, 날이 아무리 더운 삼복더위 날이라 해도 나는 반드시 두루마기까지 격식을 갖추어 입는다. 아내가 참 피곤할 일이다. '한국문화'를 강의하는데 한복은 제격이라는 생각을 떠나, 강의 도중 그들이 한복이라는 것을 눈앞에서 보고 내가 동정, 매듭 등을 일일이 손으로 집어가며 설명을 하고 멋을 이야기하면 그들은 정말 프랑스기자가 했던 우리 한복에 대한 격찬 "하늘을 가르는 바람의 옷"이란 사실에 모두가 동감하게 된다.

그것뿐만 아니다. 강의가 있는 하루 전 날밤은 아내와 내가 퍽 바빠진다. 이것저것 실제 보여주고 느낄 물건들을 챙겨 강의실에 한 보따리 들고 나타나는 것이 바로 내 강의이기 때문이다. 동양과 서양 어느 나라에도 없는 부채문화 중 접었다 펼칠 수 있는 우리의 합죽선合竹扇부채를 사진으로 글로 아무리 설명해도 그들에게 공감대를 형성하기엔 불충분하다. 실제 부채를 보여주고 그 앞에서 내가 산수화를 간단히 그려 "우리의 부채는 이렇게 자연을 손아귀에 접었다 펼칠 수 있다. 이런 여유로움이, 이런 대범하고도, 세밀한 멋이 한국문화이다"라고 설명하면 모두를 쉽게 이해시키면서 우리의 문화를 오롯이 전달해 주는 마력을 지니게 된다.

하루는 우리의 '음식문화'를 전달해야 하는데, 가장 기본적인 '김치'를 알려야하는 책임감에 또 한보따리 김치를 들고 나타난 내 행위 때문에 그들은 아주 즐겁고 맛이 살아있는 강의를 접하게 된 적이 있다. 그날 강의 뒤풀이 장소는 식당이 아닌 강의실에서 전원이 컵라면에 김치를 먹으며 웃음 짓는 동·서양 소통의 장이 되었던 셈이다.

나는 재미있는 사람을 좋아한다.

같은 말이라도 좀 부드럽게, 유머 있게 말을 해 주면 듣는 이로 하여금 즐겁고 이해의 깊이가 더 깊으며, 그와 헤어져도 그 사람을 다시 보고 싶다는 충동을 느끼기 때문이다. 사람이 살다 보면 때로는 심각하게 행동을 해야 하는 경우도 있겠지만, 일상의 삶 속에는 분명 '재미'라는 것이 삶의 활력소가 되는 것은 당연한 일이라 하겠다.

그렇다면 우리가 생각하는 '교육'의 틀에서는 어떨까?

노올즈와 브르너, 버너와 가네 같은 학자들이 평생교육 교수원리와 기법과 관련하여 이야기하고 있는 모든 것들을 종합해 보면, 학습자가 필요한 정보와 지식을 스스로 발견하고 경험할 수 있도록 촉진시켜 주는 것이 바로 교수행위라 말할 수 있다. 그러므로 진정 교육의 현장에서 어떤 티칭 방법이 더 바람직한 것일까를 한번 생각해보아야하는 것은 당연하다.

학생들이 수업시간에 졸고 있다. 또 수업을 듣고 있는 시각에도 자꾸만 바깥세상의 잡념이 머릿속을 온통 채우고 있다. 이런 예는 어느 누구나 할 것 없이 한 두 번쯤은 경험해 본 일일 것이다. 선생님 자신이 아무리 머릿속에 지식이 많다하더라도, 교수자의 학력이 최고 학부를 나온 박사 이상의 석학이라 할지라도 그런 상황에서는 학습자에게 수업시간은 지루하기만 하고 앉은 좌석이 딱딱하게만 느껴질 것이다.

그래서 나는 '애듀테이너'라는 말을 무척 좋아하며, 또한 그것을 널리 전파하고자 많은 노력을 한다. 이 말은 '교육'과 '즐겁게 하는 사람' 이라는 뜻으로, 영어를 구지 빌리자면 Education+Entertainer의 합친 말이 된다.

이제 교육자·교수자도 즐겁고 재미있는 사람으로 재탄생되어야 한다. 특히 어린 아동을 교육하는 학습장이나 성인기, 노년기 교육에서는 그것이 꼭 필요한 것이고, 이것은 중·고등 교육에서도 더 더욱 중요한 요소이다. 아무리 어려운 수학이나 과학 과목에서도 선생님이 재미있게 가르치면 학생들은 졸지 않고 오히려 그 수업시간을 기다리게 되는 것이다. 또한 선생님이 멋있고 재미있으면 자연히 학습자들은 그 선생님을 따르게 되며, 그 과목에 성적이 예전보다 현저히 상승되는 효과가 두드러지게 나타나는 것을 우린 쉽게 발견할 수 있다.

그 이유는 '인간의 오감과 학습효과'에서 말하고 있는 다른 감각 외에 시각 60%와 청각 20%의 모든 장점은 재미있는 수업시간에 다 집중되기 때문이다!

90년대 최고인기 방송프로그램이었던 오성식의 〈굿모닝 팝스〉를 생각해 보면 이 이야기는 상당히 쉬운 설득력을 동반하게 된다. 톡톡^^ 튀는 멘트로 애청자들의 폭발적인 사랑을 받았던 그 방송은 '영어교육'에 있어서 아직까지도 살아있는 전설로 남아있다. 1990년 10월부터 2000년 4월까지 약 십년동안 매일 방송된 KBS '굿모닝팝스'는 청취율 70%라는 상상을 초월하는 인기를 끌며 한반도 전체를 영어의 붐으로 몰아넣었다. 물론 그 이전에 다른 영어방송도 여럿 있었지만 이 방송에 파묻혀 빛을 보지 못한 것이다. 그래서 진행자 오성식은 내가 생각하기에 방송인이자, 영어교육자이자, 우리국민에게 즐거움과 행복을 준 엔터테인먼트를 넘어 진정한 '에듀테이너'였다고 볼 수 있다.

결론적으로 내가 주장하는 에듀테이터, 재미있게 가르치는 선생님이란 말은 "교수행위는 교육내용을 일방적으로 전달하는 조작적 기술이 아니라, 학습자의 특성과 상태를 상시적으로 반영하여 적절한 교수방법과 기법을 적용하여 학습자의 자발적인 참여와 경험을 확대시켜 주는 협응적 기술Cooperative arts이다" 라는 평생교육 교수원리와 기법의 맥락과 같이하는 것이 된다.

이제 우리 선생님들은 이 시대에 맞는 교육자로 재탄생되어야 한다. 무엇을 가르친다는 것에서 출발하여 '어떻게 가르칠 것인가'를 고민하면서 교단에 올라서기 전, 강의실에 들어서기 전, 자신의 거울을 한 번 더 들여다 보아야한다.

이글을 쓰는 내내 내 마음 속에서 지난날 학창시절 내 머리를 쓰다듬어 주시며 재미있게 국어를 가르쳐 주신 은사님이 내 가슴 속에서 기침을 하듯 콜록거리며 자리를 같이하고 계시는 듯하다.

삼수갑산에 숨어있는 우리의 국어

온 나라가 영어교육 열풍에 정말이지 난리亂離라는 표현이 맞을 것 같다. 초등 중고생은 물론이고 대학생과 직장인은 그렇다 치더라도 심지어는 유치부, 그것도 서 너 살 아이들까지 한글보다 영어를 더 열심히 공부시키고자하는 요즘 어머니들의 치맛바람을 보면 참으로 많은 생각을 낳게 하는 씁쓰레한 일이 아닐 수 없다. 하기야 그 입김의 근원지는 저 북쪽 산 아래 청기와 집이니 누구 탓도 아니지만 말이다.

좋다. 그건 그렇다고 치고, 이러다보니 큰 문제가 우리나라 전역에 펼쳐지고 있는데 더 심각한 것은 지성의 전당인 대학에서도 그 증세는 어김없이 튀어나온다. 각 대학기관과 교육단체에 부설기관으로 평생교육 시스템인 '학점은행제'라는 것이 있다. 이제도는 고등학교 졸업자가 정규대학교에 다니지 않아도 전문 또는 학사학위를 취득할 수 있는 평생교육제도이다. 본격적인 성인교육과 평생교육시대의 개막과 함께 출범된 것이며 어려운 집안 환경 탓에 대학진학을 못했던 성인들에게 늦게나마 학업의 꿈을 실어 학사취득의 목표를 달성할 수 있게 해주는 좋은 제도라고 나 또한 생각한다.

그러나 이 제도의 제일 큰 허점은 바로 국어 즉 '대학국어'를 필수교양과목으로 채택하고 있지 않는 것에 큰 함정이 도사리고 있다는 것을 모르고 있다는 것이다.

대학생은 한 나라의 교양인이라 볼 수 있다. 그런 교양인이 표준어나 맞춤법을 제대로 구사하지도 못하고, 생활기초 한자漢子 등을 모른다면 상식적으로 말이 안 되는 것이다. 그런 결과로 졸업을 한다면, 아무리 학사모를 쓰고 가운을 입고 있어도 신발은 신지 못하고 맨발을 드러내고 있거나, 현대인과는 상반된 구시대의 짚신을 쓰고 있는 것과 같은 꼴불견을 낳게 하는 격이 되는 것이다.

내가 지도하는 학교에서 이번 학기에 있었던 실화이다. "앞에 앉은 학생, 이름이 뭐죠?" "네. O자 O자 O자입니다" 지도교수인 나와 학생과의 대화이다. 자기가 본인의 이름을 밝히는데 이름 세 글자 전부에 존칭호격조사를 넣고도 아무 부끄러움이 없는 것이다. 또한 성姓이 무엇이냐고 물어보아도 "네, OO 김씨입니다" 라고 한다. 나이어린 초등학생이 이런다고 했을 때는 아직 잘 몰라서 그러니 귀엽게 넘기며 잘 가르쳐 줄 수 있지만, 나이 사오십·육칠십이 넘은 늦깎이 대학생에게는 자신의 성과 이름을 말할 때는 어떻게 하는 것이고, 부모님의 이름과 남의 이름 그리고 자신의 이름에는 이런저런 호칭법의 격식이 있다고 가르치기에는 서로가 얼굴이 붉어질 수 있는 난처함이 있다.

그러다보니, 이 학점은행제 반에서는 학생끼리 서로의 호격방법도 "아줌마! 아저씨!"라는 말이 여기저기 튀어나오니 참으로 선생의 입장에서는 민망하기 그지없다. 잠시 학교가 아니고 시장골목이 된 듯해서 멍하니 서 있다가도 현기증이 동반한다. 그래서 나는 매년 대학 일학년 첫 수업은 국문학과가 아니더라도 호칭법으로 강의를 시작한다.

자신의 성씨에는 '씨'라는 존칭호격조사를 쓰면 안 된다, 예를 들면, '김해 김씨'라면 "김해 김가입니다"라고 해야 한다. 자신을 낮추는 겸양의 표시이기 때문이다. 여기에서 '가'자는 '家'가 아니고, '哥'로서 성에 붙여 낮게 일컫는 말이다. 자신의 이름을 말할 때에도 각 글자 뒤에 '자'라는 함자호격조사를 쓰면 안 된다. 또한 자신의 이름을 밝힌 뒤에 아버지의 이름을 들먹일 때에도 아버지의 성씨에는 '씨'를 붙이면 안 된다. 즉 예를 들어 "홍, 길자, 동자입니다"라고하면서 홍길동이라는 아버지의 이름을 밝혀야한다. 왜냐하면, 자신과 아버지는 하나이니 존칭을 남에게 낮추는 것이다. 단, 어머니의 이름을 밝힐 때에는, 예를 들어 "김자, 순자, 자자이십니다'라고 김순자라는 어머니의 이름을 소개하여야 한다. 왜냐하면, 어머니의 성은 남의 성이기 때문이다.

조금 복잡한듯하지만, 알고 나면 쉬운 것이 학문이다. 또한 알고 나면 살아가는데 있어 유용한 가치를 주는 것이다. 이렇게 첫 강의시간을 보내면, 반응은 놀랍게도 모르고 있었다고 하는 학생이 절반을 넘는 형편이고 그 학생들의 나이는 놀랍게도 지긋한 인생의 무게를 가진 사람들이다. 그런 뒤 혹 야간에 끝나는 강의시간에 뒤풀이 자리를 하게 될 때, 그들은 서로의 말투가 달라지고 좋은 것을 지도해주어 고맙다고 하면서 술 한 잔한 불그스레한 얼굴을 띈 노년기학생의 미소가 감돌 때 나 또한 교육의 현장에서 보람을 느끼게 된다.

이런 현상은 어디 호칭법의 문제에만 있는 것인가. '대학국어'라는 과목을 배우지 않으니 레포트와 시험지에 적은 답안을 보면 여기저기 오탈자誤脫字가 보이고, 맞춤법은 당연히 틀려있고, 이어지는 문맥의 흐름은 꺾여 있으며, 칠판에 한자를 적으면 여기저기에서 한글로 적어달라고 하는 진풍경을 자아내기도 한다. '왠일과 웬일, 머리속과 머릿속, 소고기와 쇠고기, 사글세와 삯월세, 난장이와 난쟁이' 그 어느 것이 맞는지도 모르고 있는 것이다. 또한 한자漢子도 마찬가지이다. 우리나라 말의 65%가 한자인데 어찌 한자를 모르고 한글을 이해할 수 있는가 말이다. 맞춤법도, 한자표기도 컴퓨터에 인터넷에 다 있다고 하면서, 특히 기계공학을 공부하는 사람 그리고 미술을 공부하는 사람이 그것만 배우면 되지 뭣 하러 국어를 배워야하냐고 비아냥거리던 사람들에게 나는 이런 글을 권하고 싶다.

『명심보감明心寶鑑』「권학편勸學編」에 나오는 태공의 말씀 중에, '인생불학人生不學이면 여명명야행如冥冥夜行'이라 했다. '사람이 살면서 배우지 아니하면 어둡고 어두운 밤길을 다니는 것과 같다'라는 말이다. 글을 모르고 기본 인간 예의범절을 모르고 사회를 살아간다는 것은 불빛 하나 없는 밤길을 걷다가 어딘가에 부딪혀 깨어지고 긴 수렁에 빠지는 것과 무엇이 다른가 말이다. 무엇을 알아야 컴퓨터에서도 찾고 인터넷을 뒤질 것 아닌가 말이다. 이래서 내 생각엔 대학에서와 같이 평생교육과정에도 반드시 교양필수과목으로 전학과를 막론하고 우리민족의 과목 '대학국어'가 필요하다는 것이다.

내가 사는 동네 시장 통에 새 가게가 들어서고 새로 만든 간판 하나가 올라간다.

식당이름이 '산수갑산'이란다. 그러나 그것은 산수갑산이 아니다. '삼수갑산三水甲山'의 표기오류이다. 삼수와 갑산은 우리나라에서 가장 험한 산골이라 이르던 지금의 북한지역에 있는 지명이다. 즉 조선시대에 가장 큰 죄를 지은 죄인이 머무는 귀양지의 지역이름인 것이다. 일단 여기에 귀향을 가면 나올 수 없다고 하여, 가장 험한 지역의 대명사가 된 것이다. 그런 것을 모르고, 대강 경치가 좋은 곳이라는 이미지를 떠올려 산과 물이 있는 산수갑산으로 잘못 사용되어온 것이다. 이렇듯 알고 나면 바로 잡을 수 있는 것이 지성이고 교육이다.

'삼수갑산에 가는 한이 있어도' 라는 관용구가 들어있는 속담을 나는 이 글 끝에 대입시켜본다. "삼수갑산을 가더라도 제발 알건 알자"

쉽게 해 주세요!

아내가 친구들과 지방여행을 떠나, 혼자 저녁밥을 지으려 하니 귀찮기도 해서 가까운 마트에 나가 먹을거리를 뒤지는데, '햇반'이라는 것이 눈에 들어왔다. 몇 년 전 한번 먹어본 적이 있는데 맛이 꽤 좋았던 기억이 되살아나 그것을 사들고 집에 와 렌지에 2분 정도 돌려 맛있게 먹으니 나름 조촐하지만 만족스러운 저녁식사가 되었다.

그런데 그것을 먹으면서 뚜껑에 붙어있던 비닐포장을 읽는 순간, 나의 단어 이해의 빈약한 어휘력이 들통 나고 말았다. 거기에 이런 문구가 쓰여 있었던 것이다.

'도정 후 하루 내에 갓 지은 밥맛' 여기에서 나는 '도정' 이란 말뜻을 몰랐다. 시골에서 아홉 살 때 까지만 살고 서울에 와서 그런지, 무지해서 이 농업 용어를 모르고 있는 것인지 어찌되었던 모르는 말이라 곧바로 인터넷에 다가가 그 말을 검색해 보니 한자표기로는 '搗精'이었고 그 말뜻은 쌀알 껍질을 벗겨내는 작업을 뜻하는 것이었다. 더 자세히 알아보기 위해 「표준국어대사전」을 찾아보니 '곡식을 찧거나 쓿음'이라고 표기되어 있었다. 내친김에 국문학과 시절 은사님께 안부도 아뢸 겸 전화를 해 여쭈어 보았더니 그 말은 '일본 한자'라는 것이었다.

그 이후 나는 만나는 사람들 마다 햇반 포장 위에 있는 그 도정이란 말을 아는지에 대해 물어 보고 다녔다. 그 결과는 거의 모든 사람들이 모르고 있었고, 특히 젊은 층은 아예 모르고 있는 것이 다반사였으며, 어른 층에서도 도시에서 자란 사람들은 나처럼 그 말뜻을 모르고 있었고, 일부 몇 명만이 알고 있는 단어였다.

왜 일상생활에서 자주 대하는 상품에 이런 어려운 말을 쓸까? 그것도 한자표기의 보조표기도 없이 인쇄되어 있으니 이런 일이 생겨나는 것일 테다. '방아타령'이란 노래까지 있는 우리가 굳이 이런 어려운 일본말을 현대의 밥 상품포장까지 쓰는 까닭은 무엇일까? 우리는 방아를 찧으면서도 결코 힘든 내색을 하지 않고 노래를 불렀던 민족이다. 봄에 모를 심고, 여름에 김매고, 피를 뽑아, 가을에 걷어 들이면 그제야 방아를 찧고 나서 비로소 한 그릇의 밥을 상에 올릴 수 있었다. 여간 정성이 아닌 것이 우리가 매일 먹는 밥의 이치인 것을 생각해 보면 더욱 더 딱한 노릇이다.

나는 가끔 TV 아홉시 메인 뉴스를 볼 때마다 느끼는 것이 하나 있다. 간혹 아나운서가 전달하는 말뜻을 모를 때가 있다는 것이다. 어떤 경제용어라던가 정치적인 뉴스의 전달에 어려운 한자성어와 영어단어가 드문드문 튀어나와 그 단어 뜻 때문에 뒤의 말들이 귀에 들어오지 않을 때가 있다. 그래서 나는 뉴스에도 영상의 전체적인 내용이해를 도와주는 부연설명 기능의 '첨가자막Caption'을 넣어 주어야 한다고 생각하는 사람이다. 유명한 사람들의 인터뷰를 내보낼 때에도 그들은 마치 다들 알고 있다는 듯이 내뱉고 있는 어려운 말들이 시청자를 우롱하는 행동이라는 것을 알아야 한다. 특히 아홉시 메인 뉴스는 전국의 전 연령대와 남녀노소 모두를 포함하는 시청자 폭을 지닌다는 점에서 첨가자막 기능은 꼭 필요하다하겠다. 나는 사실 지난 몇 년 전, 세상을 떠들썩거렸던 '개인사찰' 뉴스를 접했을 때, 그것이 '개인이 운영하는 절간, 즉 사찰寺刹'이라고 생각했다. 웃지 못 할 해프닝 같지만 돌이켜 보면 화가 나는 행태이다. 그런 표현은

'정보'라는 말을 가운데 끼워 넣어 '개인정보 사찰'이라고 표현해야 하고, 아니면 밑에 자막처리를 하여 이해에 도움을 주어야 한다.

뉴스를 보는 우리 시청자들은 배움이 짧고 길고를 떠나 다양한 학력과 직업군 그리고 폭넓은 연령대를 포함하고 있다. 그러니 그런 어려운 말을 모르고 있는 것이 당연하다는 것을 알고 쉽게 이해하는 말로 고쳐 써야 하며, 고칠 수 없는 말이라면 아래에 자막을 넣어 설명해 주어야 비로소 국민전체를 아우르는 메인 뉴스시간이 될 것이다.

1998년 8월 14일자 한겨레신문의「국민 기자석」코너에 '이하람'이란 일산 호수초등학교 5학년생의 투고가 그런 것을 잘 대변해 주고 있다. "요즘 뉴스에서 말하는 '호우주의보'와 '호우경보'라는 말이 무슨 뜻인지 짐작이 가면서도 정확한 뜻을 알기 너무 어려워요....차라리 몇 미리m/m 비라든가 또는 작은 비, 큰 비 등으로 작은 부분까지 덧붙여 사용하는 것이 좋지 않을까요? 그러면 분명 조금 더 사람들의 마음에 와 닿는 뉴스가 될 것이며 사람들은 더 조심하게 될 것 같아요!" 이 이야기는 우리 어른들의 안이한 생각을 고쳐야 한다는 귀여운 작은 시청자의 좋은 지적으로 우리는 받아 들여야 한다.

어려운 용어의 쓰임 행태는 이것 뿐 만아니라 학교 강의, 은행, 법률, 동네 약국, 자동차 용어 등에 이르기까지 실로 다양하게 사회전반에 걸쳐있다.

제일 먼저 떠오는 것 중에 은행에 가면 '견양見樣'이란 말이 있다. 그것은 일제강점기 때 썼던 '견본'이란 뜻의 말이 아직도 버젓이 쓰여 지고 있는 것이다. 또한 신문 헤드라인 속의 어려운 용어의 남발은 더욱 더 우리를 힘들게 한다. 독자가 신문을 읽을 때 가장 먼저 살펴보는 것이 표제, 즉 헤드라인Headline이고 그것은 독자들이 기사를 읽을 때 먼저 제목을 보고 읽을 것인지 아닌지를 판단하기 때문에 제목이 신문기사에서 차지하는 비중은 매우 높은 것이다. 예를 들면, 이런 것이 있다. 〈美 양적완화 축소에도 국내은행 외화유동성 이상無!〉 〈62년 만에 이어도 포함한 새 KADIZ 공식 발표〉- 도대체 이어도가 섬인지 명사를 수식하는 조사인지? 영어 약자의 뜻은 무엇인지?...좀 더 쉬운 제목이 없을까? 아니면 옆에 한자라도 적으면 돈이 더 나가나?

이것은 우리가 마치 대형마트에 가 시식코너에서 미리 맛을 보고 상품을 사는 것과 같은 이치이다. 어려운 단어가 등장하면 어떤 내용인지 감이 오지 않아 "에이!"하며 시청자들은 그것을 포기하고 만다.

이제 좀 더 깨끗한 세상을 염원하는 바램 위에, 좀 더 살기 '편한 세상' 하나를 더 얹어 보자! 좀 쉽게 해 주세요! 제발.

엄마의 흔적

매주 월요일이면 으레 내 작업실에서 자그마한 '통닭 파티'가 벌어진다. 이곳 작업실은 내 그림을 그리며, 평생교육차원에서의 성인미술교육을 실시한지가 벌써 올해로 딱 10년 째 되는 공간이다. 그동안 여러 제자들이 이곳에서 그림을 배워 이제는 개인전과 국전 등의 공모전 수상을 거쳐 전업 작가의 면모를 보여주는 이들도 있고, 길게는 삼사년, 짧게는 6개월 정도 입문하였다가 헤어지는 제자들도 여럿 있었지만, 유독 10년 전 맨 처음 입문한 제자 둘은 아직도 내 품안에 있다. 참으로 애틋하고 고마움 마음에 그녀들 앞에서는 왠지 마음이 숙연해진다. 둘 중 한 제자가 통닭을 놓고 우스갯소리를 한다. "선생님? 우리 젊은 여인 둘은 40대를 여기에다 묻었습니다.(ㅋㅋ)" 그 말처럼 참으로 고마운 제자들인 것이다. 그런 그녀들이 이제 훌쩍 50의 나이를 넘어섰다.

그런데 그 고마운 마음이 또 하나 더 있다. 통닭 파티가 시작되면, 그 중 한 제자가 내가 먹을 량量 만큼의 통닭을 일일이 자신의 손으로 찢어 발라 놓아주는 것이다. 왜냐하면, 내가 젓가락질을 못하니 늘 그런 것을 먹을 때는 손으로 집어 먹는 것을 보고 안타까워 나를 도와주는 것인데, 그럴 때 마다 나는 어머니 생각에 같이 배달 온 생맥주 한잔을 더 들이키며 더욱 어머니가 그리워지는 작은 취객醉客이 되곤 한다.

나는 아직도 젓가락질을 잘하지 못한다.

쇠로 만들어진 젓가락으로 음식을 집으면 오른 손 중지가 움푹 패어지고 너무 아파서 더 이상 음식을 못 집어낸다. 그래서 한동안 연애시절에는 여자 친구가 늘 자신의 핸드백에 내가 사용할 나무젓가락을 별도로 사서 항상 지니고 다녀주었다. 정말 황태자 못지않은 대우를 받은 시절이었던 것 같다. 요즘도 나는 쇠 젓가락으로 해삼이나 콩을 잘 집어먹는 사람들을 보면 참으로 신기하고 부러울 따름이다. 도대체 그림과 글로 밥벌이를 하는 소위 화가와 시인의 모습인 나에게 있을 수 없는 일이 벌어지고 있는 것이다. 지금 나의 치부恥部를 이 글과 함께 드러내는 것 같아 마음이 좀 어수선하지만, 그래도 돌아가신 내 어머니에 대한 사랑 탓이므로 결코 부끄럽지만은 않은 것 같다.

나는 부모님과 40년 차이, 형제들과는 20년 정도 차이가 나는 막둥이였다. 그래서 그런지 나는 고등학교 2학년까지 어머니가 직접 떠서 먹여주는 밥을 먹었고, 늘 어머니 곁에서 잠이 들었던 기억이 아직도 생생하다. 그러다 보니 젓가락 사용을 안했고, 군대를 갔다 왔음에도 젓가락질이 아직도 매우 서툰 것이다.

심리 상담치료 프로그램의 주제 중에는 사랑을 주제로 한 것이 많이 나타난다. 그중에서도 부모님의 사랑에 대한 주제로 이야기를 나눌 때면 내담자와 대화내용이 풍부해지기도하고, 다소 진지해지기도 한다. 왜냐하면 부모님의 자식에 대한 애정은 무한하며 헌신적이고, 자애로워 때로는 경이롭게 느껴지기도 하기 때문이다.

하지만 이세상의 모든 사람들이 부모에게 사랑받는 존재였던 것만은 아닐 것이다. 저마다 자라 온 환경이 다르듯, 저마다 받아 온 사랑 또한 다른 것이다. 그 과정에서 사람들은 각자 다른 형태의 애정을 경험하게 되는데 어떤 사람은 충만한 사랑으로, 또 어떤 사람은 결핍된 사랑을 느끼며 자라왔을 것이다.

그리고 그렇게 받아 온 사랑은 자신도 모르게 자신의 심리에 많은 영향을 끼치게 된다. 그래서 외로움이 심하거나 사람사이의 관계가 틀어졌을 때 심한 불안이 찾아온다고 고백하는 사람들이 심리상담에서 많이 나타난다. 그런 사람들은 대개 어릴 적에 부모님의 부재에 따른 심리적 불안을 경험한 경우가 많다. 그래서 상담치료 중 사람들이 자신의 사랑을 표현하는 작업을 할 때, 그들의 부모의 애정에 대한 경험이 드러나는 것을 나는 미술치료 과정에서 많이 보아왔다. 그러므로 지금 나의 사랑의 형태에 문제가 생기거나, 의문이 생긴다면 우리들도 자신이 받아 온 사랑에 대해 잠시 탐색해 보는 시간을 가져보는 것도 매우 필요한 일이라 생각된다.

내 자신 또한 우연한 기회로 몇 개월 전 전문가에게 심리상담을 받은 적이 있는데, 그때 나도 모르게 내게 깊게 숨어있는 편중된 부모의 사랑이 있다는 결과에 깜짝 놀랐다. 30개 항목에 설문지와 상담 내용에서 나는 아버지에 대한 대답과 기억의 반응은 불과 10%였다. 그 나머지 90% 기억 모두는 어머니에 대한 것이었다. 물론 나의 부모 두 분은 80대 중반까지 3년 차이로 유명幽明을 달리했기 때문에 나의 어린 시절과 청년기에는 모두 같이 생활을 했음에도 그런 결과가 나온 것이다.

사실, 나의 행동에는 어머니와 똑 같은 것이 너무나 많다. 나의 어린 시절은 내방에 항상 생화生花가 병에 시들지 않게 꽂혀있었고, 나는 하루에도 옷을 두세 번 어머니의 손에 의해 갈아 입혀졌다. 색깔도 어머니가 좋아하는 보라색 일면으로 필통과 가방 등이 내 주변에 있었고, 어머니는 아침에 일어나 맨 처음 하시는 일이 세수를 끝내고 곧 정화수井華水를 떠놓고 조상에게 가족들의 평안을 빌면서 정성을 들이시는 일이었다. 그것이 끝나면 곧바로 라디오에 음악을 틀어 놓으시며 머릿기름을 발라 곱게 머리를 빗으며 한복을 입으셨던 모습을 나는 매일 보고 자랐던 것이다. 우리 집이 결코 부잣집이 아님에도 우리 어머니는 늘 그렇게 생활하시다가 이제는 내 곁에 안 계신다. 그런데 이 모든 일련의 어머니의 행위들이 세월이 훌쩍 넘어 그때 그 꼬마 아이가 커서 나이 육십이 되었는데도 그 모습을 그대로 실행하고 있는 것이다.

그래서 지금 내가 있는 공간에 오거나, 나의 행위를 보고는 사람들이 일반 남자들이 하는 행동이 아니라는 것에 조금 의아해하는데, 그 답이 바로 어머니에게 있었던 것이다. 나는 늘 꽃을 주위에 둔다. 남자인데도 화초와 거울이 없으면 불안해 진다. 그리고 옷 갈아입기를 한나절에도 즐기고, 보라색 소품들과 음악이 늘 어우러지는 공간에서 살며, 명절도 아닌 날에 두루마기를 걸치고 외출하는 지금의 내 모습이 어머니의 모습인 것이다.

이렇게 한 아이가 성장하며, 그 아이가 어른이 될 때까지 우리는 어릴 적 부모님의 사랑과 행동에 깊게 영향을 받는다. 학교교육이 날로 인문교육은 도외시되고 평가의 변별력이 좋은 어려운 과목으로 경쟁만을 부추기고, 예술교육과 인문학은 밥벌이가 안 된다는 목소리로 날로 목이 쉬게 외쳐져만 간다.

이글을 끝내면서 문득, 길거리에서 부서진 유리조각을 하나하나 주워 호주머니에 넣다 도둑으로 오해받아 경찰에게 잡혀갈 때 한 노인이 하던 말이 생각난다. "저 아이들이 놀고 있어요. 이것을 밟으면 안 되는데..." 하던 아동교육의 아버지였던 '페스탈로치Pestalozzi'의 목소리가 서툰 내 젓가락질에서 달그락거리며 들려오는 저녁이다.

나무와 번데기

얼마 전 충주 어느 수석가게에서 참으로 멋진 평원석 하나를 보고 왔다. 주인이 직접 탐석했다는 것인데, 짙은 오석烏石에다 그야말로 수석이 갖추어야 할 모든 요소形,質,色 를 다 지니며 그 모양새는 마치 먼 여행길에서 내려다 본 드넓은 들판에 저 멀리 아스라이 걸쳐있는 아름다운 산맥과 같았다. 그러나 그 돌 좌측 뒷부분에 깨어진 부분이 있다고 하면서 주인은 내내 안타까워하고 있었다. 그렇게 아름다운 몸에 작은 상처 하나가 있는 그 돌이 몇 개월이 지난 지금도 내 마음 속에는 아픔으로 남아있다.

올리브 나뭇가지에 에메랄드빛 번데기가 매달려있다
내일이면 나비가 되어 훨훨 날아갈 것이다
번데기가 자라는 모습을 묵묵히 지켜 본 나무는
이 자리에 몇 년 더 머무르길 바랬다
나무는 몸을 아끼지 않았다
번데기를 지키기 위해 바람을 가리고
개미를 막아 주었다
하지만 내일이면 떠나보내야 한다
짓궂은 적이 우글대는 험한 세상으로...

그날 밤, 뜨거운 불길이 숲을 집어 삼켰고
번데기는 나비가 되지 못했다
연기가 잦아든 새벽녘 나무는 그 자리를 지켰지만
마음은 까만 숯이 되었고
화염과 슬픔으로 큰 생채기가 남았다
훗날,
나무는 자신의 팔에 날아 앉은 새에게
번데기 이야기를 들려주었다
아름다운 날개를 활짝 펴고 푸른하늘을 날아가다가
자유와 꽃 꿀을 맘껏 빨아들이는
자신이 사랑했던 아름다운 나비 이야기를
비록 나비가 되지 못한 그 번데기 이야기를.

외화 〈라자르 선생님Monsieur Lazhar,2011〉 이란 영화에서 라자르 선생이 직접 읽어주는 자작自作 우화 한편이다.

초등학교 교실에서 일어난 지난 담임선생님의 자살 장면에 충격을 받은 아이들의 상처를 껴안아주는 라자르선생님의 이야기다. 담임선생님이 교실에서 자살한 그 큰 충격을 안은 아이들의 상처를 감추려하지만 말고, 오히려 그것을 드러내 놓고 이야기를 해야 치유된다는 것을 이 영화는 이야기하는 것이다. 그리고 우린 이 영화 속 우화寓話에서 또 다른 하나를 분명 느껴야 한다.

번데기가 나비가 되어 날아가지 못한 것처럼, 우리는 이 사회에서 엄청난 잘못을 치르고 있으면서도 우린 쓸모없는 나무처럼 그냥 묵묵히 서있기만 하는 것이다. 그 나비가 되지 못한 앳되고 아름다운 수많은 영혼들이 허공을 나비처럼 떠돌고 있는 세상에서... 그것은 성수대교 붕괴사고,

경주 마우나리조트 붕괴사고, 윤일병 폭행사건 등을 지나 세월호 사건에서 이제는 '어린이 집 폭행사건' 까지 우리는 나비가 되어 나타날 때까지 애벌레를 품어주는 나무조차도 못되고 있는 것이다. 사회·정신학적 용어에 '트라우마Trauma'라는 말이 있다.

이 트라우마는 현대에 와서 광범위하게 통상적으로 사용되고 있으며 우리말로 해석을 하면 '외상外傷'이라고 번역된다. 그러나 흔히 말하는 신체적 외상이 아니라 '정신적 외상'을 뜻하는 용어로 심각한 죽음 또는 상해를 입을 위험을 실제로 겪었거나, 그런 위협에 직면했을 때, 혹은 타인의 죽음이나 상해의 위험에 놓이는 사건을 직접 목격했을 때, 이에 대해 강렬한 두려움과 공포·무력감을 경험한 과거의 충격이 현재까지 영향을 미치는 것을 의미한다.

그래서 이 외상에서 잇따라 나타나는 여러 가지 신체적 증상들이 드러나는데 그것은 극심한 불안감, 정신적 폭력, 육체적 상처로 인해 회피하고 싶은 경험이 고통스러운 기억으로 아주 오랫동안 남게 되며, 그것은 결코 망각되지 않고 수시로 기억에서 되살아나 괴롭힘으로 이런 트라우마를 총체적으로 외상 후 스트레스 장애 즉 '정신적 외상'이라고 한다.

우리는 위에 열거한 일련의 사고와 사건 등을 접하면서 부당한 죽음이 닥치면 할 말이 없어진다. 정말 뭐라 말을 할 수 없다. 하지만, 곧 우리는 일상의 평정을 되찾는다. 그러나 죽음에 처한 가족·친지·동료들에게는 그 죽음에 버금가는 상처를 안고 살아가야하는 비극이 현실이다. 물론 인간은 살아가면서 다양한 형태의 상처와 자극을 통해 기뻐하거나 좌절하거나, 성장하거나 쇠퇴하는 등의 과정을 지속하며 나아간다. 그러나 그 가운데 크게 겪는 좌절 혹은 고통은 결코 지울 수 없는 상처가 되어 의식 깊은 곳에 자리하게 된다.

이제 우리는 하나의 든든한 나무가 되어야 한다. 무한한 자유와 꽃의 꿀을 맘껏 빨아들일 수 있는 미래의 나비들을 위해 우리는 애벌레를 품어주는 쓸모 있고 포근한 나무가 되어주어야 한다. 무책임한 보살핌과 조심스러운 관리가 아니라, 따뜻하지만 때로는 냉철하게 우리 스스로의 자신에게 물음을 던지고 그들을 보호해 주어야 한다.

독서의 신神이 내게로

나는 보고, 듣고, 말하는 것은 좋아하지만 유독 책을 읽는 것은 좋아하지 않았다. 어렸던 학창시절에도 누구나 다 읽는, 어떤 성장기의 통과의례通過儀禮 같은 『위인전집』도 앞장의 열 페이지 정도 읽으면 닫아 버렸다. 그래서 솔직히 말해 소설책 한 권 전체를 나는 완독玩讀해 본 적이 없다.

우리 오십대 후반의 동료들이 다 읽어 본 '삼국지'나 그 당시 유행했던 무협지 한권도 난 읽어 본적이 없다. 삼국지의 내용은 여러 편의 영화를 보고서야 대충 알 수 있는 상황이었고, 여타의 다른 소설책은 앞쪽을 읽다가 이미 내가 예상하여 내려버린 결론이 궁금해 뒷부분을 슬쩍 훔쳐보면 그때 이미 나는 그것을 다 읽어버린 것이 되었다. 시대의 흐름에 따라 범람하던 에세이 수필집도 표지가 아름다워서, 책 제목이 마음에 들어 수시로 사오긴 하지만 한 번도 그것을 끝까지 읽어 본 적이 없다.

그런데 신기하게도 '교과서'는 재미가 있었다. 속 모르는 남들은 "거짓말이다!" "헛소리다" 하겠지만 이것은 사실이다. 소설책을 보면 졸리는데, 교과서를 꺼내어 읽으면 눈이 다시 총명해 진다. 밤을 새워도 재미있고, 몰랐던 것을 알게 된 흥분에 끝없이 교과내용에 감탄했었다. 덕분에 학창시절 모든 과정을 나는 장학금을 받으며 다닐 수 있었고, 영화를 통한 토막지식 때문에 이것저것 아는 것이 조금 있어 학부나 여러 단체에서도 강의를 할 때 거침없는 동서양의 이야기가 강의도중 튀어 나와 "박식하다"는 피드백도 받아 볼 수 있었던 것 같다. 또한 무엇보다 교과서를 좋아하는 기이한 현상 때문인지는 몰라도 육십 가까운 지금의 나이에도 아직까지 학업을 계속 이어나가는 것 같다.

그러니까 결국 나는 읽는 것 보다 보고, 듣고, 말하는 것을 좋아한다고 말할 수 있다. 초등학교 시절 아버지는 봉급날이면 으레 나를 데리고 극장을 가셨다. 어린 시절부터 자의든 타의든 간에 나는 한 달에 한 번 반드시 극장에 가게된 것이고, 지금도 혼자서라도 나는 한 달에 한번 꼴로 극장엘 가고, 잠이 오지 않는 밤이면 TV모니터 앞에서 또 어떤 영화를 보고 있게 된다. 그리고 음악은 그림을 그릴 때처럼 하루 종일 내 곁에 있고, 강의 때나 술자리에서 주위사람들 보다 내가 제일 말이 많은 것 같아 다음날 아침에 후회하기도 한다.

그렇게 책을 안 읽는, 마치 책과 담을 쌓은 것 같은 내게 요즘 아름답고 벅찬 '독서의 신神'이 다가 왔다.

내 작업실에 여대생 제자 한명이 방학이 끝났지만, 학교를 다니며 레슨을 받아야 하는 상황이 되어 주말을 이용해 작업실을 방문한다. 물론 그 학생이 나오는 날은 다른 수강생들이 없다. 제자가 혼자 꼬박 6시간 동안 그림을 그린다. 나는 중간 중간 지시사항과 기법 몇 가지를 잠시 가르쳐 줄 뿐, 딱히 할 일이 없다. 휴일이라 핸드폰도 조용하다. 처음에는 수석에 물을 뿌리기도 하고, 화초들을 관리하기도 해 보았지만 정말 딱히 그 긴 시간동안 할 일이 없다. 그렇다고 컴퓨터 앞에 다가가 이것저것 검색해 볼 수도 없고, 내 그림을 몰입하여 그릴 수도 없다. 그때그때 학생의 요구에 반응을 해 주어야 하니까 늘 그 공간을 벗어날 수도 없는 것이었다. 그래서 소파 탁자 밑에 오랫동안 먼지 끼어 묻혀있던 책을 끄집어내어 읽기 시작했다.

그런데 이게 웬일인가. 그 시간에 내가 책 340여 쪽을 완독했다. 내게도 이런 일이...토요일과 일요일, 그러니까 일주일에 두 권의 책을 읽어대기 시작하는 것이다. 한 달에 일주일이 네 다섯 번 꼴이니, 이제 내가 한 달에 10여권의 책을 읽게 된다는 사실 앞에 나는 아직도 어리둥절하여 정신이 없다. 그뿐인가? 지난 달 이것저것 고장 나 그렇게 속을 썩이던 13년 된 나의 애마車 자동차 때문에 요즘은 전철로 이동하는데, 그때에도 내 손에는 어김없이 책이 들려 있고 남들과 달리 내 눈은 스마트폰 화면이 아니라 책속에 눈이 촘촘히 박혀 있는 것이다.

물방울로 유명한 '김창렬' 화백은 청소년 시절 많은 독서를 하게 된 이유를 일본에 있던 외삼촌의 영향이라고 고백했다. 그는 1945년 조국이 일제의 강점에서 해방된 이후 남쪽으로 내려 와 서울에서 '이쾌대 미술연구소'에 등록을 하고 본격적으로 그림을 배우면서 프랑스어와 영어도 배웠다. 그런 학구열에도 외삼촌의 영향이 크다고 했는데, 화가가 되고 싶다는 어린 중학생인 김창렬을 집안 모두가 반대하였지만 일본에서 소설가활동을 하던 그 외삼촌만은 믿어주어 그의 정신적 지주가 된다. 중학교 시절 어느 날, 일본에서 소포 하나가 왔는데 그것은 외삼촌이 보낸 것으로 28권의『세계미술전집』이 들어있었고 그 속에 한통의 편지가 적혀 있었다.

"창렬아, 진정한 화가가 되려면 만 권의 책을 읽어야 한다!"

그 편지 속 삼촌의 말씀을 지키려고 살아오는 동안 김창렬 화백은 부단히 독서를 하였다고 했다. 그래서 그런지 아직도 우리들 앞에 그의 그림 속에는 문자 위에 물방울이 돋보기처럼 표현되어 있다.

오늘 아침도 토요일이다. 이제 잠시 후 내 작업실에 여 제자가 등장할 것이고, 나는 또 손에 책을 들 것이다. 오늘은 저자 법륜의『인생 수업』이란 책을 탁자 위에 올려놓았다. 지난해 중앙대학교에서 〈HRD, 인력개발전략〉이란 수업을 들을 때 받은 책 선물을 묵혀 두었는데 아마도 오늘이 책 내용 전부를 맛볼 수 있을 것 같다. 책 표지에 아름다운 말 하나가 적혀있다. 마치 책의 신이 늦게 나에게 들어 와, 노년기 초입에 사랑을 만난 것 같은 표현이다.

"잘 물든 단풍은 봄꽃보다 아름답다!"

인연의 끈

내가 살면서 제일 좋아하는 말이 있다면 그건 '인연因緣'이란 단어일 것이다.

이제 이달 말일 경이면 내 사랑하는 제자 한명을 내 곁에서 떠나보내야만 하는 현실인데 자꾸만 그 아이를 보면 가슴속에서 치밀어 오르는 슬픔을 달랠 길이 없다. 한 평생을 같이 산 부모와 형제도 있고, 반려자도 있지만, 순간을 영원처럼 사랑하다 헤어지는 슬픈 만남이 꼭 우리 둘의 인연과 같아서이다.

두 달 전 어머님과 같이 내 작업실을 찾아와 대학 회화과西洋科에 합격한 사실과 함께 입학전날까지 입시미술을 벗어나서 실제로의 그림기법을 배우겠다고 하여 내게 입문을 한 것이다. 그동안 많은 후학을 지도해 보았지만, 난 유독이 그 제자에게 많은 것을 줄려고 했고, 어딘가 모르게 어릴 적의 나를 그 아이가 참 많이 닮아있는 것 같아 자꾸만 그를 통해 나의 어린 시절의 환영幻影을 만나곤 했었다.

남자아이인데 얼굴과 손이 곱고, 이젤 앞에 앉아서 그림을 그리면 꼬박 서 너 시간을 꼼짝도 않고 그림만 그려댄다. 청각기능이 약해, 때로는 큰소리로 입모양을 보고 대화를 가늠하기도 하고, 종이나 휴대폰의 문자메시지 기능을 매체로 서로 수업 진행해야한다. 하지만, 그것은 불편함보다는 오히려 더 깊은 관심과 사제지간의 사랑이 무르익어가는 과정이었던 것 같다. 맑은 눈동자와 고운 심성, 뛰어난 드로잉 실력과 그림에 대한 솟구치는 열정, 그 모두를 겸비한 그와 나는 이제 며칠 후면 그동안의 학습과 만남을 추억으로 접고 지방 유학으로 인해 헤어져야 하는 것이다.

사람의 인연 중에는 그리워하는데도 한번 만나고는 못 만나게 되는 인연도 있고, 일생을 못 잊어하면서도 아니 만나고 살아가는 인연도 있다. 그래서 인연에 있어 가장 중요한 것은 얼마나 서로에게 적절한 시기에 등장하는가에 따라 인연의 모양새가 결정되기도 한다. 미친 듯이 끌리고, 죽도록 사랑해도 서로에게 적절한 시기가 아니면 안 되는 것이 인연이다. 그 인연의 끈을 이어가고 끊어지게 하는 것 또한 사람의 일이겠지만, 어쩔 때에는 하늘의 뜻에 내 던져야하는 상황도 있다. 다시 말해 기가 막힌 타이밍이 아니라면 우린 어쩔 수없이 잊혀 져야 하는 인연의 갈림길에 서 있을 수밖에 없는 것이다. 그래서 우린 그렇게 수많은 인연을 스치고 지나왔을지도 모른다.

만해 한용운의 「인연설」을 보면, "사랑하는 사람 앞에서 사랑한다는 말을 못하고 아니하는 것은 사랑의 진실 탓이고, 헤어질 때 돌아보지 않는 것은 너무 헤어지기 싫기 때문이고, 떠날 때 우는 것은 잊지 못한다는 증거라서, 뛰다가 가로등에 기대어 울면 그것이 오로지 당신만을 사랑한다는 것이다"라는 표현이 있다.

이런 것이 인연인데 우리는 일상에서 이 인연의 소중함을 깨닫지 못하는 경우가 많아 참으로 안타깝기 그지없다. 그것은 처음에 만날 때는 죽기 살기로 사랑하고 매달리면서 지내는 동안 상대에 대한 오해와 자신의 욕심, 오만과 편견을 낳아 헤어짐이 바로 그것이다. 헤어짐 그 자체의 아쉬움으로 끝나는 것이 아니라, 서로를 미워하며 증오하는 애증의 테두리에서 벗어난 철천지원수徹天之怨讐로 둔갑하는 안타까운 인연의 끝을 우린 선배, 후배, 형제, 이웃, 친구, 애인을 비롯해 이 사회전체 속에서 겪고 보아왔다는 것이 그 얼마나 두렵고 무서운 이야기인가.

일찍이 고려시대 속요 중 「서경별곡西京別曲」에 이런 구절이 있다.

> 구스리 아즐가, 구스리 바회예 디신달 위 두어렁셩 두어렁셩 다링디리
> 긴히딴 아즐가, 긴힛딴 그츠리잇가 나난위 두어렁셩 두어렁셩 다링디리
> 즈믄해를 아즐가, 즈믄해를 외오곰 녀신달위 두어렁셩 두어렁셩 다링디리
> 신信잇단 아즐가, 신잇단 그츠리잇가 나난 위 두어렁셩 두어렁셩 다링디리.

이것은 "너와 내가 만들어 낸 사랑의 구슬이 바위에 떨어져 구슬은 깨어지겠지만, 그 구슬을 꿰매고 있는 끈은 끊어지지 않았어요" 라는 뜻이다. 그래서 비록 구슬은 흠이 가고 깨어지기도 하겠지만 그 구슬들을 꿰고 있는 근본적인 끈, 사랑의 마음은 없어지지 않아서, 떠나있는 임에 대한 사랑과 믿음은 결코 변함이 없고 잘 간직하고 지키겠다는 의지의 말이다.

보라! 이것이 진정 인연을 대하는 정신이 아니겠는가?

함께 영원히 있을 수 없음을 슬퍼하지 말고, 잠시라도 같이 있을 수 없음을 노여워하지 말고, 이 만큼 좋아해준 것에 대해 만족하면서, 깨끗한 사랑으로 오래 간직할 수 있는 사랑의 인연을 우리는 이 고려시대의 노래 하나로 이 시대에 다시 배우고 그 사랑을 실천하여 터득해야 한다.

이제, 내 사랑하는 제자도 나를 떠나 더 넓은 미술의 세계로 뛰어 들어감을 나는 만족해야 하고, 더 많이 줄 수 없음을 아파하면서, 오늘도 그 아이가 내 작업실 문을 들어오는 시간까지 난 더 많은 것을 주고 사랑해야 한다. 오늘밤도 별빛이 물을 먹어 내 작업실을 촉촉이 적시며 비쳐주고 있다.

난해하지만 재미있는 옛 한자를 찾아서

여름방학기간이 딱 반半을 지나는 어느 날, 학교 단체알림 톡에 특이한 내용의 글 하나가 전송되어 왔다. "한자 가운데 가장 난해한 글자는 무엇일까?"라는 제목의 글인데, 알고 보니 2007년 한겨레신문에 나왔던 기사를 뒤늦게 누군가가 스크랩하여 단체 카톡방에 올린 내용이었다. 이것을 보고 몇몇 관심 있는 학생과 교수들이 찬讚·반反의 댓글을 달며 꽤 요란한 반응을 보였는데, 그 이야기는 이글 뒷부분에서 하기로 하고 우선 그 글의 내용을 전달해 보면 다음과 같다.

분야별 세계 최고를 선정하는 웹사이트 '레코드컵'이 최근 가장 읽기 어렵고 이해하기 힘든 한자를 누리꾼들의 투표로 뽑은 적이 있었다. 그 결과 10위권에 든 한자 대부분이 지금은 쓰지 않는 고어古語인데다, 중국어를 전공하는 학자들도 두터운 사전을 뒤져 보아야 겨우 뜻을 찾았다고 해서 화제였다.

지금까지 1위를 달리고 있는 한자는 '액막이' 〈굿〉이라는 뜻을 가진 글자이다. 이 글자는 귀신을 쫓는 부적같다는 촌평寸評이 여러 개 붙어있다. 2위는 10위권에 든 한자 가운데 유일하게 지금도 중국에서 간혹 쓰이는 글자로 '국수'라는 뜻을 갖고 있다. 진시황이 어느 날 백성들이 즐겨먹는 국수를 맛있게 먹은 뒤, 다시는 백성들이 이 국수를 먹지 못하도록 글자를 알아볼 수 없게 만들었다는 고사가 전해진다. 이 글자를 쓰려고 하면 붓을 57번 놀려야 쓸 수 있는 글자로서 현존하는 한자 가운데 가장 획수가 많은 것이 된다. 이 글자 촌평에는 '왠지 먹으면 편안해질 것 같다'는 재미있는 댓글이 달려 있다.

〈1위, 액막이 '굿' 자〉

3위는 '하나'라는 뜻을 가진 글자다. 낙서라도 하듯 아무렇게나 휘갈겨 쓴 모양으로 마치 서예의 초서草書와 일본 히라가나ひらがな를 연상시키는 글자이다. 그리고 '구름과 용'의 조합을 형상화한 '날아다니는 용龍'이란 뜻의 글자가 6위에 해당한다. 또한 9위에 오른 '사랑'이란 뜻을 가진 글자에서는 한 누리꾼이 "사랑이란 이렇게 복잡한 것인가"라고 토를 달을 정도로 사랑이라는 글자가 오묘한 느낌을 주고 있다. 이에 대해 장진샤오 홍콩 중국어대 교수는 "사이트에 올라온 글자 가운데 단 하나만 알아봤다"며 다른 한자들은 사전을 찾아보고서야 뜻을 알 수 있었다고 회고했다 한다.

카톡에 올라 온 이 내용의 글을 보고 몇몇은 "장난 끼로 쓴 엉터리이다"

또는 "출처가 분명하지 않아 믿을 수 없다!" 등의 부정적인 댓글을 달았지만, 나는 이 글자들을 보는 순간 너무 신기하고 좋았다. 순간 지필묵紙筆墨 댈 시간도 없이 A4지 한 장위에 매직펜으로 글자 하나를 그려 보았다. '귀신을 쫒는다'는 그 글자를 그려서 내 머리맡에 두고 나중에 시간을 내어 정식으로 붓글 작업을 하기로 했다.

나는 60 나이가 된 지금에도 밤에 잠을 잘 때, 머리맡에 스탠드 전등을 켜고 문 입구 안쪽의 전등 하나를 켜놓아야 잠을 잘 수 있다. 아직도 어린 아이같이 귀신이 무서운 것이다. 어리석은 짓인지 알면서도 밤에 나는 그렇게 어린애마냥 불을 켜놓아야 잠을 청할 수가 있었는데, 이제 그 두려움의 고민이 없어진 것이다. 이 글자를 머리맡에 놓으면 "귀신 꿈과 같은 무서운 꿈은 꾸지 않으리라!"는 부적符籍 하나를 만든 셈이다.

그리고 동시에 몇 가지 아이디어가 생겨났다. 2위를 한 '국수'라는 글자는 누군가가 국수집을 창업할 때 심볼마크Symbol mark화 하면 좋을 것이고, 9위를 한 '사랑'이란 글자는 서로의 사랑에 금이 가거나 힘겨울 때, 혹은 가슴앓이 짝사랑을 하는 이들에게 이 글자를 가까이 하면 갈등葛藤으로 치 닿는 사랑이 봄바람에 얼음이 녹듯 풀릴 것이고, 사랑이 이루어질 것이라는 사랑의 벽사진경 邪進慶 효과가 있을 법하다는 생각이다.

우리는 무엇을 대할 때, 그것을 있는 그대로만 대하거나 부정적인 비판의 생각만 담아낼 것이 아니라, 나름대로 아름다운 생각과 미래를 향한 좋은 생각을 할 때 비로소 행운의 신神도 우리 곁에 다가 올 것이다. 난해하지만 재미난 잊혀 진 한자 몇 개를 놓고 나는 오늘도 즐거운 놀이에 빠져든다.

연습하면 됩니다

얼마 전 늦은 밤에 윈스턴 처칠의 생애를 담은 영화 〈다키스트 아워Darkest Hour,2017〉라는 영화 한 편을 보았다. 극장을 빠져나와 집으로 향하는 늦은 밤거리에서 내게 자꾸 이유 없는 미소가 입가에 지어졌다. 그 이유는 대중을 선동煽動하는 연설에서는 과히 천재라 할 수 있었던 히틀러에 못지않게 남이 넘볼 수 없는 마법의 명연설로 유명한 처칠이 국왕 조지 6세와 나눈 대화의 내용 때문이었다.

나라의 수상首相임무를 맡기는 중대한 자리에서 점심식사를 같이하며 처칠이 낮에도 술을 마시는 것을 보고, 국왕이 빈정대며 "어찌 그렇게 낮술을 잘 드시오?"하자, 처칠이 이렇게 대답한다. "연습하면 됩니다!"

윈스턴 처칠은 평생에 하루 여덟 개의 독한 시가와 매일 낮밤으로 샴페인과 와인을 마셨다. 그런 그가 아무리 국왕과 함께하는 점심때라 할지라도 그 습관은 버리지 못하는 것이다. 그래서 둘 사이의 대화가 스스럼없이 유쾌하게 느껴지는 것인지 모른다.

'연습하면 됩니다!'

사실 이 말처럼 명쾌한 세상 진리가 또 있겠는가? 이것은 사람이 살아가는 동안 여타의 분야를 막론하고 모두가 적용되기 때문일 것이다. 노력努力이란 말과 상통하는 말이겠지만 이 '연습練習'이란 말은 별다른 뼈를 깎는 각고刻苦의 과정 없이 그냥 즐기듯이 좋아하는 것을 '되풀이하고 경험하여 익히는 것'이다.

국내가수 헨리가 남들이 자신에게 '음악천재'란 수식어를 붙이는 것에 대해 그는 자신은 타고난 재능보다는, 그저 좋아서 그것을 계속 연습하다 보니 실력이 늘었다고 밝히는 것과 같을 수 있다. 또 자기 자신은 오히려 타고난 재능이 없기 때문에 매일 연습을 했고, 그 결과 유명해졌다고 하는 이런 현상은 무엇이든 누구나 연습하면 그렇게 될 수 있다는 것이다. 이 말은 결코 겸손해서가 아니라 "정말 진짜, 진짜입니다!"라고 그는 인터뷰에서 더 강조했다. 그는 무엇이든 연습하면 누구나 경지에 다다를 수 있다는 일반적이고 보편적인 과정을 이야기한 것이다.

이것은 어찌 보면, 우리 마음에 있는 것 중 너무나 간단한 것이지만, 또 달리 보면 너무나 거대한 것, 즉 '사랑'이란 것에도 분명 이것이 적용된다는 것이 내 논리이다. 누군가 만약에 내게 "사랑에 연습이 필요한가요?"라고 묻는다면, 나의 대답은 단언컨대 "네, 사랑도 연습이 필요합니다!"이다.

우리 인간들은 가르쳐주지 않아도 알아서 잘하는 것들이 많이 있다. 예를 들면, 먹을 것을 찾아 입에 넣는 행위와, 위험을 느끼면 회피하려고하는 방어 동작 등 무의식으로 발현되는 일련의 본능은 누가 일부러 가르쳐주어 교육된 것이 절대 아니다. 그러나 많은 사람들은 '사랑'은(?) 그런 것이 아니고, 너무 어렵다는 것이다. 특히 남녀 간의 사랑, 즉 에로스Eros에서 말이다. 또 어떤 사람들은 흔히 사랑이 쉽다고도 한다. 그러나 반석盤石같은 그들의 그 사랑에 대한 믿음은 사실이 아니다. 가르쳐주지 않아도 할 수 있는 것은 육체에 대한 행위일 뿐, 마음의 사랑은 아니다.

대부분의 남녀가 느낌이 오는 상대방을 찾고, 자연스레 그 상대방과 스킨십을 하게 되는 행위를 사랑이라고 하지만 그것은 사랑의 여러 요소 중단 하나일 뿐이다. 중국의 작가 쑤친蘇芩은 남녀의 갈등, 생각의 차이를 쉽게 풀어 쓴 그의 베스트셀러에서 심리적인 문제로 어려움을 겪고 있는 여성들과의 인터뷰를 통해 남녀의 사랑에 대한 심리를 이렇게 이야기한다.

"우리는 일반적으로 좋아하는 이성이 생길 경우에 온통 상대방에 대한 생각으로 가득 차게 된다. 마치 줄리엣이 발코니에서 로미오를 생각하며 독백獨白하는 장면처럼 사랑에 빠진 사람은 상대방이 무엇을 좋아하는지, 또한 상대방이 좋아하는 나의 모습은 무엇인지, 혹은 상대방이 나에게 왜 그런 말을 했는지, 더 나아가 상대방 집안사람들은 왜 그런지 등을 생각하게 된다. 이 과정에서 마음을 컨트롤하기도하고, 자신의 이미지를 꾸며나가기 시작한다. 즉 그 사람이 무엇을 좋아하는지, 어떤 말을 좋아하는지, 혹은 그 사람을 만날 때 나는 어떻게 해야 하는 지를 끊임없이 생각하고 훈련하게 된다."

이것이 사랑에 대한 연습이고, 이런 행동은 사랑이 깊어갈수록 더욱 맹렬히 사랑을 연습하게 되는 것이다. 그래서 연습의 결과에 따라 그 사랑의 길고 짧음이 결정된다고 할 수 있다.

그러나 우리가 무엇을 배우고 연습할 때 스승이 옆에 있거나, 교본教本 같은 것이 필요한데 비하여, 이 사랑에 대한 가르침이나 학습의 연습단계에서는 교본이 없다. 그런 만큼 우린 사실 '사랑의 연습'에 익숙하지 못하다고 할 수 있다. 그러다 보니 한사람에게 빠지다 보면, 대부분의 시간을 상대에게 쏟아 붇고, 생활습관과 환경자체도 상대에게 맞춰 변하게 된다. 그래서 주변의 친구들과 가족과의 관계가 소홀해져 우정에 금이 가고 가족과의 관계도 소원해지는 지경에 이르게 된다. 그래도 이 세상의 모든 것을 잃어도 사랑 없이는 살 수 없다고 하는 이유가 바로 여기에 있는 것이다.

그런데 문제는, 이런 마음 떨리는 사랑을 단 한사람의 이성異性에 대한 에로스가 아닌, 넓은 의미의 아가페Agape나 필리아Pylia 혹은 플라토닉Platonic으로 확장해 볼 때 우리사회는 아직 사랑에 대한 연습이 턱없이 부족하다는 것을 실감하게 된다. 신약성경에서 말하는 그 절대적인 사랑의 길이 하나님이 인류에게 주신 사랑임에 비해, 우리는 타인과의 사랑을 교감하는 방법을 아직 터득하지 못하고 있다. 이제라도 우리는 새로운 사랑의 연습을 실천해 보아야 한다.

분명 이루어질 수 있다는 이 "연습하면 됩니다!" 라는 믿음과 함께 말이다. 사랑도 일종의 학습의 과정이 필요하다.

우리도 할 수 있어요!

어릴 적 불렀던, 그것도 입학식이나 졸업식이 있을 때만 불러왔던 노래 중에 '교가'라는 것이 있다. 지금 와서 돌이켜보면 내가 다녔던 초·중·고·대학교의 교가 전체에 지금은 가사내용 전부가 기억 안 나지만, 분명한 사실 하나는 모든 교가 속에 산山이 등장했다는 사실이다. 학교를 다닐 때나 지금 역시도 한 번도 등반해 보지 않은 학교 근처의 이름 모를 산이 그렇게 교가에는 꼭 들어가 있었다.

그리고 곡조曲調는 마치 군가軍歌처럼 행진곡 느낌의 곡에다가 그 시절에는 이해 못할 어려운 가사가 들어있었던 것 같다. 좀 더 쉬웠더라면, 늘 입에 맴도는 노래였다면, 좋았을 것 같다는 생각이 간혹 들곤 했는데 며칠 전 텔레비전에서 그 의문의 갈증이 해소된 내용이 방영되었다.

> 우리가 만드는 학교, 모두가 주인공인 교실, 일등도 없고 꼴찌도 없고,
> 잘난 놈도 없고 못난 놈도 없고, 너 때문에 학교 다닐 맛나고,
> 너 때문에 뭐든지 맛있어, 한 명도 아니고 두 명도 아니고,
> 우리는 세 명, 세 명!!
> 나 아직 어리지만 모르는 것도 많지만, 날 믿어주는 사람이 어딘가
> 있을 거야 "여기!"

조금만 기다려주면 나도 할 수 있어, 내가 꿈꾸는 대로 살 수 있어
나는, 내 삶의 주인공 내 길을 갈 거야,
말리지마 믿어줘 내가 가는 길을.

뭔가 마음을 울컥하게 하는 진심어린 노랫말이다. 이것이 바로 초등학교 학생들 자신들이 만든 교가이다. 서울시교육청은 학생들이 노랫말을 쓴 '서울세명초등학교 교가'를 영상광고로 제작하여 약 한 달간 TV, 영화관, 버스, 지하철 등에서 시민들에게 선보였다. 이 교가는 2012년 서울시 강남구 자곡로 세곡동에 문을 연 혁신학교인 세명초등학교에서 아이들이 직접 가사를 쓰고, 싱어송라이터Singer-songwriter 백창우씨가 작곡하여 랩Rap 형태로 교가 〈내 길을 갈 거야〉가 탄생된 것이다.

이 노랫말에는 아이들이 바라고 꿈꾸는 학교의 모습과 자신들의 마음을 미사여구美辭麗句없이, 그리고 예전에 으레 등장했던 산 이름 없이, 자신들의 현실과 희망을 담아 대화체처럼 뿜어내고 있다. 내가 보기에는 이것이야 말로 진정한 '교가'라 생각한다. 어른들의 생각에서 만든 어렵고 힘든 노랫말 보다는 자신들의 현실이 그대로 반영되어있는 이런 노래가 진정한 마음의 교가인 것이다.

1989년에 우리나라에서 개봉한 미국영화 중에 〈빅Big,1988〉이란 영화가 있었다.

어린 조시가 축제에서 롤러코스터를 타려다가 거부당하자, 소원을 비는 기계에 동전을 넣고 몸집이 커졌으면 좋겠다고 소원을 빈다. 다음날 아침 조시의 꿈이 이루어져 일어나 보니 몸이 30대의 키 큰 남자로 변해있었다. 어머니가 자신을 알아보지 못하고 심지어 아들의 유괴범으로 의심하자, 집을 나온 키 큰 조시는 혼자 어른의 세계에서 살아갈 수밖에 없는데 마음과 정신은 어린아이 그대로여서 그야말로 몸 따로, 마음 따로 어렵게

살아가게 된다.

그러나 아이다운 순수함이 그에게 유리하게 작용하는 사건이 일어나게 되는데, 그 순진함을 매력으로 일자리를 얻게 되는 것이다. 완구玩具회사에 취직을 하여 어린아이들이 갖고 노는 장난감 개발에 주인공은 무한한 능력을 발휘하게 된다. 몸은 어른이지만 생각은 어린아이이니, 아이들이 무엇을 필요로 하는지에 대한 좋은 아이디어가 나올 수밖에 없는 것이다. 그동안 매출이 급격히 줄어든 완구회사에서 그는 자신이 생각하는 장난감을 만들어줄 것을 제안하며, 회사에서는 그의 방식을 바탕으로 장난감을 제작하니 불티나게 팔려나간다는 줄거리이다.

사실 상품을 판매하기위해 제일 먼저 읽어야 되는 것이, 소비자의 마음이다. 특히 장난감을 만드는 사람들은 무엇보다 동심童心을 읽어야하는 것이 급선무이며 아이들처럼 생각해야하는데, 이미 너무 뻣뻣이 늙어버린 어른이 되어있는 것이다. 그런 어른들이 만드는 장난감 보다는 어린아이들이 만들 수만 있다면 그런 장난감이 최선의 상품일 것이다. 실제로 어른들은 무조건 세련되고 새로운 것이 최고의 장난감이라고 생각하지만, 막상 아이들이 집어 드는 장난감은 우리들의 생각과는 달리 촌스럽고 우스꽝스러운 것이 많다.

이 영화에서 주인공은 비록 몸은 커져 어른이지만, 마음은 어린아이 그대로이기에 다른 동료어른들이 기획하여 만든 장난감들이 자신과 같은 어린아이들에게는 필요 없다는 것을 알고, 자신들이 무엇을 좋아하는지 생각나는 그대로 장난감을 만들어주기를 원했던 것이다. 이것은 바로 위의 세명초등학교의 학생 자신들이 직접 만든 교가와 같은 것이다. 그래서 이것이 바로 '눈높이'를 맞추는 최상의 결과물이 되는 것이다.

우리는 가끔 세상살이에서 아이들에게 너무 내 자신의 생각만을 이야기하며, 어른들의 잣대로 아이들에게 무엇인가를 주입하려하고, 또 어른들이 생각하는 방향으로 나아가는 것을 바라며, 또 그렇게 어른들이 생각하는 결과물을 얻어 내려고만 한다. 이제, 한 번쯤 돌이켜보고 반성해 보자! 남의 입장에 서서 물구나무를 서서 세상을 달리 보는 '역지사지易地思之'의 철학적 사유를 위의 초등학생들이 만든 가사 "우리도 할 수 있어요!"에 포개어 얹어 놓아 보자.

아름다운 사람이 되는 길

내 막둥이 아들이 고등학교 입학 새 교복을 입고 며칠 전 학교를 갔다 왔다.

아들놈 책상위에 놓인 고등학교 일학년 교과목 편성표를 들여다보았더니, 다행히 〈음악〉과 〈미술〉이 편성되어 있는 것을 보고 매우 흡족했다. 그러나 예술가인 아빠의 눈엔 당연한 기쁨보단 내년부터 펼쳐질 불안감에 밤새 씁쓰레한 생각으로 잠을 제대로 이룰 수가 없었다. 그 이유는 이 글 뒤에서 다시 이야기하기로 하자.

인간이 이 한 세상을 아름답게 사는 방법은 어디에 있는 걸까? 사람이 사람을 아끼고 사랑하며, 자연속의 초목나무 꽃 하나에 울고 웃을 수 있는 감성은 과연 어디에서 오는 걸까? 그 옛날 중국 최대의 성당기盛唐期 시인 이백은 홀로 술을 마실 때도 늘 세 사람과 같이 자리했다고 그 유명한 「장주가」에 표현되어있다. 그들 셋은 한 사람은 당연 이태백 본인이고, 나머지 둘은 그림자와 달이였던 것이다. 이쯤 되는 감성을 가지게 되면, 고독하고 외로워서 아니 이 세상 삶이 너무도 불안하고 고달파서 자살까지 가는 그런 사람은 없을 것이다.

만나는 사람 모두에게 물어 보라! 특히 여성보다 남정네들에게 어려운 영어단어 하나 써놓고 물어보면, 그것을 모른다는 불안감에 약간은 창피하고 쑥스러운 표정을 하면서 당황을 하게 된다. 그와 반대로 요즘 천지에 흐드러진 '후리지아 꽃' 하나를 들고 꽃 이름이 뭐냐고 물으면 어떤 남성은 화부터 낸다.

"내가 그걸 어떻게 알아? 여자나 알지. 바빠 죽겠는데…"

심미적 분노가 인다!

그러니 그들은 세상을 아름답게 바라볼 수도 없고, 선물 받은 액자를 천정과 맞닿은 맨 꼭대기 벽에 걸어놓고는 한 번도 바라보지 않는다. 아니 혹여 삐뚤어져도, 먼지가 수북이 쌓여도 유리 한번 안 닦는다. 음악에서도 클래식은 어려워서 짜증나고, 국악은 무당들이나 부르는 것이라고 치부하면서 자기는 노래방에서, 고급차 씨디에서 "사랑은 괴로운 것이고, 넌 내꺼야, 난 너꺼니까~나에게 이름표를 부쳐줘!…"만 불러 댄다. (난 유행가나 뽕짝이 결코 나쁘다는 생각이 아니라는 것은 이 책 앞의 다른 글에서 표현했으니 혹여 독자들의 오해가 없기를 바란다.)

그러니 여자의 마음 하나도 사로잡질 못해, 맨 날 싸우고 미움 속에서 사는 것이다. 그리고 창문이 열리지 않는 고급아파트에서 평수만 늘려간다. 그런 감성으로 건축을 설계하니까 당연히 여자화장실과 남자화장실 평수가 같을 수밖에 없다. 영화가 끝나고, 터미널에 차가 도착하면 왜 남자화장실은 넉넉한데 여자화장실은 줄을 서서 기다려야하는지 그들은 이유조차 모른다. 스킨과 로숀을 세트로 팔면서, 스킨이 먼저 떨어져 소비되는데 아직도 두 가지 화장품 병의 용량은 똑같다. 이런 현상은 도대체 어디에 문제가 도사리고 있는 걸까?

다시 앞의 고등학교 이야기로 돌아가 보자. 우리나라교육 커리큘럼 Curriculum, 즉 교육과정은 고등학교 1학년 때까지만 음악, 미술을 배운다고 한다. 2, 3학년이 되면 아예 배우지 않는 학교도 있고, 그 중 한 과목만 선택을 하는 것이 현행 고등학교 교육제도이다. 더 웃기는 발상은 음악미술을 수, 우, 미, 양, 가의 평가방식을 아직도 쓰고 있다는 것이다.

내가 예술가이고 교육자라서 한마디 한다면, 예·체능의 성적은 그렇게 하는 것이 아니다! 어떤 학생은 색채감이 뛰어나고, 어떤 학생은 발성법이 조금 부족하니, 그 부분을 스스로 노력해서 혹은 선생님의 지도아래 고치게 하고, 남보다 뛰어난 점은 칭찬하여 장려하는 서술형의 성적평가를 메겨야 올바른 것이다.

모스코바 출신의 추상미술의 창시자 칸딘스키가 사과하나 똑같이 그릴 수 있는가? 색채의 마술사 샤갈은 인체의 뎃생 비례가 정확한가? 현대음악은 왜 낭만주의의 음악을 해체하고 자기 나름의 알 수 없는 연주를 하는가?를 생각해 보면 예·체능의 성적은 현재의 상태보다는 무한한 가능성에 대한 것을 점쳐야하는 것이다.

우리는 불행하다! 적어도 어릴 적 교육이 이정도이면, 분명 불행한 일임에는 틀림없다. 감수성이 제일 강한 이 시기에 세상을 아름답게 사는 방법 대신에 영어, 수학에만 매달려 있는 것이다. 이 세상을 사는데 미적분은 몰라도 아무런 불편이 없고 '텅스텐'의 화학기호는 몰라도 된다. 인수분해까지만 알아도 세상을 살면서 훌륭하게 이자계산이나 견적도 낼 수 있다. 그런 것들은 전공에 따라 대학에 가서 공부해도 늦지 않다. 어릴 적에는 사람을 사랑하는 방법, 사물을 잘 다루고 착한마음을 갖는 감성교육을 받아야한다. 그래야 청년기를 넘어 사회구성원의 성인이 되어서도 남을 짓밟고 올라가는 오류를 범하지 않을 것이고, 사랑하는 사람의 기쁜 일에 따듯한 메모하나 남겨 전해줄 수 있다. 그러면 자연히 이 세상은 살인도 범죄도 줄어들 것이고 이곳저곳에서 향기로운 인간 내음이 나지 않겠는가. 그런 것이 들어있는 과목이 바로 예.체능 과목이라는 것을 알아야 한다.

심리학자의 저술가인 대니얼 골맨D.Golman은 『감성지수,E.Q』라는 저서에서 이미 지능지수인 I.Q와는 질이 다른 것으로 마음, 감성의 지능지수를 제시했다. 이 E.Q가 뛰어난 사람은 목표추구에 실패했을 경우 좌절하지도 않고, 자기 자신을 격려할 수 있는 능력을 가지고, 남을 이해하는 힘과 삶을 풍요롭게 하는 방향으로 집단 내에서 조화를 유지할 수 있는 사람이라 하였다. 일찍이 우리조상들은 통일신라 화랑의 교육에 무예뿐만이 아닌 예술적 교과목을 가르쳐 화랑도들은 전국팔도八道를 다니며 풍류를 즐겼고, 애민정신을 스스로 터득하였다.

또한 유럽의 명문 고등학교에는 학년이 올라갈수록 예능과목이 많이 할애되고 있는 것도 다 그런 이유에서이다. 그나마 우리에게 다행스런 일은 교육인적자원부가 2012년부터 2,3학년 필수과목에 예체능 한 과목을 추가한다니 반가운 일이긴 하다.

이제, 우리는 단편적인 지식, 직선적인 지식의 접근방식을 버리고 풍부한 예술적 상상력으로 현실을 직관하면서 새로운 인간사회를 창조해 나가야 미래사회에서 성공할 수 있는 최상의 국민이 될 것이다.

오늘 당장 퇴근길에 꽃가게로 달려가라! 꽃집의 아가씨는 예쁘다. 후리지아 꽃 한 다발을 사들고 내 사랑하는 아내와 가족이 있는 보금자리에서 사랑의 향기에 젖어보자.

예술가로 산다는 것

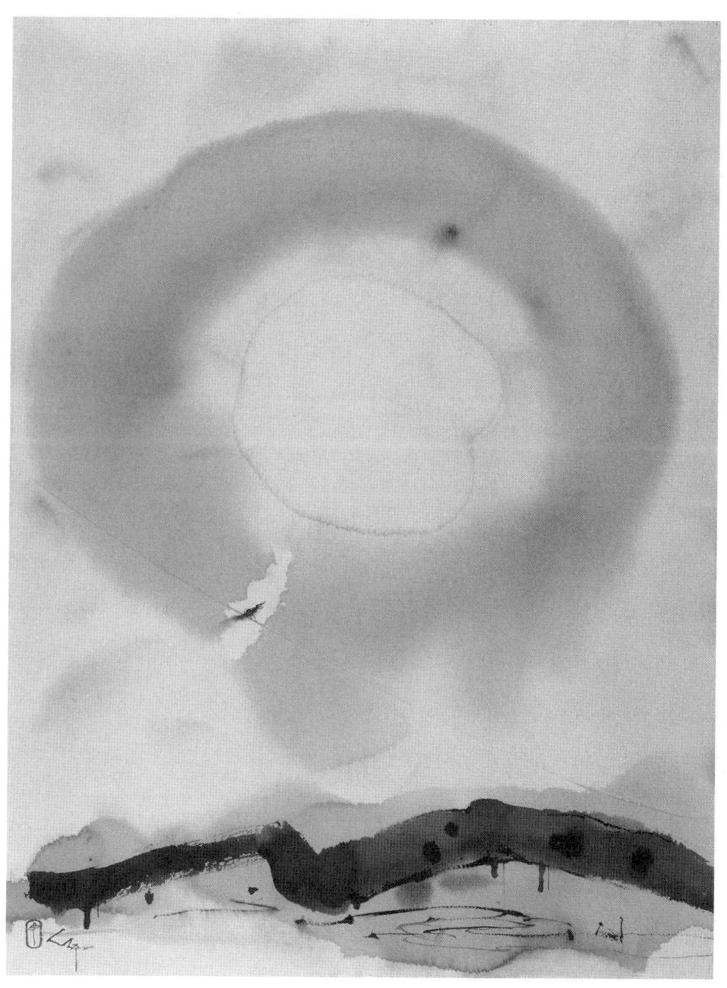

신석주作 / **比翼鳥(비상을 꿈꾸며)** / 72.7cm x 53cm / Watercolor on paper

한 예술가의 이사

유난히도 덥고 비가 많이 온 올해, 한낮의 기온이 30도를 오르내리고 연일 거센 빗줄기가 쏟아지는 지난 4년 전 8월에 나는 10년 묵은 짐을 정리해 작업실을 이사해야만 했다. 근처에 이사할 자리를 이리저리 뒤지며 알아보는 일을 이미 몇 달 전서부터 수소문한 끝에 남산타워가 머리맡에 보이는 80여 평의 옥탑 방을 만나게 되었다. 그동안 한 건물 안에서 2층과 4층을 번갈아가며 그림을 그리고 글을 썼던 생활환경에서 벗어나 도심 한 복판에서 마치 넓은 마당을 가진 듯한 이 옥탑 방이 유독 좋아 앞뒤 생각 없이 흡족한 마음에 계약을 했다. 이제, 바깥 공간이 있어 큰 그림을 그리는 작업도 야외에서 시원스레 할 수 있으며, 평소 아끼고 즐기던 화초와 수석들도 자연스레 태양을 먹게 될 것이라는 흥분에 젖어있었다.

그러나 그다음 벌어질 일들이 내 머릿속을 어지럽게 흔들어 댄다.

이사날짜와 겹치는 일이 세 가지가 더 있었다. 제자들 국전 출품 지도와 일 년 전에 날짜를 받아 놓은 내 개인전, 그리고 학교 가을학기 개강, 이 모두를 십 여일 안에 한꺼번에 해결해야하는 난관에 부딪혀 숨조차 쉴 수 없는 상황이 되어버린 것이다. '한 달을 슬기롭게!' 라는 슬로건을 손으로 써서 벽에 붙이고, 하루하루 해야 할 일을 체크해가며 나는 유난히 덥고 비가 쏟아지는 올 여름을 보냈다.

그중에 가장 걱정거리가 바로 이삿짐을 옮기는 일로, 좀처럼 해결할 수 없는 숙제거리로 남아있었다. 이삿짐센터에 여기저기 전화해 알아보기엔 바쁘고 정신없어 지인으로부터 이사대행업체를 두 군데 추천받아 견적을 내는데, 건물 두 개 층의 작업실과 연구실을 보고는 모두들 고개를 절레절레 흔들며 짐이 많다고 엄청난 금액을 불러댄다. 더욱이 그 많은 돈을 줘도 내 개인 방에 있는 소품들은 자기네들이 다루기에는 어려우니 전부 나보고 옮기라는 것이다.

그도 그럴 것이 내가 생각해도 내 짐은 예사 물품이 아닌 것들이 많다. 가야금과 장고, 피아노, 수석과 골동품들 그리고 나의 분신인 내 그림들과 액자, 그뿐이 아니다. 구석구석에 처박혀있는 기이한 소품들, 책만 해도 산더미...내가 보아도 머리 아프다. 늘 상 아내에게 핀잔 듣는 얘기가 현실로 다가온 것이다. 모으라는 돈은 안 모으고 남들이 보면 전부 쓸데없는 것들만 모아 온 셈이다. 그래도 나는 그것들이 참 좋으니 이 지독한 몹쓸 병을 어찌한단 말인가.

작년에 의정부에 있는 행위예술가 무세중선생님의 작업공간을 다녀 온 것이 새삼 생각났다. 사실 그곳에 비하면 내짐은 짐도 아니라는 말이 나올 정도로 그곳은 정말 실내를 걷기 힘들 정도로 빼곡히 물건들이 쌓여있었다. 한 공연이 끝날 때마다 사용했던 분장도구와 의상 그리고 소품들을 버리지 못하고 또 다음 공연에 사용할지 모른다고 놓아둔 것이다. 우리 예술가들은 왜 이렇게 살아가야하는지 이번 이사를 계기로 깊은 시름에 빠져들었다. 제자들은 이것저것은 버리라고 잔소리하지만 나는 도저히 버릴 수 없어 박스 하나하나에 그것을 남몰래 구겨 넣는다.

그러나 이사 날짜는 다가오고 내방 물건은 미리 하루하루 조금씩 옮겨 놓았지만, 그 많은 비용을 주고 이삿짐 대행업체를 시키기에는 엄두가 나질 않아 고민하던 중에 내 뇌리에 "번쩍" 아이디어 하나가 들어 왔다. 내가 벌써 일주일에 두 번씩 중국 주방장 한족漢族에게 중국어를 배운지가 3년이란 세월이 흘렀다. 그래서 그 중국어 주방장 선생을 불러 제안을 하였다.

그곳 식당 주방에 중국인 5명이 있는 것을 알아채고는 “내가 돈 백만 원을 줄 테니, 이곳 2층과 4층에 있는 짐을 퇴근 후 일주일 동안 날라다 줄 수 있겠습니까?” 기다릴 시간도 없이 그는 대답을 했다. “하오하오, 쎄쎄!”오히려 내게 더 고맙다고 인사를 하니, 그 순간 나는 모든 걱정거리가 사라진 셈이다. 이사 갈 공간이 마침 비워있었고, 바로 뒤편 건물이니 그렇게 일주일 동안 하얀 요리사 옷차림의 중국인 5명과 나는 밤 9시가 넘는 그들의 퇴근시간 후에 땀과 비가 범벅이 되어 줄줄이 짐을 들고 뒷골목을 걸어가는 진풍경을 자아내었다.

한 달을 훌쩍 넘어버린 지금 이 순간에도 나는 그 일이 정말 신기하기만 하다. 아니 마치 꿈을 꾼 것 같다. 사람 손으로 일일이 나르는 짐이다보니 수석 수반의 모래 하나 빠트린 것이 없고, 깨어진 물건 하나 없이 나의 이사는 가장 저렴하고 안전한 ‘세계 최초 손手 이사’를 기록한 셈이다.

그러나 이삿짐이 다 옮겨진 이후 며칠 남지 않은 내 개인전 오픈과 학교 개강 일을 맞추기 위해서는 그 많은 짐을 나 혼자 정리하여야한다. 이것은 이곳에, 저것은 저곳에... 며칠 후에 다가 올 모든 행사를 잘 치르기 위해서는, 이 짐정리를 며칠 만에 끝내야한다는 강박감에 하루 종일 땀내 나는 작업복을 입고 혼자 밤을 지새운 것이 꼬박 일주일의 시간이었다.

이번 이사를 계기로 나는 느낀 것이 참 많다. 그중에 크게 와 닿는 것이 부모님에 대한 고마움이다. 그 많은 험한 일을 무리하게 해내었어도 몸살감기 하나 걸리지 않게 이 몸을 만들어 준 부모님께 감사하는 시간이었던 것 같다. 그리고 또 하나 ‘인연의 소중함’이다. 중국어 공부 하나로 맺어진 인연이 이렇게 힘들고 어려운 상황에서 도움을 주게 된다는 사람사는 모습의 소중함이었다. 타 민족임에도 불구하고 적은 비용을 받고도 자신의 물건처럼 소중히 날라다 준 그들에 대한 감사한 마음이 더없이 깊게 와 닿은 시간이었다.

사람이 사는 일은 그 순간에만 상대를 생각할 것이 아니라, 더 깊고 깊은 관계로 나아가기 위한 부단한 사랑의 실천이 더욱 중요하다는 것을 새삼 느끼는 이번 한 예술가의 이삿날이었다는 것을 지금 옮겨진 옥탑방의 달빛 아래에서 흐뭇한 마음으로 회고해 본다.

예술가와 정신병자

식당 한 구석에서 아낙네들이 삼삼오오 둘러 앉아 무엇이 그렇게 즐거운지 "깔깔~"거리며 파안대소破顔大笑한다. 그러던 중 듣기 민망한 말 한마디가 내 귓전에 앉아 나를 시험한다. 아니 어찌 보면 그렇게 듣기 싫은 말이 아니다. 평소에도 누가 나에게 그런 말을 했을 때 솔직히 화가 나도록 듣기 싫은 표현이 아니기에 씩 웃고 넘기는 말이기도 했다. 아낙네들이 한 말은 바로 이 말이다. "얘, 예술가들은 또라이들이야!" "그래 그래, 그러니 니가 이해하고 살어!" 아마도 그 중 한명의 남편이 나처럼 예술가인 모양이다.

식당을 나오면서 그녀들을 한번 힐긋 보고는 담배 하나를 입에 문다. 그리고 나도 모르게 내 가슴의 말이 중얼댄다. "그래, 나는 똘아이 이니 너희들이 이해해라. 그런데 당신들이 예술을 알어? 히히 히..."

똘아이라는 말은 80년대 동아일보에 연재한 박완서의 소설 〈어떤 소나기〉에 등장하여 유행한 말인데, 어른 말을 듣지 않고 제 멋대로 노는 아이를 가리키거나, 제 정신이 아니라 좀 모자라는 사람을 일컫는 말이다. 그런데 왜 나는 그 말이 듣기 싫지가 않은 것일까? 그것은 아마도 우리 예술가들이 일반인들과는 다른 그 무엇을 갖고 있는데 굳이 그것을 일반인과 같이 정상으로 되돌리고 싶은 마음이 없기 때문일 것이다. 아니 오히려 일반인들이 갖고 있는 그 숨 막히는 '정상적인' 테두리에 휩싸이지 않고, 나만의 자유로운 영역을 부둥켜안아 남에게 주지도 않고, 남들과 같아지고 싶지 않은 마음에서 그럴 것이다. 그러나 일반 정상인들은 우리 예술가의 기이한 행적에 그리 좋은 시각만으로 보는 것이 아니기에, 내놓고 고백해 보면 우리 예술가들에게는 이상야릇한 콤플렉스가 있는 것이 사실이다.

정신분석심리학의 창시자인 프로이트Sigmund Freud는 누구나 콤플렉스를 가지고 있지만 다만 표현하는 정도가 다르고 존재하는 방식이 다르며 활동 에너지가 다를 뿐이라고 생각했다. 콤플렉스라는 것은 잊고 있는 상태에서 나타나거나, 어느 순간 자기도 모르게 글을 잘못 쓰거나 말을 잘못하는 가운데에 나타나거나, 낮의 환상과 밤의 꿈속에서 나타나거나, 갖가지 예술 활동과 정신병 상태에서 나타난다고 했다. 그중에서도 두 종류의 사람에게서 강렬하게 표현되는데, 하나는 예술가이고 또 하나는 정신병자이라는 것이다.

그들은 모두 과도하게 끓어오르는 본능의 필요에 의해서 앞으로만 전진하도록 내몰린 사람들이기 때문이다. 그들의 마음 속 깊은 곳에 잠재되어 있는 무의식의 에너지는 대단히, 아니 어마어마하게 특별히 큰 것이다. 여기서 무의식이란 아무 것도 없는 것이 아니라, 다만 의식의 영역 아래에 억압되어 있는 것이라는 점을 명확하게 할 필요가 있다. 하지만 억압되어 있는 것이 소멸과는 다르게 반대로 아래에 억압되어 있기 때문에 그것은 특별히 더 분출되려고 한다. 우리는 흔히 "압박을 받으면 반항을 하게 마련이다" 라고 말하는 것처럼 그 뜻을 이해하면 될 것이다. 그래서 정신영역도 마찬가지이다. 하물며 무의식 영역에 있는 것이 원래 의식의 영역 위에 있는 것보다 더 많은데 어떻게 억누를 수가 있겠는가.

여기에는 두 가지 방법 밖에 없다. 하나는 갈라진 틈을 찾아 내 보내는 것이고, 또 하나는 계속 억제하다가 병으로 나타나는 것이다. 예술가는 틈을 찾은 사람이고, 정신병자는 억제하다가 병으로 나타난 사람들이다. 그래서 예술가가 찾은 틈은 적합한 것으로 우리는 그 결과물에 대해 '승화昇華'라는 말을 붙여주고, 정신병자가 찾은 것은 부적합한 것으로 우리는 그것을 '증상症狀'이라고 부른다. 이 양자의 사이에는 사실 그저 백짓장 한 장의 차이만 있을 뿐이다.

이렇게 말을 해놓고 보니 또라이는 확실히 똘아이인데, 그래도 좋은 틈을 찾아 사회에, 역사에 무엇인가 좋은 하나를 끼적여 내는 것 같아 조금은 슬프지만 예술가로서 자부심은 느껴지는 것 같은 순간이다.

그런 일련의 예를 한 번 들어 보자. 어떻게 그 틈을 찾아 해소하는지 예술가들의 행적을 글의 분량 상 한두 가지만 이야기 해보면, 중국 중당中唐의 광초서狂草書의 대가'장욱張旭'은 자신이 가야 할 예술의 길을 명기名妓 공손대랑公孫大娘이 5개의 긴 천을 공중에 휘두르며 춤추는 것을 본 순간 찾았다고 했다. 그는 술을 좋아해 글쓰기 전에는 항상 술을 마셨고, 글을 쓰다가도 혼자 고함을 지르며 포효했고, 글이 잘되면 혼자 먹물과 함께 덩실덩실 춤을 추었다. 더 잠재되어 있던 무의식이 폭발하면 그는 머리를 풀어 머리카락에 먹물을 묻혀 붓이 아닌 머리카락으로 글씨를 쓰는 것으로 유명해 광초서의 창시자로 '초성草聖'이라 일컬어진다.

또 '왕묵'이라는 화가는 발묵법發墨法을 창시한 자로 오늘날에도 그의 방법을 사용하는 화가들이 많은데 그중 서양에서 가장 유명한 드리핑·액션 페인팅으로 이름을 날린'잭슨 폴락' 등 수많은 화가들이 있다. 왕묵은 그림을 그리기 전에 먼저 술을 마셔 대취大醉한 다음에야 종이나 비단을 펼치고 손으로 먹물을 움켜 떠서 뿌리고, 또 손으로 직접 화면에 바르기도 했다. 그렇게 그려낸 그림은 매우 경지가 높았다고 전해진다.

이렇게 보면 솔직히 말해서 총명함이 없고, 깨달음이 없거나, 메마른 정상적인 사고만으로는 절대 위대한 문학가나 예술가가 될 수 없음을 알게 된다. "천재는 노력에서 나온다"라는 말을 나는 믿지 않는다. 예술가와 정신병자는 같은 공간에 갇혀있지만 분명 예술가는 그믐밤에 보는 숯불 같은 열정의 빛을 찾아 어느새 그 틈을 찾아 나서는 사람들이다. 그들은 그만큼 외롭다. 그래서 우리들은 그 위대한 외로운 예술가들에게 '또라이'라는 표현을 하면서 그렇지 못한 자신들을 되래 위로하는 것이다.

예술이란 무엇인가? 예술과 예술가가 없었다면 출구를 찾지 못한 우리의 이 세계는 아마도 미치광이들의 천지가 되었을지도 모르는 일이다.

이 가을 밤, 아는 예술가 한 명을 불러내어 '똘아이' 취급 말고 술 한 잔 대접해 보는 것도 또 역사에 남을 작품 탄생 하나를 후원해 주는 일이 아닐까?

화가의 아픔

강원도의 먼 길에서 친구가 일부러 나를 보기위해 긴 시간을 달려 왔다. 나와 같이 그림을 그리거나 예술 활동을 하는 친구는 아니지만, 늘 내가 개인전 준비를 하면 먼 길에서 달려와 거나하게 밥 한 그릇을 사고 가는 정다운 친구이다.

그 친구가 작업실에 도착하자마자, 나는 이번 개인전에 쓰일 도록圖錄을 자랑스럽게 내어보였다. 그러자 그는 표지부터 "두루룩~" 페이지를 단숨에 넘기더니 "탁"소리와 함께 내 도록을 탁자에 집어던지듯 내려놓으며 밥이나 먹으러 가자고 했다. 순간 나는 심히 기분이 나빠, 밥이고 뭐고 간에 그 친구에게 속이 상해 그날 밤 참 많이도 술을 마셔댔다.

어느 분야 예술가에게 모두 다 마찬가지이겠지만, 그림을 직업으로 하는 우리 화가들에게는 열악한 작업실에서 자신의 혼을 불어넣어 그린 그림을 들고 나와 세상 바깥에서 전시를 하는 일은 작가에게 있어 가장 중요한 일이자 가슴 설레는 일이다. 누군가에게 나를 보인다는 것, 익숙한 내 일상의 공간이나 환경이 아닌 다른 곳으로 내 분신을 이동한다는 것, 그것은 가슴 설레는 것 이상의 긴장을 동반하기도 하는 또 한 번의 재탄생의 고통이기도하다.

그리고 그림 그리는 행위 못지않게, 내 그림이 인쇄된 도록을 제작하는 것에도 온 정성을 다한다. 특히, 나는 지난 25년간을 광고디자이너로 일을 했으니 다른 화가들 보다 더한 스트레스를 받는 것이 사실이다. 그러다 보니 늘 고급화된 디자인과 인쇄를 고집하기에 과다한 비용지출로 아내에게 핀잔을 듣기도 한다.

그동안 그린 그림을 잔뜩 들고 스튜디오에서 사진촬영을 하고, 그림제목과 크기를 재어 기록하고, 나름 레이아웃을 디자인하여 기획사에서 편집을 하고, 인쇄소에서 인쇄기계와 함께 색깔 교정을 보고, 제본 집을 들고 뛰어다니며 이런저런 마감처리 문제까지를 봐주어야 비로소 내가 원하는 도록이 탄생된다. 그다음은 초대장을 만들고 봉투 집을 뛰어다니며 내용물에 맞는 색깔과 지류紙類를 선택해 주어야 한다. 남들은 이런 노고를 모른다할지라도 나는 전문가로서의 책임감과 또는 그것이 흥분되고 즐거운 일이기에 그런 과정을 밟는 것이다.

그렇게 만든 내 분신을 단숨에 흘깃 넘겨보는 척하며 집어던지는 내 친구의 행동에 반응하여 화는 내지 않았어도 내심 그에게 서운한 심정이 드는 것은 당연한 일이다.

벽에 걸린 자신의 그림을 보면서 마치 자신이 발가벗긴 채 걸려있는 것처럼 부끄럽기도 하고 나의 치부를 다 드러낸 졸작수준의 평가가 내려질까라는 두려움도 있지만 넓고 깨끗한 전시장 벽에 그것도 할로겐 조명을 받고 있는 자신의 그림이 작업실에서 보다 더 멋져 보이는 순간, 이 세상에서 천재적인 작가는 나밖에 없을 거라는 자만심을 잠시 품어 보는 것도 어쩔 수없는 예술가의 '자기 에고Ego'이다. 끝없이 남과 달라지려고 피나는 노력을 하는 것이 사실 예술가들이기에 넘어야 할 벽과 깨야할 벽 앞에서 늘 그렇게 막막하게 고독해져 가는 것이 예술가들이다. 그런 만큼 우리 화가들은 전시하는 순간만큼이라도 잔치의 주인공이 되어 즐거움과 쾌락을 누릴 수 있다는 것 은 하나의 자기보상이면서 또한 우리들만의 주어진 특권일 수도 있다.

그러나 이런 설렘과 즐거움은 그리 오래 가지 않는다.

일반 관람자들과 평론가들은 그래도 점잖은 행색을 해주니 불편하지 않지만 몇몇 예의 없는 사람들의 행동이 화가들을 울리게 한다.

몇 년 전 내가 개인전을 연 첫째 날의 일인데, 어느 여인이 자녀와 함께 전시장에 들어 왔다. 자녀는 그림을 둘러보고 있는데 그녀, 즉 학부모는 전시된 그림을 하나도 보지 않고 움직이지도 않은 채 입구에 놓여 진 전시도록을 들고 위아래 훑어 읽어 내려간다. 그것도 표지부터가 아닌 역독逆讀을 하듯 맨 뒤에 있는 작가프로필을 검사하는 것이다.

그 광경을 바라보고 있자니 은근히 화가 나서 그 여인에게 다가가 분명하게 얘기해 주었다. "전시하는 작가가 어느 대학을 나오고, 무슨 상을 탔는지에만 주목하지 말고 여기에 왔으면 그림도 좀 보고 가라!"고 하면서 은근히 질책을 던졌다. 달을 가리키면 달을 봐야지, 왜 손가락을 보는지 참 한심한 작태이다. 또한 그 자녀가 미술대학 지망생이라 하니 더 가슴 아픈 현실이 되는 것이다. 그러니 대학에서는 입시 부정이 끊이질 않고, 각 미술대전에서는 돈을 주고 상을 팔고 사는 추잡한 행위들이 아직도 이 나라에서 판을 치고 있는 것이다.

그리고 며칠이 지나면 친한 동료작가들이 우르르 몰려온다. 이때는 정말 더 가슴이 뛴다. 뛰어난 예술가가 성공하는 과정에서 반드시 거치게 되는 세 가지 '인정認定의 고리'가 있다.

그것은 첫째, 화상과 컬렉터로 부터의 후원이고, 그다음은 대중들의 갈채와 세상의 비평적 인정이다. 마지막 조건이 바로 동료들에 의한 실력의 인정이다. 물론 동료라 함은 예술가의 또래들이나 그와 똑같은 시기의 예술가 동료들을 뜻하는데 더 나아가서 작품 활동을 하는 보다 더 넓은 집단을 의미하는 것이다.

이런 동료로부터 인정을 받는 것은 무엇보다도 여러 면에서 가장 중요한 것이다. 왜냐면, 그들은 똑같은 작업을 하며 같은 이상을 품고 있다는 것도 있지만, 그들은 무엇보다 표현기법의 난해함 앞에서 몇 번의 실수와 실패를 경험한 장본인들이기에 새로운 것에 둔감하기도 하고, 자기보다 나은 예술가의 성공을 질투할 수도 있지만, 분명한 사실은 일반적으로 그들은 매우 뛰어난 지각력을 가지고 있다는 것이다. 그러니 더 긴장할 수밖에 없는데 여기에서도 가슴 아픈 현실은 이어진다. 그림을 보는 것이 아니라 "이 액자 죽인다. 이거 어디서 얼마에 했어?"

더 이상 할 말이 없어지는 어리벙벙한 심정은 정말 요즘 아이들의 표현으로 "헐~","헉^"이란 표현을 해야 하는 걸까. 전시 기간 내내 그들의 말이 가슴속에서 기침을 하듯 콜록콜록 시도 때도 없이 튀어 나오면서 나를 괴롭힌다. 그들도 역시 앞의 학부모처럼 달이 아닌 손가락을 본 것이다.

그리고 또, 전시가 끝날 무렵이면 일주일내에 무척이나 바쁜 일이 많아(?) 오지 못한 지인知人들이 으레 빈둥거리며 온다. 사회에서 나름대로 성공했다고 자부하는 친구한테는 혹시 그림이나 한 점 사주지 않을까 하는 간사한 마음이 자꾸 생기는 건 어쩔 수 없는 가난한 화가 친구의 마음이다. 들어와서 바빴다는 자기사정을 장황하게 늘어놓고는 한 바퀴 잽싸게 그림을 둘러본 다음 내게 다가 와 번지레한 얼굴의 개기름을 닦으며 말을 건넨다. "저런 그림 우리 집에 어울릴 것 같다. 너 그리다 망친 것 하나 없냐?"...

화가들은, 특히 다른 직업을 가지지 않고 작업에만 몰두하는 전업 작가들은 참으로 외롭다. 흰머리가 제법 어울리는 중년의 나이가 되었지만 번번한 동창회 자리 한번 제대로 참석 못한다. 서로 자식 유학 보낸 자랑, 사업자랑으로 은근히 경쟁하듯 과시하는 그 자리에서 너무나 초라한 자신을 발견하기 때문이다. 신혼초기에 기고만장했던 기세도 이젠 아내 앞에서 조용해지는 습관을 가난한 예술가들은 터득하게 된다.

그러다가 어쩌다 그림 한 점이 팔리면 싸구려 대포酒한 잔에 붉어진 얼굴과 가슴속의 열정을 다시 불 지피며 허공에 대고 이렇게 소리친다.

"니들이 예술을 알아?"

뒤바뀐 주인공

내가 활동하고 있는 여러 미술단체 중, 구區 단위 거주 지역 미술단체가 하나있다. 매년 회원들의 작품을 문화예술회관에서 정기적으로 전시회를 개최하고 있는데 전시 첫날, 즉 오프닝 행사 날에는 정말 '꼴불견' 같은 현상이 벌어진다.

나는 더 이상 그 광경이 보기 싫어, 작품만을 보내놓고는 오픈식 행사에 참석을 안 한지가 벌써 한 5년째 된다. 그러다보니 버젓이 내 그림이 걸려있는 전시회인데도 그림을 떼어내는 날 반출일搬出日에 잠깐 가서 보고 오는 것이 태반이라 협회 임원으로서 미안한 마음을 금치 못하지만, 자꾸 그 보기 싫은 오픈식만 생각하면 늘 마음이 아파 온다. 한때는 진행요원과 협회장에게 잔소리도 해 보았지만 전혀 고쳐 지지 않은 채 잘못된 행태가 아직까지 이어지고 있는 것이다.

무슨 이야기인가하면, 전문작가 회원 여러 명이 일 년 동안 준비한 자기 작품을 전시하는 잔칫날인데도 오픈식에서는 주인공인 회원작가들을 이름도 들먹이지 않고, 소개도하지 않는다. 그들은 주인공의 자리를 빼앗긴 채 저 뒷전에서 남의 축사와 유명한 지역 국회의원들 소개에 박수만 쳐준 채, 쓸쓸히 전시장을 빠져나와 삼삼오오 뒤풀이 식당도 가지 않고 길거리 호프집에서 끼리끼리 서로에게 안부를 물으며 스스로 자기 전시회를 자

축하고 돌아가는 것이다.

한 작가가 전시를 준비할 때는 참으로 많은 것을 생각하고 노력하여 그 결과물을 내어 놓는다. 물론 가끔은 전시를 평소 일상처럼 준비하는 부지런한 작가도 있지만, 대부분의 작가들은 평소 다른 일을 하면서 일 년에 한 번하는 자기가 속한 그룹전에 그림 한 점 내는 것으로 일 년 한해를 마무리하는 작가들도 대부분을 차지한다. 이런 상황에서 이런 일이 벌어지고 또 그것이 매년 계속적으로 이어진다면 참으로 안타까운 일이 아닐 수 없다.

그렇다면 전시오픈 첫날 뒤바뀐 주인공은 누구일까? 당연히 국회의원 두 명과 구청장, 구의회장, 주민 센터 동장 등등이다. 사회자는 늘 같은 말로 그들을 소개한다. "바쁜 일정 속에서도 저희 전시회 오픈식을 축하해 주시기 위해 오신 어느 당 국회의원...", "항상 저희에게 든든한 지원군이 되어주시는 구청장님 그리고 또, 구의회의장님, 동장님..." 그래서 한 명씩 연설하는 것이 5분을 넘기기도 하고 어떤 정치인은 10분가량을 자기의 정치와 연관하여 침을 튀긴다.

그러고 나면 어느새 우리작가들은 자기소개 한번 못 받고, 모시는 협회 회장님 인사말씀까지 한 시간 가량 넘게 서서 박수만 쳐야한다. 그 높으신 분들은 연설이 끝나면 간단한 건배 제의를 하고나서, 그림 앞에 한 번도 제대로 서서 그림을 감상해 보지도 않고 잽싸게 한 바퀴 전시장을 휙~하니 돌아본 다음 승용차를 타고 바쁜 일정이라는 핑계를 대면서 사라진다. 그 뒷자리에서 음료수 흘린 바닥을 닦고, 컵을 정리하고, 테이프 커팅 한 찌꺼기 것들을 치우는 일을 박수를 받아야할 우리 주인공 작가들이 어느새 청소부 역할이 되어 하고 있는 것이다.

그뿐이 아니다. 행여 한 높으신 분께서 뒤풀이 식당까지 와 주면 그 추태는 극에 달한다. 나와 같은 자문위원들부터 무슨 무슨 직함을 가지고 있는 작가들까지 나서서 그 높으신 분 있는 자리에 쪽 의자를 갖다 놓으면서까지 합석을 하고, 술이 한잔 거나해지면 정치적 발언은 식당의 천장을 꿰뚫는다. 그 대화에 갖은 아부를 떨며 파안대소하는 일부 작가들의 등을 뒤로 한 채 우리네 힘없는 주인공 작가선생님들은 기죽은 듯이 조용히 밥그릇을 비우고 사라진다. 정말 속이 뒤집히고 애간장이 타서 나는 더 이상 그런 전시회 오픈식에 가지 않는 것이다.

인간의 삶은 서로에게 빚을 지며 살아가는 것이다. 물론 우리작가들에게 있어 훌륭한 인연이 있으면 좀 쉽게 작가생활과 예술인생이 풀려가는 것은 사실이다. 그리고 이런 아름다운 전시회에 지역인사를 초빙하는 것은 당연한 일이라 생각된다. 그러나 조금은 군더더기를 빼고 실제 주인공들인 그날 작품을 발표하는 작가들이 주인공이 되어야만 한다.

얼마 전, 대중음악의 발전을 위해 모인자리에 정치인들의 목소리만 높았다고 비난하는 어느 기자의 기사를 읽은 적이 있다. 지난 12일 오후 2시 서울 여의도 국회헌정기념관 대강당에서 열린 〈대중음악진흥위원회 발족대회〉가 그것이다. 이 행사는 K-팝Pop의 세계적인 인기를 기회로 삼아 대중음악지원정책을 체계적으로 시행하고 예산확보와 법적근거 등을 설립하기 위한 자리였다. 그 자리에는 대중음악 관련단체의 식구들과 원로가수에서 아이돌 까지 많은 가수가 참석했는데도 대강당 안에는 정치인의 얼굴이 많았고, 내 외빈 소개순서도 그들이 맨 앞에 줄줄이 장식하며 지역구와 위원회까지 상세한 소개가 덧붙여졌고 그들의 연설은 이어지고 있었다. 그러면서 그 뒤에 참석한 가수들의 이름은 시간관계상 생략한다고 요약한 탓에 주인공들인 가수들의 이름은 한 번도 소개되지 않은 채 행사마감을 알리는 박수소리에 주인공들은 또 묻혀버린 것이다.

인생이 뒤바뀐 주인공들..., 콩쥐 팥쥐 같은 여자 주인공들의 대립구도는 아니더라도 이제 우리 문화에서도 이런 모순된 일들을 정리하고 재정비해야 한다.

길거리에서 가끔 만나는 친한 화가 동료에게 말을 건네 본다. "어제 오픈식 갔었어요?" "어잉, 어제 그런 게 있었어요?" 자꾸 무관심해진다.

내 인생의 A/S

나를 늘 괴롭히는 오랜 숙제宿題 하나가 있었다. 아니 숙제이라기보다는 오랜 빚이었다 해도 과언이 아닐 테다. 지난 15년 전, 내가 급전이 필요하여 평소 친한 지인에게 큰 그림 80호를 하룻밤에 날치기(?)로 완성하여 그야말로 큰돈을 받아 문제를 해결하였던 적이 있다. 그런데 그때 팔았던 그 그림이 온종일, 다달이, 매년 몇 년 내내 나를 괴롭혔다. 그로부터 십 년이 훨씬 넘는 세월 속에서 난 참으로 많은 그림을 그렸고 그동안 국내·외 그룹전 300여회와 개인전을 13차례 치렀다. 나름 부단히도 작품에 대한 고민과 열정 속에 지금까지 열심히 살아왔던 것이다.

그런데 그때 내다 판 그 그림, 그 졸작拙作이 내 스스로 가슴에 못이 되어 한시도 나를 가만히 두지 않고 나를 파헤치며 괴롭힌다. 내 양심이 녹슨 것은 아닌 것 같았다. 지금도 그 어느 누군가가 그 집에서 내 그림을 보며 이런저런 자자한 잡소리와 함께 흉을 보며 내 솜씨에, 내 인격에 침을 뱉고 있을 것 같아 괴로웠던 것이다. 급기야 그 사람에게 전화를 하여 이런 저런 이유를 대며 그 그림을 요즘 그림으로 교체해 주겠다고 했더니 너무나 좋아했다. 맞다! 이 사람도 그 그림이 마음에 들지 않았던 것이다. 사람을 시켜 그 집에서 그림을 떼어 내 작업실에 옮겨 놓으니 정말 내가 잘 했다는 생각이 옳았음을 그림을 보고나서 실감하게 되었다.

그런데, 사람의 마음이 참으로 간사하여 도저히 공짜로 해주는 행위에 손이 가질 않았다. 미루고 또 미루다가 두 달을 훨씬 넘기고는 손을 대어 완성했다. 마치 공모전에 출전하는 각오와 자세로 그 그림을 그려댔다. 결과는 상대방도 대만족했고, 내 스스로도 후한 점수를 준 것으로 그 오랜 빚은 그렇게 애프터서비스로 마감되었다.

요즘 극장가를 뒤흔든 영화 〈변호인The Attorney,2013〉에서 주인공 '송변'은 대기업의 스카우트 제의까지 받으며 전국구 변호사를 코앞에 두고 있으면서도, 우연히 7년 전 밥값 신세를 지며 정을 쌓았던 국밥집을 찾는다. 돈이 없어 밥을 먹고 도망쳤던 그 시절의 국밥 값을 스스로 갚으면서 주인과 함께 흐느낀다.

우리는 세상을 살다 보면 본의 아니게 남에게 신세를 지기도 하고, 자기의 본심과는 다르게 남에게 불편을 끼치기도 한다. 그러나 그런 일들을 그냥 마음속에서 반성만하고 미안해하기만 해서는 안 된다. 언젠가는 그것을 토로하고 그에 달하는 응당應當하는 빚을 청산해야 한다. 물론 그것이 돈이 되었던, 따뜻한 말이 되었던, 그 어떤 모습이라도 반드시 행하여야 자신이 좀 더 앞을 당당히 걸어 나아갈 수 있는 것이다.

애프터서비스A/S는 반드시 사전적 의미에서처럼 꼭 상품에 대한 재화나 행동적 서비스를 제공하는 사후관리서비스만은 아니다. 그 마음이 바로 인간에게까지 미칠 때 사후관리는 더욱 빛이 나는 것이다. 간혹 오래된 오디오나 자동차가 망가졌을 때 부품이 없어, 아직도 다른 곳이 멀쩡한데 버려지는 물건처럼 우리 인간에게 그런 현상이 와서는 안 된다.

딸을 시집보내고 아들을 장가보냈어도 가족에게 있어 사후관리는 중요한 것이다. 내 자식 때문에 상대가 어떻게 상처받고 어떤 아픔이 있는지, 부모는 자주 그들을 내다보며 관리해 주어야 한다. '나이 들면 참견을 자주 한다'는 말이 바로 그런 뜻이 아닐까. 우리는 그렇게 자기 물건에 대한 책임을 질수 있듯이, 우리 사람들 간의 관계에 있어서도 그런 정신이 적용되어야 한다. 교육에 있어서도 선생님은 졸업한 제자의 뒤를 걱정하여 앞길을 열어 줄 수 있는 교육서비스정신이 필요한 것이다.

몇 달 전 훈훈한 이야기 하나가 인터넷을 달구었다. 잦은 남편의 폭력 때문에 어느 날 아내가 갈비뼈가 부러져 경찰에 신고를 하였는데, 경찰이 집에 출동하자 남편이 아무 일 없다고 하자 부부간의 일이라고 발걸음을 경찰들은 돌렸지만, 그 다음날 한 여경女警이 이상하다 생각하여 그 집을 기웃거리며 전화를 수시로 하여 끝내 부인의 속내를 들을 수 있었고, 그 여경의 지속된 관찰과 관심으로 한 여성을 가정폭력으로부터 지킬 수 있었다. 이렇게 관심과 사랑이 전화 한 통화로 이어지고 가정폭력에 노출된 여성에게 의료비 지원과 상담지원까지로 이어지는 이번 사례는 중요한 '치안治安 에프터서비스'가 무엇인가를 우리에게 알려주고 있는 한 사례일 것이다.

이제 우리 모두 슬금슬금 곰팡이처럼 자라나는 내 마음 속의 빚을 A/S 해보자! 영화 속의 국밥집 아줌마가 밥값 갚으러 온 주인공의 등짝을 때리며 그 답을 말해주고 있다.

"묵은 빚은 돈 몇 푼으로 갚는 것이 아니라, 얼굴과 마음 그렇게 발걸음으로 갚는 것이다. 이놈아! 일러 와, 밥 먹어!"

작은 것으로 큰 것을 본다

나는 작은 돌 하나에 드러난 문양과 돌 하나의 속성에서 참으로 많은 것을 깨닫게 된다. 그것은 작은 그림에서도 마찬가지이다. 우리의 동양문화는 미세한 것을 통해 현저顯著한 것을 깨닫는 지혜가 있으며, 작은 것으로 큰 것을 본다는 창작방식이 있는 데 그것이 바로 '이소견대以小見大'의 동양미학 사상이다.

이 이소견대의 사상에는 동양미학의 내재적인 초월적 사상이 반영되어 있다. 이러한 사상은 단순히 수량의 문제가 아니다. 만약에 우리가 이것을 '작은 것(小)' 으로부터 '큰 것(大)'을 보고, '적은 데(少)'에서 '많은 것(多)'을 파악하는 것으로 이해한다면, 이것은 사람의 지식을 통한 인위적인 해석이다. 그러므로 이 이소견대는 양量의 확대가 아닌 것이다.

예를 들자면, 연못의 물에서 큰 바다의 물을 보는 것이나, 한 알의 모래에서 무수한 모래사장을 미루어 아는 것은 곧 나아가 우주까지를 품어 보는 것이다. 이렇게 생명체험의 세계에는 큰 것과 작은 것 또한 많고 적음의 구분이 없다. 일반적으로 '잰다' 라고 하는 것은 사람의 지식을 통한 관점으로 보았을 때 크고 작음이나 많고 적음의 차이로 세계를 분석한다는 의미이다. 하지만 이것 역시 자연의 고유한 그 상태는 아니다. 왜냐하면 들에 피어있는 한 떨기 들꽃은 결코 자신이 작다고 여기지 않기 때문일 것이다.

그래서 동양의 장자철학에서는 두 종류의 서로 다른 '재는 관점'이 존재한다. 하나는 '사람으로서 재는 것'으로 그것을 '이인위량以人爲量'하고, '사물로서 재는 것'을 '이물위량以物爲量' 라고 한다. 첫 번째 '이인위량'은 사람의 기준으로 모든 사물을 재는 것으로 그것은 분명 다분히 인위적이며 분별적이다. 거기에 비해 '이물위량'은 사물 그 자체로 사물을 재는 것으로 무위적이며 매우 큰 대도大道인 것이다. 그러므로 사람의 지식으로 재는 것은 자연에 본성에 어긋나는 것이라 할 수 있다. 사람 역시 자연의 일부가 되어 사물로서 사물을 재는 것이 자연에 맞는 것으로 사람의 앎이 아니라, 사물 그자체로서의 앎이 곧 진정한 앎의 본성이며 자연의 이치로 돌아가는 것이다.

동양의 예술이 이렇게 작은 것을 중시한다고 할 때는 두 가지 이론이 뒷받침한다.

첫째, 작은 것이 큰 것이고 많은 것이며, 간단함이 복잡함이다. '작고 적은' 대상과 '우주의 무한한 에너지'는 서로 다른 것으로 이 작고 적은 대상을 발단으로 하여 생각해내면 곧 대우주를 드러내게 되는 경지에 도달할 수 있는 것이다. 즉 꽃 한 송이와 풀 한 포기는 하나의 이상 세계이며, 돌 한 개는 우주의 신비한 비밀이다. 그러다 보면 양量적인 측면에서 작은 것에서 큰 것에 이를 수 있고, 적은 것에서 많은 것을 산출해낼 수 있다는 논리이다. 그러기 위해서는 예술적 처리가 매우 중요한데, 동양 예술이론에서는 기본적으로 필요로 하는 요소가 있다. 만약 크기에서 많은 것과 큰 것을 표현하려면 직접적으로 모두를 다 재현할 필요가 없고, 대상 자체에 대해 표현하기보다는 하나의 발단, 시작점을 제공하여 무한한 강과 산을 연상하여 표현해나가면 되는 것이다. 한마디로 모두를 다 집어넣어 표현하는 것이 아니라, 작은 것 하나로 큰 것을 생각해 낼 수 있는 경지를 이야기하는 것이다.

둘째, '지금 이곳'이 전체라는 것이다. 작은 것이 많은 것을 보여줄 수 있다는 것은 양의 측면에서 시작된 생각이지만 현재가 전체라는 것은 분명 '질質'의 측면에서 하는 말이다. 이것과 관련된 두 가지 철학적 관점은 바로 이런 것이다.

하나는 '모든 강에 비친 달은 모두 둥글다 一月普現一切水一切水月一月普' 라는 사상이다. 이 비유는 달은 모든 강에 비치지만, 실제 달은 하나일 뿐이라는 것을 의미하는 것이다. 세상을 달이 밝게 비추는데 모든 강과 호수에 달의 둥근 그림자가 비치지 않는 곳은 없다. 하지만 수없이 많은 강과 호수에 비친 달그림자는 단지 하나의 달이 비치는 것이다. 그래서 '하나가 모든 것이고, 모든 것이 하나이다.一卽一切, 一切卽一' 이라는 사상 역시 동양 예술의 이소견대 사상인 것이다.

다른 하나는 '겨자씨 안에 수미산을 들인다 芥納須彌' 라는 사상이다. 이 말은 엄청난 양의 책을 읽고 그 많은 지식을 한사람의 머릿속에 넣었다는 당나라 때의 고사古事에 등장하는 말과 상통된다.

이런 이소견대의 사상은 동양의 예술에 수없이 많게 녹아있다. 작은 한 떨기 꽃 한 송이로 천지의 끝없는 봄날의 정취를 볼 수 있고, 심지어 붉은 점 하나로 무한한 계절의 정취를 끌어 낼 수 있었던 것은 화가가 순간적으로 심령의 내재적 초월을 통한 생명의 체험세계를 창조할 수 있는 능력이 바로 꽃 한 송이가 아니라, 그 배후에 있는 풍부한 인간의 삶의 체험이 있었기 때문이다.

또한 이런 사상은 오래 전서부터 일본에서는 한 줄짜리 시詩를 쓰는 사람들에게서도 찾아볼 수 있다. '하이쿠Haiku, 俳句'라는 것이 그것인데, 그들은 아무 것도 가진 것 없이 먼 길을 여행하고 방랑하며 한 줄짜리 시를 썼다. 길에서 마주치는 풍경에 대해, 작은 사물에 대해, 심지어 벼룩과 이와 반딧불에 대해, 그리고 허수아비, 귀뚜라미와 물고기 눈에 어린 눈물에 대해 그들은 결코 장황하고 큰 수사가 아닌 단 한 줄의 시로 불가사의한 이 세상의 삶을 표현하고자했다. 그들에게는 한 줄도 어쩌면 너무 길었는지도 모른다.

허수아비의 뱃속에서 귀뚜라미가 울고 있다.

코바야시 이싸小林一茶의 이 한 줄의 하이쿠는 어떤 의미에서는 강건한 도道의 경지를 이룬다. 그러나 우리 인생에서 망연히 아무 것도 느끼지 못하는 자에겐 결코 작은 것도 있을 수 없다. 자신의 심령을 초월하여 새로운 생명을 체험할 수 있는 자 이어야만 비로소 작은 것에서 큰 것을 바라볼 수 있고 느낄 수 있는 것이다. 이제 우리도 작은 돌 하나에 나는 무엇인가에 대한 큰 자각이 필요할 때이다.

술과 글 그리고 그림 사이

나는 술을 즐긴다. 한마디로 술을 좋아한다는 이야기이다. 굳이 남의 글 표현을 빌리자면 "멋있는 생활은 반드시 흥興을 바탕으로 한다. 우리의 정신적이고 육체적 활동이 미적으로 나타나는 것이 대개 흥으로 말미암는다" 이 말처럼 흥을 돋우는 것에는 사실 '술'이라는 매제가 딱 적격일 수 있다. 술을 마시고 흔히 예술 활동이 민감하게 이루어짐은 우리 예술인들에 있어서는 바로 이 흥취 때문이다.

그러나 술을 좋아하지 않는 사람에게는 이 말이 어불성설이며, 취객이 던지는 허튼소리에 불과할 것이다. 우리의 말 '술'이란 "술술~" 잘 넘어간다고 해서 이를 줄인 말로 술이라고 했다는 속설이 있다. 또 하나는 그 어원이 '불타는 듯한 화끈한 물'이라는 의미의 '수불水火'에서 시작되어 '수울'을 거쳐 '술'로 불리어져 정착되었다는 것이 일반론이다.

어찌되었던 나는 술이 좋다. 나에게 있어 술은 친구이며 나의 애인이며 또한 스승이다. 나는 목이 말라 목을 축이기 위해 술을 마시지는 않는다. 그때는 사방 천지에 널린 물을 동물적 반응으로 찾아 마신다. 내가 술을 마시는 이유는 다른 곳에 있다. 그것은 나 나름대로의 환상적 체험의 의미를 포함하고 있으며, 이런 환상적 체험은 낙원이나 지옥처럼 나의 물질적 실존 저 너머에 존재하는 완전히 다른 세계를 직관할 수 있는 최고의 경지에 도달하는 일이다.

술잔을 놓고 내가 마주 앉으면 나도 모르는 내 속에 잠자고 있던 그가 다가온다. 사실은 나 자신도 그것이 내 속에 잠자고 있었다는 것도 모르는 것, 바로 그 로고스Logos들이 이성, 사유, 정신이라는 최고의 정신세계 아래 무엇인가 뒤얽혀 초월적인 힘을 내게 만들어 준다.

내가 지금의 이 남산 아래 옥탑방을 작업실로 택한 것도 물론 여러 이유가 있겠지만, 주된 목표는 술을 즐거이 마시기 위한 것이었다. 남산 달빛 아래 혼자 이것저것 나만의 안주를 만드는 일 조차 흥겹기만 하다. 아무도 없어도 좋다, 달빛 아래 음악을 트는 적도 있지만, 아무런 오디오 음 없이도 나는 한 잔 한 잔이 더해지므로 해서 내 귀에 아름다운 소리가 들린다. 마치 줄이 없는 가야금 소리 같은 것이다. 그 음악은 평소에 들을 수 없는 천상의 소리이다. 그리고는 얼큰히 취기가 돌면 붓을 잡는다. 물론 취하기 전에 필묵筆墨을 준비해 놓고 하는 행동이니 그다지 준비과정이 힘들진 않다.

미술부활동 등의 어릴 적 시절을 빼고도 내 그림경력이 화단에서 30년을 훌쩍 뛰어넘는다. 그렇지만 그림을 그릴 때마다 아직도 매번 화면 앞에서 두려움을 느낀다. 분명 작업이 망칠 것 같다는 두려움 앞에 며칠 동안을 붓을 그어대지 못하고 서성거리는 적이 한 두 번이 아니다. 그런데 이때, 바로 취기가 오른 이때만큼은 아무런 두려움이 없다. 공간에 아무도 없다. 귀에 아무런 소리도 없고, 보이는 것은 단지 하얀 바탕의 캔버스 화면이다. 그린다기 보다는 그어대고, 던지고, 뿌리고 붓을 비틀며 무엇인지도 모르는 내 가슴 속에 어떤 것들과 한바탕 놀아난다. 나는 서양화를 그리는 화가이니 취기에 이 과정을 다 끝내고, 쓰러져 자고 일어나면 바닥과 내 옷은 그야말로 어릴 적 동네 벽에 붙어있던 영화 포스터 속의 글귀처럼 총천연색總天然色이 된다.

그런데 신기한 현상이 며칠 후, 몇 달 후 나타난다. 맨 정신에 그렇게 공들여 그린 그림 보다 이때 미친 듯이 그려댄 그림들이 다 팔려나간다. 난 그 이유를 아직도 모르고 있다. 때로는 촌스러운 색깔이 화면에 등장하고 붓질조차 어설픈 그 그림을 사람들이 좋아하는 그 이유를 나는 아직 알지 못한다.

문득, 이 순간에 취화선醉畵仙의 주인공 조선의 장승업張承業이 떠오르고, 당나라 장욱張旭이 떠오른다. 장욱은 서예를 할 때 지필묵紙筆墨을 앞에 두고 혼자 엄청난 취기를 끌어 올릴 수 있는 '혼술獨酒'을 즐긴다 하였다. 그리고 대취하고서야 화면 앞에서 포효하듯 고함을 지르며 묶은 자신의 머리를 풀어 그 머리카락으로 무엇인가를 그려나갔다 한다. 그래서 그를 광초서狂草書의 대가라 일컫는다. 그들도 그림을 그릴 때 나와 같은 상태이었을 것이다. 이래서 내 스승이 나의 호號를 '여소선(如小仙)'이라 지어 주며 내게 했던 말 또한 떠오른다. "너는 마치 작은 신선과 같은 놈이다."

나는 화가와 시인으로 활동하기에 글 직업도 이젠 내 직업이다. 그런 나에게 이상하게도 이 상태, 즉 술 취한 기운에서 안 되는 일이 하나가 있다. 그것은 바로 '글쓰기'이다. 앞에서 한 행위처럼 어찌 보면 더 좋은 글이 나올 것 같은 데 그것이 안 된다. 취기에 쓴 글은 다음날 읽어보면 이미 참다운 문장이 아닌 것을 발견할 수 있다. 그래서 『노인과 바다』로 잘 알려진 미국의 소설가 헤밍웨이Hemingway,1899-1961는 새벽까지 글을 다 쓰고는 오전 내내 술을 마시며 지냈던 것일 것이다. 『위대한 게츠비』의 피츠 제럴드Francis Fitzgerald 역시 엄청난 애주가였지만, 예술의 꽃을 피운 뒷 시간에 술을 즐긴 이유가 이제는 내게 타당한 지침으로 남는다.

우리 인간이 술을 마시는 실제적인 이유는 갈증의 해소, 미각적 욕구충족이라는 측면의 '생리적 필요성'과 일상적 환경의 어려움으로부터 회피와 탈출을 시도하려는 '일탈성의 필요성' 또 정밀한 미각의 과시를 위한

‘심리적 필요성’ 거기에다가 인간관계의 조화를 위한 ‘사회적 필요성’ 등의 여러 이유가 있을 것이다. 그러나 나는 이런 이유 모두를 모르는 채 그냥 좋아서 마신다. 아마도 시선詩仙 이백李白은 이 마음을 알 것이다.

오늘따라 채근담 후편의 “꽃은 반만 핀 것이 좋고, 술은 조금 취하도록 마시면 이 가운데 무한한 가취佳趣가 있다”라는 말이 달빛 아래 떠돌아다니며, 며칠 전 만취해 후배에게 심한 질책을 한 것에 대한 반성을 해본다.

이끼 자국으로 예술을 탐하다

도심의 골목을 걷다가 문득 발길을 멈춘다. 마치 귀한 보석이라도 발견한 것처럼 나는 한참을 서서 그것을 내려다본다. 그것은 담벼락 틈새나 길의 보도블록 틈에서 어느 누구의 사랑과 관심도 받진 못하지만, 참 예쁜 모습으로 푸르게 자라고 있는 이끼 때문이다. 남들은 무심코 스쳐가는 그 하찮은 이끼가 나에게는 너무나 고운 생명이고 그것은 때로 나의 글 작업에, 그림그리기에 무한한 영감을 준다.

우리 집이나 작업실에 분재가 몇 개 있는데, 이삼일 외출했다가 돌아와 보면 분재는 그대로이지만 있던 푸른 이끼는 숨어서 보이지 않는다. 부랴부랴 분무기를 들고 한없이 죄스러운 마음에 물을 뿌리다 보면 애잔한 마음에 간혹 잠을 설치게 된다. 분재에 이끼가 없으면 거의 황폐한 풍경처럼 보이고 활력도 없으며 생명이 깃들지 않은 것 같다. 다행히 내 연구실에는 작은 인공 원림園林이 하나 있는데 모터의 힘으로 자연석에서 수반의 물이 회전되어 흐르는 까닭에, 그것은 일 년 내내 이끼가 푸르러 나의 시선과 마음을 깨끗이 정화시켜 준다.

간혹 새로 단장한 한옥마을에 들어서거나, 예부터 있었던 정원을 새로 단장한 곳, 특히 동네 어귀에 새로 만들어진 정자에 니스를 칠한 나무집을 여행하다 보면 나는 마음이 그다지 편치 않다. 원래의 정취를 볼 수 없기 때문이다. 이끼가 길과 마당에 흔적을 남기어 가산假山과 연못이 자연스러우며, 지붕의 단청이 살짝 벗겨지고, 툇마루에 인적의 손때가 묻어 반질거리는 것이 오히려 새로 만든 경치 보다 더 빼어난 운치를 준다.

이것은 원림의 예스러움이 지나친 장식 보다 낫다는 말이 되는 것이다. 새로 칠한 누각의 단청이나 새로 덮은 마사토의 길과 마당은 사람의 눈을 현혹시키지만, 조금만 손상되어도 전체의 이미지가 쉽게 무너져 내리는 인상을 준다. 이러한 풍경을 놓고 중국의 유명한 원림 예술가 진종수 선생은 다음과 같은 표현을 하였다.

> 새로 고친 정원은 옛 자국의 흙 하나, 이끼 하나를 볼 수 없어 완전히 입 안에 가득한 금니 같다.

'입 안에 가득한 금니'라는 비유는 정말로 생동감이 실려 있는 말이다. 현대의 원림 경관은 대부분이 입 안에 가득한 금니이다. 이런 말 하나의 표현을 놓고 보더라고 이끼의 중요성은 너무나 쉽게 알 수 있다. 무엇 때문에 이끼가 이렇게 중요한 것일까? 원예가에게 푸른 이끼가 많다는 것은 생태 조건이 좋다는 표현 그 자체이다. 그리고 우리 같은 예술가에게는 푸른 이끼가 역력한 경계의 힘은 영원과 만나는 하나의 상징물이 된다. 일본의 시인 마쓰오 바쇼松尾芭蕉는 하이쿠俳句에서 이런 상황을 이렇게 노래하고 있다.

> 오래된 연못에 개구리 뛰어드는 물소리.

이 시인이 묘사한 연못은 고요한 연못이고 오래된 연못이며, 예로부터 있었던 연못일 것이다. 그 오래되고 고요한 연못에 청개구리 한 마리가 물속에 뛰어 오르자, 천년의 고요함이 순간에 깨어난다는 것이다.

개구리의 이 도약은 하나의 돈오頓悟이며, 그 연못가에 서있는 자의 깨달음이고, 금생에서의 찰나 간의 돈오인 것이다. 그것은 곧 짧은 속세의 시간의 그물을 찢고 절대적인 무한 시간의 영원 속으로 들어가는 것이다. 또 이 도약의 놀라운 깨달음은 마치 활발한 하나의 새로운 물결이며, 현재의 '신선함'을 과거의 '심원함' 속에 섞어 버리는 힘이 되기도 한다. 이렇게 푸른 이끼가 역력한 오래된 연못은 과거의 시간으로 들어가는 하나의 터널이 되는 것이다.

이렇듯 짙푸른 이끼 자체는 시간을 나타낸다. 푸른 이끼는 '과거'를 대신해서 '현재'에게 무언가를 간곡히 말을 한다. 왜냐하면, 그것은 시간의 누적이라는 특징을 지니기 때문이다. 현재를 과거의 배경 위에 놓고 과거와 현재를 소통시키며, 영원에 대해 그들은 간곡하게 말을 하는 것이다. 한마디로 푸른 이끼는 바로 시간이며, 있는 것 같기도 하고 없는 것 같기도 하며, 드러날 것 같으면서도 숨는 것이다.

예술가가 푸른 이끼를 음미하는 것은 아마도 시간을 포착하려고하지만 그럴 수 없는 망연함, 끝까지 따져보려 하지만 이해할 수 없는 안타까움의 곤혹스러움이다. 시간을 어찌 정지시키고 잡을 수가 있겠는가? 모든 것은 어쩔 수 없이 죽게 되어 있다. 모든 소중한 대상은 끊임없이 파괴되고, 다만 오래도록 없어지지 않는 역력한 이끼 자국만이 우리에게 남아 영원으로 통하는 흐릿한 통로가 된다는 것을 나는 이끼를 보면서 깨닫게 된다.

문득, 중국여행길에서 만난 한 미술관 안의 작은 화분 하나가 떠오른다. 고즈넉한 예스러움이 나는 탁자에 화분 하나가 놓여 져 있었는데, 화분은 깨어져 금이 가 있었고 화분 속 흙은 말라있었으며, 그 흙 위에 화초는 죽어 말라서 푸른빛이 황금빛 낙엽송으로 변해 서 있는 것이다. 그러나 결코 추하지 않게 너무나 아름다운 모습으로 자태를 뽐내고 있었다.

이런 시들어 죽은 화초를 완상玩賞하는 심리가 곧 푸른 이끼의 완상과 통하는 것이다. 떨어지고 시든 꽃은 결코 아름답지 않지만, 사람에게 시간의 기억을 환기시켜주는 상징물이 되는 것이다. 죽은 화초에서도 '영혼을 바라본다' 는 개념이 시간의 영탄인 것이다. 시든 꽃은 현란한 과거를 지녔고 그것이 거쳐 온 모든 인과因果의 소식을 지니고 있다. 과거의 번성으로 현재의 쇠락을 드러내고, 또 현재의 쇠락으로 과거에 대한 그리움을 자극하면서 순식간에 지나 가버리고 만회할 수 없는 무한한 슬픔을 불러일으키지만, 그것은 영원한 적막 속으로 사라져 가는 과거와 현재를 미래와 하나로 연결시키는 큰 가치가 있는 것이다.

골목길의 이끼와 중국여행에서 만난 마른 화분 하나는 결코 '입 안에 가득한 금니'라는 비유와는 먼 생명의 번성과 쇠락을 넘어가는 하나의 의미의 공간이었다. '태흔苔痕'이라고 칭하는 이끼 자국 하나로 글을 시작하여 갈무리를 할 이 시각에 와유의 〈녹시鹿柴〉 하나가 나를 흔들어 댄다.

텅 빈 산에 사람은 보이지 않고 다만 사람 말소리만 들리네
저물녘 볕은 숲 속 깊은 곳 비추고, 다시 푸른 이끼 비추네.

한국의 피그말리온 조각

내가 사는 동네에 5년 전前서부터 인쇄소 건물 하나가 팔리면서 새로운 주인이 생겼다. 그런데 그 사람은 이사 온 그날부터 주변의 건물 몇 개를 통째로 임대하더니 연일 공사를 했고, 그 공사는 5년째가 되어가는 오늘도 어김없이 돌과 쇠를 자르는 굉음으로 이곳 주민들의 마음을 가른다.

여기저기 민원에도 아랑곳하지 않는 그의 건물작업장 바깥에는 급기야 하나 둘씩 '예술'이란 이름하에 조형물이 세워졌다. 이름하여 '마을예술 프로젝트'라 하여 이제는 구청의 지원도 받는다. 그러나 그 주변에 오르고 세워지는 조각, 조형물 모두는 내가 보기에 국적國籍 없는 복사물이다. 어떤 것은 영국에 있을 법한 헨리무어Henrry Moore의 작품 같기도 하고, 또 다른 것은 루마니아 작가 브랑쿠시Brancusi의 작품을 모방한 것이다. 오가는 사람들은 그동안 보지 못했던 조금은 기이하지만 아름다운 조각물을 보고 감탄하지만, 미술사를 전공한 내 눈에는 정체성正體性 없는 그것이 눈에 거슬리는 것은 당연한 일이다.

사실 이런 현상은 이곳 뿐 아니라 도심의 여러 곳에서 발견되는 요소이다. 백화점 등의 공공장소나 심지어는 정부산하의 관공서 앞에 놓여있는 조각물들도 마찬가지이다. 이것은 얼마 전 '방탄소년단'이 K-팝 역사상 유래 없는 기록을 세우며 세계 각국에서 우리의 것을 소리쳐 부르며 국위를 선양한 예술행위와는 상당한 대조를 보이는 현상이다.

이런 지적은 굳이 나만의 생각은 아닌 것 같다. 현재 우리나라 조각계의 활동에 대해 미술사가美術史家들은 너무 서양 지향적이며 우리의 것, 즉 전통의 단절이 심하게 나타난다는 목소리가 높다. 이런 평가는 한국의 현대미술에서 다른 장르에 비해 조각분야에서 그 정통성이 더욱 결여되었다는 이야기이다.

우리는 근대라는 출발선에서부터 회화繪畵에서는 한국적 표현에 대해 신랄한 논쟁을 벌일 만큼 전통에 대한 많은 문제를 들추어내어 일찍이 지적했다. 그러나 조각은 근대조각 도입이 사실 서양화보다 10여년 정도 늦은데다가 형태에서의 표현 문제를 비판하며 수용할 만큼의 당시 상황이 그렇게 성숙되지 못했다. 그래서 조각 작품의 독창성 문제나 전통성 문제를 지금에 와서 새삼스레 논의되는 것조차 조금 의아해하는 것도 현실적으로 다가오는 아픔이다.

그러나 조각에서 이 문제는 다른 분야의 전통성 시비와 그 맥을 같이 한다 할 수 있다. 그런데 무엇보다 회화에서는 외형적요소만의 판단으로도 왜색, 모방의 근거를 쉽게 찾아 논의를 할 수 있는 반면에, 조각은 외형만을 보고 그런 것을 논의하기에는 결코 쉬운 문제가 아니다. 그래서 그동안 미술계에 불어 닥친 식민지 잔재청산 논란의 여파가 조각예술분야에서는 그리 큰 타격을 맞지 않았다. 결국 우리의 근대조각에 대한 무반응, 무비판이 초래한 결과는 현대조각의 무분별한 서구 지향, 즉 서양편향주의마저 그대로 포용하고 마는 폐단을 낳고 말았다.

다시 말해, 우리 현대조각의 문제는 이미 근대조각의 태동 때부터 배양되어왔다고 할 수 있다. 그 이유는 근대조각의 시발을 최초의 한국근대조각가로 김복진金復鎭, 1901-1940을 들 수 있는데, 그와 그 당시 동료조각가들은 일본 유학시절 서구조각을 이미 받아들인 일본을 통해 '서구화된 일본화日本化'를 먼저 배우고 들어와, 그대로 이 땅에 옮겨 놓았기 때문이다. 그것이 그들의 제자들이 맥을 이어 현재까지 이어오고 있었기 때문이다.

이것은 오래전 삼국시대 이래 우리 조각 전통이 고려시대를 거쳐 조선에 이르는 동안 회화에 비해 아주 크게 발전되지는 않았지만, 우리의 맥脈을 상당부분 유지하고 있었던 것과는 상당한 대조를 보이는 현상이라 할 수 있다. 그러나 어찌 보면 이런 문제가 조금 이해도 가는 것도 일제의 핍박 아래에서 예술인 또한 어쩔 수 없이 왜곡된 이해와 자학적自虐的인 인식을 가지고 작업했을 것이라는 것이다. 그렇게 조장된 식민사관의 영향이 우리 전통적 삼국시대의 뛰어난 한국적 조각의 변모를 확실하게 이어오기에는 많은 장애의 진통이 있었을 것이다.

그러나 이제 한국현대조각은 그동안의 이런 운명적인 문제를 뒤로하고 새롭게 거듭나야 한다는 당위성을 세워야한다. 지금의 시대를 문화·예술이 번창하는 시대라고 한다면 더욱 더 조각예술분야의 역할은 매우 중요한 것이다. 그 이유는 조각은 다른 예술분야와는 다르게 우리의 삶과 아주 밀접하게 다가와 있기 때문이다. 예전에는 광장이나 관공서에 상징적으로만 존재하던 조각 작품이 요즘에는 우리가 사는 이웃 공간 가까이 배치되어 호흡하고 있기 때문이다. 그 형태도 영웅이나 우상과 같은 상징적인 기념비적 조형물이 아니라, 모녀상과 어린이 같은 평범하고 친親서민적인 조형물로 우리에게 다가오고 있다.

이제 우리 한국현대조각은 무엇보다 한국미의 우수하고 아름다운 조각 전통이 있었음을 자각하며 숙지하고 서양편향주의에서 벗어나, 이제는 한국미의 정체성正體性과 일체화시켜 시각적이나 환경적으로 전시효과도 뛰어나면서 우리들의 가슴을 울리고 우리민족만의 정서가 담겨있는 사랑의 물체로 거듭나야한다.

그렇게 탄생된 우리의 조각은 그리스·로마 신화에 나오는 것처럼, 자신이 만든 조각상을 너무나 사랑하여 조각과 결혼한 피그말리온 보다 더 뜨거운 사랑의 입맞춤을 우리가 하게 될 것이라는 것을 나는 믿는다.

감정이입感情移入이 낳은 또 하나의 작품

영하 20도가 오르내리는 강추위에서도 원로수석인들과 함께하는 탐석 활동은 나에게 있어 참으로 소중한 경험이자 여느 일상과 다르게 설렘이 동반하는 기쁨의 날이다.

그런 나에게 한 달 전 또 하나의 즐거운 일이 탐석지 가까운 식당에서 벌어졌다. 각자 집으로 돌아가기 전에 원로선생님의 후한 대접으로 식당에서 저녁식사를 같이하며 그날에 있었던 에피소드와 함께 이런저런 세상살이 얘기를 하는 그야말로 석담石談이 있는 정겨운 자리였는데, 식사가 다 끝난 시점에 내 앞에 있는 한 선배의 빈 밥그릇이 순간 내 눈에 다르게 보였던 것이다. 옛 속담에 평소 자신이 좋아하거나 관심을 가지고 있는 것만이 눈에 띈다는 것을 놀림조로 하는 말로 '개 눈엔 똥만 보인다'고 했듯이, 나는 남이 다 비벼 먹고 난 빈 밥그릇에서 미술적 가치 하나를 발견하고는 엄청난 예술품을 발견한 듯 내 마음은 요동치고 있었다.

다른 게 아니라, 선배가 깨끗이 먹고 난 '주꾸미 비빔밥' 밥그릇에서 숟가락 지나간 자국과 고추장 양념이 묻은 몇 톨 남은 밥알이 내 눈에는 색감과 구성요소가 절묘한 미술적 가치로 보였던 것이다. 그건 마치 하나의 풍경화를 보는 것처럼 빈 그릇의 숟가락이 훑어지나간 자리는 마을의 길과 들이 되어있고, 중간 중간 남은 고추장 묻은 밥알들은 마을의 바위가 되고, 빨간 고추장 덩어리는 하늘의 태양이 되고, 야채 한 토막 남은 것은 마을의 정자가 되어있었다. 그걸 보고 내가 순간 흥분한 것이다. 모두들 내가 하는 말과 행동을 보며, 그들도 놀란다. “와~! 신기하다. 정말 그렇네!” 나는 그날 퍽 감정이 격양되어 있었던 것이 사실이다.

나에게 이런 경험은 지난 10여 년 전에도 있었다. 냉장고에서 아이스크림 통을 꺼내어 작은 수저로 계속 긁어 퍼먹는 순간, 나는 통속에 내 숟가락이 스쳐 지나간 자국이 마치 한 장의 산수화山水畵 같아서 소스라치게 놀란 적이 있었다.

이런 것을 두고 독일의 심리학자이자 미학가인 립스T.Lips는 감정이입感情移入이라 하며 ‘감정이입설’을 미학 예술이론으로 발전시켰다. 이 감정이입설에 대해서는 결론부분으로 미루고, 앞에서 표현한 ‘개 눈엔 똥만 보인다’라는 옛 속담에 대한 재미난 일화逸話 하나를 되새겨 보자.

이씨 조선을 개국한 국왕인 태조 이성계가 나라를 창업한 뒤에 여는 축하연에서의 일이다. 이성계가 모처럼 중신들을 위한 주연을 베풀었는데, 이 자리에 중신들 틈에 무학대사도 참석했다. 술이 얼큰하게 취하고 분위기가 무르익자 이성계가 무학대사에게 농을 걸으며 말하기를 "대사의 얼굴이 꼭 돼지 같습니다. 그런데 대사는 내가 어떻게 보입니까?"하자, 이에 무학대사가 대답했다.

"저는 임금님이 부처님으로 보입니다." 이 대답에 태조가 이상해서 그 까닭을 물었다. "허 허! 왜 그렇게 보이지요?" 그러자 무학대사가 대답했다. "부처님 눈에는 부처가 보이고, 돼지 눈에는 돼지만 보이는 법입니다!" 절묘하게 대사가 자기를 놀린 것에 대해 받아친 것이다.

이때 무학대사가 한 임기응변臨機應變은 참으로 의미심장한 이야기이고 적절한 비유라 생각한다. 이렇듯 우리 인간은 아마도 자신이 아는 만큼만 알고, 또한 그것을 아는 만큼만 보는지도 모른다.

이제, 내가 본 빈 밥그릇에서의 미학처럼 '감정이입'에 대해 말해보자! 립스가 말한 감정이입설은 타인他人이나 자연물自然物 또는 예술작품 등에 자신의 감정이나 정신을 이입시켜 자신과 대상물과의 융합을 꾀하는 정신작용이다. 이는 오래전 동양에서 장자莊子가 얘기한 '물고기의 즐거움'과 서양의 오랜 역사를 가진 객관미학론을 '주관미학'으로 바꿔 놓은 칸트의 미학과도 일맥상통하는 이야기이다. 장자의 경우에는 친구와 길을 가다가 도랑에 있는 물고기를 보고 "물고기가 참 즐겁게 노니는구나!" 하니 그 친구가 "네가 물고기가 아닌데 어찌 물고기가 즐거운지를 아느냐?" 라고 하자 다시 장자가 "너는 내가 아닌데 내 생각을 어찌 아느냐?, 내가 즐거운 마음으로 물고기를 보니 물고기가 즐겁게 보이는 것이다" 라고 했다.

이렇게 감정이입은 예술작품을 대할 때 독자와 관객은 작중인물이나 대상을 자신과 동일시한다. 이런 현상은 소설을 읽고 영화를 보는 동안 주인공의 입장이 되어 감정의 변화를 경험하는 것이 그 예例가 된다. 하나의 예를 더 들어보면, 가령 바닷가에 안개가 자욱하게 끼어 멀리 있는 배조차 잘 보이지 않는 아련한 풍경을 연상해 보자. 일반사람들은 모두 그 아름다운 광경에 찬사를 보내겠지만, 저 바다의 짙은 안개를 헤치고 돌아올 배船에 남편이 타고 있는 어부의 아내는 걱정이 되어 그것이 결코 아름다운 광경으로 보이지 아닐 것이다. 이렇게 예술이론에서 감정이입이란 대상과 인간의 감정이 완전하게 하나가 되어 결합되는 것을 의미한다. 즉 감정이입은 주객일치, 몰아동일이며 자아가 곧 대상이고, 대상이 곧 자아가 되는 것이다.

그렇다면 우리 수석 애호가들의 탐석활동과 수석감상에 있어 이 감정이입은 어떤 작용과 어떤 가치가 있을까? 마치 남들이 보면 못생긴 여자의 엄마도 그 자식이 보면 못생겨 보이지 않는 엄마처럼, 우리는 아마도 오늘도 자신의 감정이입이 된 자그마한 몽돌 하나, 남이 그동안 눈 돌림 했던 호박석 하나에도 오늘밤 우리는 그렇게 감동의 기쁨을 가지며 그 돌 앞에 서있는 것인지도 모른다. 거기에 반해 돌 앞에서 애써 눈을 돌리는 그들의 집식구, 반려자伴侶者는 또 어떤 '감정 거리두기'를 하고 있는 것일까?

괜히 남이 먹고 난 빈 밥그릇 하나에서 개똥철학 같은 미학을 논하는 것 같아 이글 끝에서 독자들에게 그저 미안한 마음이 드는 새벽녘이다. 예술가의 눈이 그런 걸 어찌한단 말인가.

락樂과 유遊의 즐거움

오랜 친구가 나를 찾아와 그림감정을 의뢰했다. 나는 서양화를 그리는 사람이니 이런 동양화는 잘 모른다고 손을 내 저었으나, '동양미학'을 공부한 사람이니 가능하지 않겠냐고? 하며 하도 조르기에 할 수 없이 그림에서 보이는 다리橋 하나를 중심으로, 그림 값은 몰라도 그 그림의 의미에 대하여 이야기해 주었다. 그 그림은 산속의 낡은 자신의 초가草家에서 단정하게 옷차림한 한 고사高士가 다리 앞에 먼 풍광을 바라보고 있는 광경을 그린 그림이었다. 그래서 이런 저런 내가 아는 상식 모두를 동원해 친구에게 재미있게 설명해 주었다.

그런데 재미가 발동했는지 얘기를 듣던 친구가 갑자기 잠시 밖에 나가, 술과 안주를 푸짐히 싸들고 들어오더니 아예 갈 생각이 없는지 자꾸만 내 얘기에 그의 마음이 달라붙어 있었다. 그러다 보니, 우리 둘은 저녁 내내 '락樂'과 '유遊'를 나누며 그야말로 '유붕자원방래불역락호有朋自遠方來不亦樂乎'의 글자 그대로 정말 공부가 좋아, '벗이 멀리서 찾아주니 이 또한 즐겁지 아니한가' 말처럼 시간을 보냈다.

공자의 제자인 안회顔回는 비록 가난하였으나, 항상 도道를 배우는 마음의 즐거움을 가졌다. 공자는 이러한 그의 태도를 각별히 칭찬하였는데 그 까닭은, 공자 자신 또한 빈천한 삶 속에서도 도를 저버리지 않는 안빈낙도安貧樂道의 인생관을 가졌기 때문이다. 그런데 공자와 안회가 가난과 누추함 그 자체를 즐거워한 것은 아니다. 그들의 본 뜻은 난세의 고통과 고난 앞에서 오염된 무리에 함께 섞이지 않고, 훗날을 기약하며 자신의 도를 지키기 위해서는 설사 일신의 누추함이 따라오더라도 이를 기꺼이 감내하는 것이다.

예를 들면, 바로 그런 것이 내 친구가 가지고 온 그림과 같은 장령의 〈추림고사도秋林高士圖〉에는 이러한 느낌이 잘 드러나고 있다. 다리 건너의 현실세계를 근심스럽게 바라보는 단정한 옷차림의 고사로부터 고통 따위의 암울함은 찾아볼 수 없다. 그렇다고 현실을 완전히 초탈한 채 어느 별천지에서 유유자적하고 있는 품세도 아니다. 이는, 천도天道를 품은 은일隱逸이고, 적당한 시기에 다시 세상으로 나가 자신의 도를 펼칠 것을 기약하는 둔세遁世인 것이다. 이러한 추론의 근거는 바로 '다리'이다. 이런 은거와 둔세는 자신만의 의지를 지키는데서 얻는 자족이기에 그렇게 즐거울 수가 있는 것이다.

곧, 유가儒家의 예술정신의 특징을 한마디로 개괄하면 그것은 '락樂'이라고 할 수 있다. 이러한 즐거움은 일종의 심미적 자유이다. 그리고 그 심미적 자유란, 다름 아닌 초월이자 최고의 인생경계이다. 그런데, 인생과 세계에 대해 분투적 자세를 강조한 유가에게 어떻게 초월이라는 예술정신이 가장 높은 인격의 상징이 되는 것인지에 대해서는 의문이 든다. 그 의문의 실마리는 '증점曾點의 즐거움'에서 찾을 수 있다. 공자가 일찍이 그의 네 제자, 즉 자로, 염유, 공서화, 증점과 함께 대화를 나눈 적이 있었는데, 다들 경세經世나 제민濟民, 즉 백성과 세상을 다스리는 일에 꿈을 펼치겠다고 했으나, 엉뚱하게도 증점의 대답은 "그저 늦은 봄에 얇은 봄옷이 만들어지면 어른 대여섯, 아이 예닐곱과 함께 기수에서 물놀이하고, 무에서 봄바람 쐬면서 그리고 좋은 싯구로 가락이나 읊으며 돌아오겠습니다!"이었다.

그러자, 공자가 크게 감탄하며 그런 이상을 가장 높은 경지로 인정하게 된다. 그 이유는 바로 증점의 초월적 경지에 지극히 만족했기 때문이다. 물놀이하고 봄바람 쐰다는 것이 현실을 도외시하는 것도 아니고, 현실로부터 도피하는 것도 아니다. 자신을 일시적으로 타자화하는 이러한 초월은 다시 삶의 자리로 '되돌아감詠而歸'을 전제로 하기에 경험할 수 있는 심미적 자유이기 때문이다.

이런 '쉬어가기'는 절대 세상과의 절연이 아니다. '되돌아감'이 전제된 초월인 것이다. 이렇게 유가예술정신의 진면목이라 할 유가적 초월은 곧 '안빈낙도'의 즐거움과 상통하는 것이다. 그리고 유가미학은 사회와 아무런 관계도 없는 개체에게 어떻게 자유가 있겠는가? 하고 반문한다. 유가의 예술정신은 동아시아 예술로 하여금 그 표현하고자한 것이 개체의 단순한 정감이나 개성이 아니라 '나와 남', '개체와 사회' 그리고 더 나아가 천지와 더불어 조화를 이룰 수 있는 보편적인 정감이 되게 끔 한 것이다. 그래서 유가예술정신의 특징이 '락樂'이라는 것이 바로 이런 이유에서이다.

논어에 이런 말이 나온다. '지지자불여호지자, 호지자불여락지자 知之者不如好之者, 好之者不如樂之者' 아는 자는 좋아하는 자만 못하고, 좋아하는 자는 즐기는 자 보다 못하다는 뜻이다. 여기에서 지知, 호好, 락樂의 의미대조가 매우 흥미롭다. 지知는 외재적 지식을 말하고, 호好는 자기 마음속으로부터 우러 나오는 욕구이다. 둘 다 주·객체간의 거리를 없앤 것이다. 반면, 락樂은 즐거움의 경지와 그러한 즐거움의 상태를 만들어 준 대상이 완전히 하나로 융합된 상태를 말한다.

즉, 유가에서 말하는 락의 경지는 사람이 인仁과 성誠을 경험할 때 정신적인 유쾌함을 느낀다는 것이다. 내가 위의 문구에 하나를 더 가미해 본다면, 즐기는 것 보다 더 높은 한 경지가 있는데 그것은 아마도 '광지자狂之者'가 아닌가 한다. 물론 유가의 범위에는 들어가지 못하겠지만, 무슨 일에 미친다는 열정은 우리 예술가들이 흠모해볼만한 가치가 있다고 생각하기 때문이다.

한편, 동아시아 미학의 영혼이라 할 수 있는 장자미학은 '유遊'의 심미체험을 추구한다. 도가미학은 사회와의 관계로부터 완전히 이탈된 개체를 통해 사회성과는 상대적인 개념의 자유를 말하고 있다. 그래서 장자는 사회성을 고의로 훼손하고, 경멸하며 배척하는 장면이 많이 나온다. 중요한 것은 그렇게 함으로써 사회성에 억눌린 자아의 본성을 회복하는 것이다. 이러한 구도에서의 초월은 자아가 사회성이 아닌 자연성과 교류함으로써 이루어진다. 그러한 초월은 몽환적인 예술효과를 통해 표현되기도 하는 것이 장자미학의 특징이다.

장자가 '호접몽胡蝶夢'에서 나비 꿈을 꾸는 것은, 혹은 그 훨훨 나는 나비가 되고자하는 데에는 무슨 연유가 있을까? 명분과 공명은 나를 허위적인 인간으로 이끄는 것이며, 그 명분과 공명의 포로로 나를 내모는 것이 바로 교화教化인데, 바로 이러한 명분이니 교화이니 하는 것들에 얽매어 있는 나의 집착을 끊겠다는 것이다. 요컨대 땅에 발을 딛고 서있는 '나'를 잊자는 것이다. 어쩌면 그 오랜 날 이전에 장자가 바로 꿈속에 나비가 되어 구속도 없는 대자연을 노닐고, 잠을 자고 있을 때는 결국 나는 없는 것이었다. 그렇지만 내가 없는 나를 통해 잃어버렸던 자아는 다시 나비가 되어 되돌아오는 것이다.

이렇게 장자는 이른바 '소요유逍遙遊'라는 '유遊'를 통하여 초월을 말하고자 하였다. 그런데 이 유遊의 경지는 잊어버린 초심과 도를 회복함으로서 다다를 수 있는 것인데, 이 노력은 '심재心齋와 좌망坐忘'이라는 과정을 통해 이루어진다. 여기에서 심재心齋란 모든 사려와 의식을 배제하고, 허정한 상태로 들어섬을 의미하고, 좌망坐忘이란 시비와 차별 그리고 도덕적 공리를 떨쳐버림으로서, 도와 하나가 되는 경지에 이르게 되는 것이다. 이런 모든 노력은 문명과 제도의 속박으로부터 벗어나 도의 경지에 노님으로써 자기의 본성을 회복하는 것이다.

결론적으로 유가와 도가의 예술정신을 비교해 보면, 유가에서는 개인의 자각적 수양을 통해 안빈낙도하면서 자신이 하고자하는 대로 하여도 법도를 넘어서지 않는 종심從心의 자유경지에 이르는 것이므로 대자연과의 합일에서 나오는 유쾌함이다. 또한 도가에서는 자유를 '유遊'라고 말하는 데서 맛보는 즐거움이지만, 유가의 자유는 '락樂'으로 되돌아옴을 전제로 한 벗어남의 즐거움이다.

즉, 장자미학道家은 사회와의 관계로부터 완전히 이탈된 개체를 통해 사회성과 상대적 개념으로서 자유를 말하는 것이고, 유가미학은 나와 남, 개체와 사회, 자연과 더불어 보편적인 정감이 되게끔 하는 것이라 말할 수 있다. 그래서 장자미학을 다룬 옛 그림에는 종종 사람이 아무 것에도 관심이 없이 바위나 자연물에 기대어 눈을 감고 자고 있는 듯한 그림들이 나타나곤 한다.

이런 예술정신은 유가와 도가를 막론하고 동아시아 예술의 정신세계를 중시하는 심경, 혹은 의경意景의 예술로 특징지을 수 있다. 그러므로 거기에 따른 각기 제 나름대로의 내용과 표현을 지니고 있으므로, 옛 그림을 감상할 때는 이런 특징들을 비교해 가면서 본다면 그들의 내면의 세계의 문을 열 수 있는 하나의 열쇠가 된다.

대학에 이런 말이 있다. '심부재언 시이부견心不在焉 視而不見' 즉 '마음에 그것이 있지 않으면 보아도 보이지 않는다'는 말이다. 물론 분노와 공포·유혹과 고뇌 등을 끊어야만 마음을 바르게 가질 수 있음을 이르는 말이기도 하지만, 내가 아는 것이 없으면 그것이 눈에 들어오지 않는다는 말과도 일맥상통하는 말이다. 복잡한 작금의 현대를 살면서 한번쯤은 골동품과 같은 옛 그림을 앞에 놓고, 이런 상식을 포개어 감상해보는 것도 생활에서 아름다움 하나를 얻을 수 있는 기쁨이 될 수도 있을 것이다.

모두를 위한 우리의 디자인

오랜만에 나와 13살이 차이 나는 작은누나를 만났다. 같은 서울에 살면서도 왜 이리 만나지 못했는지 만날 때 마다 나는 후회를 하며 누나 손을 잡고 “자주 찾아올게요! 누나...”하며 말꼬리를 흐린 채 떠나오곤 한다. 명절 때를 빼고는 무엇이 그리도 바쁜지 지척인데도 만나지 못하는 우리는 형제애마저 소홀해지며 현대생활에서 어쩌면 더욱 더 고독해지고 있는지도 모른다.

떠나온 지 며칠이 되어도 누나 얼굴에 나있던 상처가 나를 더 아프게 한다. 눈이 어두워져 안경 하나를 새로 구입했는데, 안경을 벗으면서 안경 끝에 날카로운 곳에 베었다고 속상해하던 누나의 표정이 눈에 선하게 비쳐지는 것이다.

이제, 우리나라도 고령사회로 접어들었다. 이미 2000년 전체인구의 노인비율이 7%를 넘어서며 고령화사회高齡化社會의 신호탄을 울렸으며, 2018년에는 그 비율이 14%에 돌입함으로 그야말로 분명 ‘고령사회’가 되었다. 심각한 것은, 2026년 20%에 도달하게 되면 그때는 길거리에서 보는 인구 5명 중 한명이 노인이 되고, 2050년에는 38.2%가 되어 3명 중 한명이 정말 노인老人이라는 게 현실적으로 집계된 데이터이다. 이렇게 수치를 내보니, 이 얼마나 충격적인 현실인지 노인학을 공부한 나도 새삼 놀라움과 함께 두려움이 앞선다.

나는'평생교육학'을 전공하던 대학원 시절에 직접 두 시간 가량 노인 흉내를 내며 거리를 걸어 본 적이 있다. 뿌옇게 안경을 만들고 허리를 구부린 채 지팡이를 짚고 걸어보았는데 너무나 힘든 시간이었다. 조금 걸으니 허리가 아프고 다리가 저려 조금 앉고 싶은데 앉을 공간이 없었다. 예전 같으면 동네 어귀 어디에나 있던, 구멍가게나 마트 같은 곳에 널따란 나무 판상이 놓여있었다는 생각이 들면서 문득 실제 노인도 아닌데, 그런 시절이 그립게 다가왔었다.

그리고 안경을 뿌옇게 만든 탓인지 길거리에 표지판도 잘 안보이면서 건널목을 건널 때 불안감이 솟구쳤고, 더 심각한 것은 편의점 안에 있는 상품의 글조차 또렷이 보이지 않았다. 나는 이런 실제 체험을 글로 써서 대학원에서 그 학기에 전액장학금을 받았다. 나의 두 시간의 체험은 실제 노인들에게 있어서는 그야말로 소꿉놀이에 지나지 않는 장난이라 치부할 정도로 노인들의 불편함은 크고 많을 것이다. 물론 나의 그 체험놀이는 인적이 드문 심야시간에 한 것이다. 사람들이 활동하는 시간에는 어색한 분장扮裝때문에 도저히 용기가 나지 않았기 때문이다.

그런데 이런 사례가 신기하게도? 이 작은 행동이, 미국에서는 1970년대 말에 실제로 있었고 놀랍게도 그 주인공은 3년간이라는 시간과 무려 116개 도시라는 공간에서의 체험을 한 여인이었다. 이런 사실을 난 얼마 전의 티비TV보도로 알게 되면서 나의 '노인체험' 행동은 그야말로 조족지혈鳥足之血로 느껴졌지만, 어쨌든 나와 생각이 같은 사람이 있었다는 것에 무한한 애정을 보냈다. 사람 사는 일이 꼭 그렇다. 나만 생각하는 것이 아니고, 그런 생각을 동일하게 하는 사람은 많다. 단지, 실천에 옮기고, 누가 먼저 했느냐가 중요한 것이리라.

1982년, 세상을 깜짝 놀라게 한 디자인 제품들이 미국에서 발명된다.

그 제품을 디자인한 사람은 80대 노老부인이었는데 분장을 벗자, 그녀는 노인이 아니라 20대의 젊은 여자 디자이너였다.

그녀의 이름이 바로 '모두를 위한 디자이너- 패트리샤 무어Patricia Rosemoor'이다. 1970년 어느 날, 코카콜라 병을 디자인한 유명한 디자인회사 '레이먼드 로위'에서 새로운 냉장고 디자인을 위한 아이디어 회의가 있었다. 거기에 참석한 디자이너 중 가장 나이가 어린 패트리샤 무어가 "관절염을 앓거나 손힘이 약한 노인들도 쉽게 열 수 있는 냉장고 손잡이를 만들면 어떨까요?"라는 아이디어를 말하는데, 상사에게 단칼에 묵살당하며 망신을 당하고 그녀는 망설인 끝에 회사를 퇴사하게 된다.

그리고 그녀는 20세기에 가장 급진적인 공간체험 실험을 시작한다. 철제 보조기로 뻣뻣해진 다리, 흰머리 가발과 얼굴주름 분장, 솜으로 막아 잘 들리지 않는 귀, 뿌연 안경으로 흐려진 시야...지팡이에 의지한 채 경험한 그녀의 3년간 116개 도시의 체험은 그야말로 힘들고 지친 나날이었다. 심지어 보통사람들은 느끼지 못하는 공포까지 느꼈다고 고백했다.

몸이 불편한 사람들의 실제생활은 보통사람들로 하여금 한 번도 느껴보지 못한 것을 주었다. 예를 들면, 신호등이 깜빡거릴 때에 드는 걱정스러운 마음과 잘 보이지 않는 눈으로 다니는 위험하고 무서운 길, 보통사람들은 쉽게 할 수 있는 기구들을 다루지 못하는 불편함 속에서 그녀는 그것들을 3년 동안 하나하나 메모장에 적으면서 그렇게 노인들의 몸 체험을 하게 된다.

그리고 그녀는 그것을 토대로 세상에 그동안 없었던 제품들을 세상에 내어 놓는다. 이 세상 어떤 사람들이 사용해도 불편하지 않는 디자인을 실현해 낸 것이다. 이름 하여 '유니버셜 디자인'이라는 것이 그것이다. 〈바퀴달린 가방, 왼손·오른손 구분 없이 사용할 수 있는 양손가위, 물이 끓으면 소리 나는 주전자, 계단을 없애고 턱을 낮춘 저상버스 등〉 그녀가 출시한 제품들은 이 세상 노인, 어린이, 장애인을 막론하고 정상인까지 편리하게 쓸 수 있는 제품들이다.

이렇게, 제품을 아름답게 디자인하거나 좋은 기술을 써서 디자인을 하는 것도 중요하지만, 무엇보다 모두가 그것을 쉽게 사용할 수 있는 디자인이 더 중요한 것이다. 앞으로 이 고령사회에서는 무엇보다 그런 것이 더 절실하게 와 닿는 실용적 생활철학일 것이다.

우리도 이젠 노인이 된다. 노인에 대한 편견에 앞서, 이젠 그 사람들 곁에 우리가 다가가 앉아 생각해봐야한다. 이 사회 모든 요소요소에서 우린 '모두를 위한' 깊은 사색에 돌입해야한다. 그것이 곧 우리의 삶이기에 더욱 중요한 것이다.

문득, 우리나라에 몇 년 전 있었던 작은 사건 하나가 상처 난 내 누나의 얼굴과 함께 뇌리를 스친다. '부피만 부풀린 과자봉지' 디자인은 새삼 우리에게 무엇을 편리하게 해주었을까? 이제는 디자인도 위의 사례처럼 노년기의 원숙함을 닮아야한다.

거지 근성

대학시절 참으로 친하게 어울리던 옛 친구로부터 오랜만에 전화 한 통을 받았다. 반가운 마음에 안부를 묻고 있는데, 나에게 그런 것은 나중에 만나면 얘기하기로 하고 우선 자기 말부터 들어보라는 것이다.

무엇인가 했더니, 그것은 강남에 있는 자기의 부띠끄 의상실이 장사가 잘되어 확장을 하는데 전에 쓰던 브랜드 마크, 즉 심볼로고Symbol logo가 영 마음에 안 드니 나더러 급하게 디자인을 해서 보내라는 것이다. 시간은 최대한 빠르면 좋고, 그동안 나의 디자인경력을 살려 아주 멋지고, 오래 쓸 수 있는 심볼마크로 그야말로 작품을 만들어달라는 부탁이었다. 이어 그녀가 하는 말, 제작비에 따른 비용은 친구끼리이니 나중에 술 한 잔 살 테니 서비스로 해달라는 것이다. 그리고 지금 엄청 바쁘다고 하면서 "연락 줘?"하고 전화를 끊어버렸다.

지난 디자이너 생활 25년 동안 수없이 당해본 일이라 별로 화도 안 나지만, 가슴 한쪽이 또 씁쓰레하게 무너져 내린다. 사실 나는 현재의 서양화가 이력 이전에는 광고디자인, 그래픽디자이너 생활을 했었다. 돌이켜보면 대진침대, 이브자리, 대우세탁기 등 지금도 이름을 대면 쉽게 알 수 있는 디자인을 많이 해 그 당시 충무로 광고바닥에서는 꽤 유명세를 날리던 디자이너였다.

문제는 내가 아직도 디자인 감각이 있으므로 그 친구 말대로 멋지고, 독특하고, 오래 사용할 수 있는 디자인을 만들어 낼 수는 있다. 그렇지만 그 당시는 손으로 수작업을 했던 시절이고, 요즘은 기획, 즉 아이디어 스케치 단계를 거치면 곧바로 컴퓨터에서 전문 도형작업을 하여야한다는 것이 나에게는 애로점이다. 내가 디자인 회사를 폐업했던 10년 전에도 이미 아이디어 · 러프스케치Rough sketch를 내가 하고나면, 부하직원 디자이너들이 컴퓨터작업으로 모든 CIP, 이미지통일화작업을 해주었기 때문이다. 그러나 이제는 아이디어는 내가 그리더라도, 어디서 돈을 주고 컴퓨터작업을 해 와야 한다. 그러니 참으로 난감한 일이 아닐 수 없다.

요즘, 우리 미술문화계는 이른바 예전의 신정아 학력위조사건에 이어 최근 '조영남 그림 사기사건'까지 충격의 폭풍우가 불고 있지만, 그것보다 앞선 오랜 병폐가 하나 있다.

그것은 다름 아닌 〈거지근성〉이다. 전문직종에 있는 나로서는 학력위조사건도 심각한 사회적 양심의 배신이지만, 그것에 못지않은 이 거지근성을 이 글로서 나마 폭로해내고 싶다. 주위에 친척을 포함해 조금이라도 친분이 있으면 문화계에서 우뚝 솟은 지인을 통해 모든 것을 공짜로 얻으려고 하는 마음이 도사리고 있는데, 나는 그것을 '거지근성'이라고 하는 것이다.

화가는 한 작품 앞에 최소한 백 번의 고민을 하고, 수일 동안 그 작품 앞에서 노력하고 피를 토하듯 몰입한다. 그런 그림을 공짜로 달라고 하는 것, 또한 디자이너는 사무실 임대료와 부하직원의 급여, 컴퓨터 외 장비, 하루하루 드는 경비를 포함해 유명세를 타기까지 치열한 경쟁에서 수많은 밤을 일과 싸워낸 결과들이다. 그런데 그것을 공짜로 해 달라고 한다.

그것뿐이 아니다! 요즘 자주 만나는 연극인 선배가 있는데, 그 선배가 하는 말에 따르면 연극계도 미술계 못지않다. 주위사람들에게 극劇을 올린다고 말하기가 두렵다는 것이다. 그 이유는 모두가 자기와 친하다는 이유로 공짜티켓을 요구하기 때문이란다. 안 주면 서운하다고 토라지니 안 줄 수도 없다는 것이다. 그러니 늘 공연장은 관람객 반半이상이 공짜관객이 되는 것이다. 또한 요즘 어떤 식당이나 술집 카운터 앞에 '무료 연극티켓'이 놓여 있는 것을 볼 수 있다. 그것은 공짜표를 돌려서라도 관객이 차야 배우들이 열연을 할 수 있으니, 연극인은 가난의 굴레를 벗어날 수 없는 것이다.

참으로 안타까운 일이다!

연극 한편을 만드는데 드는 비용이 최소 얼마나 드는지 아는가? 무대제작비 외에 출연 배우들과 스탭들의 개런티와 공연장 사용료, 하루하루 잡비까지 포함하면 연극 한편에 수천만의 돈이 투입된다. 어떤 연극인들은 한번 공연하고 나면 살던 집을 팔고 전세로, 전세에서 월세로 옮겨야 하는 상황에 놓여진다. 그 연극인들의 고충을 조금이라도 이해한다면 제발 돈을 내고 연극을 보는 예의부터 갖춰야 진정한 문화인일 것이다. 자기 지갑에서 돈을 꺼내어 길가의 골동품을 사 본 사람이라면 적어도 그런 상황까지는 가지 않는다.

그런데, 웃기는 것은 변호사나 의사가 아무리 친척이라도 그들에게는 깎지도 못하고 꼬박 꼬박 돈을 낸다. "쓰~발!"

일본의 거지근성이 불러온 결과는 곧 세계전쟁의 발발이었다. 아직도 많은 사람들이 독일이 세계전쟁의 주요 원인 주축국으로 알고 있지만 결코 그렇지 않다. 바로 일본인 것이다. 오직 저축만 하는 민족성을 가진 나라, 매일 저축만 하다 보니 나라에서는 돈 좀 쓰라고 상품권을 나눠주는 나라, 그 거지근성 때문에 개인 돈만 늘어나고 나라의 자체자본은 딸리고 부족하여, 한국을 비롯한 다른 나라에서 약탈해 간 것이다.

어찌되었든 무엇보다 우리나라 재벌을 비롯해 여러 방면에서 이 거지근성을 버려야한다. 재벌이 갖는 한국사회에서의 의미와 그 사회적 역할의 중요성을 지난 IMF 때 우린 뼈저리게 느꼈다. 재벌의 정경유착政經癒着, 그 자체가 거지근성인 것이다. 조금만 인연이 닿으면 선의의 경쟁은 없어지고 그리고는 받기만하고, 먹기만 하고, 집어넣기만 하는 근성, "개 같이 벌어 정승같이 쓴다"는 철학은 없고 여전히 굶주리고 지친 거지처럼 베풀 줄 모르고, 오직 움켜쥐기만 하는 거지근성은 없어져야 한다.

다시 말해, 돈을 벌려면 우선 거지근성부터 버려야 한다. '세상엔 공짜가 없다'라는 단순명료한 세상이치를 알아야 한다. 진짜 부자들은 공짜를 싫어하는데 그 이유는, 공짜치고 그만한 가치를 하는 것도 없고, 공짜 속에 들어있는 상술이나 속임수가 싫어 차라리 돈을 주고 그만한 가치를 얻어가는 것이다. 영화 〈프리티 우먼〉를 보면 알 수 있다. 싼 옷차림으로 고급 샵에 들어간 비비안줄리아로버츠은 매니저의 푸대접을 받고 나왔으나 '애드워드리차드기어는 비비안을 데리고 다시 들어가 "돈을 쓰러 왔다!"라고 부자의 분위기를 내자, 점원의 태도는 180도 달라졌다. 그래서 비비안이 쇼핑의 즐거움을 한껏 누리고 나오는 이 영화장면은 좋은 예가 될 것이다.

언젠가 나이가 나보다 많은 제자와 밥을 먹으며 거지근성에 대한 비판과 함께 나의 애로를 토로했더니, 그 머리 좋은 제자가 나에게 해법解法 하나를 우스갯소리로 해주었다.

"아~ 미치겠어요. 그림을 공짜로 달라는 친구들과 친척들이 많아서..." 라고 내가 말했더니, 앞에 앉아있던 제자가 "선생님, 그때 그 사람에게 '당신, 혹시 은행 다니는 친구나 친척 있어?'라고 되물어보세요. 그러면 그 사람은 자랑삼아 분명 '있다!'고 할 거예요, 그러면 선생님이 그때 이렇게 말하세요!"

"그럼 그 은행원한테 백만 원짜리 수표 한 장 공짜로 달라고 해봐?"

절묘한 촌철살인寸鐵殺人이었다.
이글을 스치는 순간, 우리 모두 자기 자신도 그 누구에게 혹여 거지근성을 보이지 않았는지 가슴에 손을 얹어 보아야한다.

호모 모빌리쿠스와 현대의 예술가들

2012년, 내가 평생교육을 전공하던 대학원 강의에서 제1강, 즉 첫 강에서 「평생교육 맥락의 이해」라는 것이 있었다. 그 교과의 내용은 평생교육의 시대적 요청은 '새로운 담론이자 혁신적 패러다임'이라 하며, 그 이유 중에 하나가 평생교육이 정보통신기술의 급격한 발달로 형성된 정보사회와 더불어 모든 사회 구성원의 삶의 한 장르가 되었고, 정보통신기술은 일상생활과 직장생활 속에 깊숙이 들어와 시대적 담론으로 자리매김 한다 하였다.

그런 교육패러다임 속에 그때 나는 학생들과 교수들 사이에서 오직 나만이 스마트폰을 사지 않고 여전히 2G 폴더핸드폰을 가지고 있었다. 이상하게도 나는 새로운 기계가 두렵고 싫었기 때문이다. 그저 내가 아끼고 때 묻은 옛 것에 대한 짙은 향수鄕愁만을 사랑하고 있었던 것 같았다. 요즘 생각해 보면 참 바보스러운 고집이었다는 것을 깨닫는다. 왜냐하면 내가 2015년 겨울에 처음 스마트 폰을 갖게 되었으니 불과 사오년 밖에 안 되었으나, 사용해 보니 이렇게 좋고 편리한 것을 외면했다는 하나의 반성이 나타나기 때문이다.

「호모 모빌리쿠스와 현대의 예술가들」이란 이름으로 이 글 타이틀을 정해 놓으니, 그때 그 학습하던 풍경이 눈에 선해 흐뭇하기도 하지만 무언가 씁쓸한 것은 사실이다.

그렇다면 시대적 요청에 우리 예술가들은 평생교육 터전 혹은 현대생활의 통신영역에 어떻게 들어 와 있을까? '호모 모빌리쿠스Homo mobillicus'라는 말은 정보통신기기를 일상적으로 사용하는 현대인을 지칭하는 말이다. 그리고 '에루디티오Eruditio'라는 말은 새로운 지식과 정보를 지속적으로 배우고 습득하는 사람 층을 말하는 것이지만, 나를 포함한 소위 '예술가'들은 불과 몇몇을 제외하고는 현대에 이 시대에 살면서도 원시인이나 근대인近代人으로 생활하고 있는 자들이 대부분을 차지하고 있다.

나 역시 원격교육으로 평생교육대학원 공부를 하고 있었지만 여전히 스마트폰 없이 예전에 구입한 구닥다리 핸드폰을 소지하고 있었다. 나보다 더 심한 얘기지만 내 주위 어떤 시인은 아직도, 2019년 현재에도 핸드폰이 없다. 없는 것이 아니라 그는 핸드폰을 아예 가져본 적이 없다. 그래서 그와 연락을 취하려면 집으로 전화하거나, 그와 친한 친구들에게 수소문을 해 한바탕 난리법석을 치러야만 연락을 취할 수 있다.

예술가들에게 있어 과연 '현대문명'은 어떤 의미를 지니고 있을까?

사실 별로 중요하지 않게 생각하고 있는 것이 예술가들의 대부분 생각이라 해도 과언이 아니다. 캔버스 그림화면 위에 그림을 그릴 때, 우리는 여전히 아날로그 방식을 고집한다. 물론 일부 현대 미술가들은 '테크노아트'와 컴퓨터그래픽스, 하이테크 아트를 하면서 이 시대에 과학기술을 예술과 접목시켜 새로운 표현양식을 추구하고 있지만, 이 사실 조차 대부분의 페인터Painter, 화가들은 그들의 수준, 즉 재능의 솜씨를 기계에 의존한다하면서 그런 것을 보고 비하하고 있는 실정이다. 이것은 음악계통 특히 클래식분야에서도 오롯이 적용되는 이야기이다. 그리고 문학계에 있어서는 위의 핸드폰 없는 어느 시인의 예처럼 미술·음악분야 보다 더 '기술문명의 인간화'를 멸시하고 있는 것이 현실이다. 그래서 아직도 원고지

에 손으로 시를 쓰고, 글을 써야만 글이 잘 나온다는 문학인이 여전히 있는 것인지 모른다. ㅇ

그렇다면 어떤 것이 옳은 것이고, 어떤 것이 틀린 것이며, 우리 예술계에 있어 평생교육과 작업의 양태가 가야할 길은 무엇일까? 다시 말해, 순수하게 몸으로만 던지는 것이 예술일까? 아니면 새로운 과학기술을 접목하는 것이 더 나은 것일까? 과연, 이것들을 어떤 카테고리 안에 넣어 놓아야 하는 것일까? 에 대해 한번쯤 생각해 보아야 한다.

이것에 대해 나는 이런 생각을 한다. 일기예보 못지않게 잘 맞지 않는 것이 문화예술시장의 전망이다. 그러나 분명한 것은 예술가에게는 관객이 있어야한다는 것이다. 웹하드에 자신의 그림파일을 넣어야하고, 관객의 목소리를 모니터링하면서 이메일로 답변해야 하고, 후학들에게 슬라이드 환등기가 아닌 노트북을 들고 다니면서 교육을 할 수 있어야 진정한 이시대의 예술가일 것이다.

혼자서만 원시적인 작업을 하는 것은 좋다할지라도, 그 주변의 관계자들은 그런 행위에 답답해하고 피곤해 한다는 것을 지각해야한다. "나는 기계치 이다!" 라고 비아냥거리며 말을 하면, 마치 어떤 엄청난 독보적 감성을 갖은 존재처럼 보일 것이라는 자신의 과장된 포장은 분명 잘못된 것이다. 급변하는 사회 환경에서 수많은 요인들과 공명共鳴하며, 시시각각 변화하는 문화예술의 행위자만이 이 시대에 각광받는 예술가이고, 철학자이고, 인식론자로 존재할 것이다.

당신과 나의 티비TV

요즘 나는 새로운 것 하나에 도전하여 그것을 실현하는 기쁨에 젖어 쉽게 잠을 이루지 못할 정도로 들떠있다. 그것은 바로 내 어릴 적 꿈이 화가, 시인, 배우 세 가지였는데 그중 앞의 두 가지는 오래전부터 이미 하고 있었고, 그중 마지막 꿈인 배우Actor의 꿈을 이루지 못하고 있었지만, 이제 마치 배우의 문턱에 오른 것 같아 어린아이마냥 들떠 팔짝팔짝 온 세상길을 뛰고 있는 것 같기 때문이다. 물론 연극이나 영화에 출연한 것은 아니지만 말이다.

그러니까 5개월 전, 2019년 3월 24일 유튜브에 나의 1인 방송이 개설되어 첫 방영을 하였다. 채널 타이틀은 〈신석주의 그림은 그리움이다〉로 고령사회에 맞추어 은퇴자·시니어들의 예술교육에 포커스를 맞춘 방송이다.

첫 촬영이 있었던 날 나는 내 자신에 대해 매우 높은 점수를 스스로 부여하였다. 난생처음 전국全國의 무작위 시청자들에게 배포되는 동영상 촬영인데도 나는 겁을 먹거나, 초조하거나, 긴장되는 모습이 없었다. 말 그대로 처음부터 끝까지 '엔지No Good'없이 순조롭게 진행되어 촬영을 맡은 감독이 무척 의아해하면서 좋아했다. 그 덕분인지 시청률이 3일 만에 천오백여 회를 돌파했다.

얼마나 평생을 살아오면서 그런 짓을 하고 싶었으면 그랬겠는가. 물론 그동안 남보다 많을 법한 영화 시청률과 여기저기에서 떠들고 다녔던 강연과 학교 강의의 경력도 한 몫 하였겠지만, 무엇보다 가슴 속에서 오랫동안 내재되어있던 끼가 발동한 것이라고 감독이 촬영소감을 말해주었다.

내가 이런 채널을 개설하게 된 것에는 남다른 이유가 있다. 나의 인생은 꽤 드라마틱하다고 할 수 있다. 서양화를 전공한 나는 20대 후반에는 대기업 기획조정실에서 근무하였고, 30대부터는 충무로 광고계에서 그래픽디자이너와 카피라이터를 겸한 광고인으로 출발하여 후에 광고회사를 직접 창업하여 20여 년간 경영하였다. 그 후 40-50대부터는 사업 병행을 하면서 영화배우를 꿈꾸며 서울충무로국제영화제 자문위원으로 활동했으며, 사업은퇴 후 국어국문학, 교육학, 평생교육학과 그리고 동양미학, 회화예술학 등 여러 인문학과에 입학하여 정규 학부수업을 이수하면서 서양화가와 시인으로 활동하며 사업가의 실패란 쓴맛까지 보는 등 여러 우여곡절을 겪었다.

그러다 지금은 한 대학에 교수자로 생활하고 있으면서 예술가의 길로 외롭게 걸어 나가고 있는 이런 다양한 나의 체험은 오롯이 은퇴자·시니어들의 교육에 밑천이 되는 원동력이 된다는 것을 나는 이미 알고 있었기 때문이다.

왜냐하면, 미술교육에 있어 실기위주의 스킬Skill만을 강조하는 교육은 세월의 무게를 넘어선 그들에게는 매우 힘든 과정이 될 수 있다. 그래서 학습자에게 다양한 인문학적 세계관과 인생관을 이입시킴으로서 중년기· 노년기에서 느끼는 학습의 애로점을 극복하고, 나아가 기존 문화센터 등의 아카데미즘적인 교육과는 다른 독창적인 예술관을 갖게 하는 것이 이 채널의 교육목적이다. 지금까지 총 15편이 제작되어 방영되고 있고, 앞으로 50여 편까지의 여정을 목표로 하고 있다.

제1편은 〈프롤로그 1〉로 채널의 목적과 효용성, 운영방침, 교육장 안내 그리고 나의 향후 목표를 듣는 인터뷰 내용을 촬영연출을 맡은 감독과 함께 코믹하고 자유스러운 분위기로 진행되었다. 여기에서 한 내 인생의 이야기가 "진솔한 내용이라 좋았습니다!"는 독자의 댓글이 달려 있는 것처럼 내 모두를 끄집어내어 있는 그대로 밝힌 첫 회 방영 프로그램이었다.

제2편에서는 〈프롤로그 2〉로 현재 학습자들의 감동적인 인터뷰로 구성되었다. 특히 장애가 있는 한 학습자의 인터뷰 내용은 그야말로 인생역정의 내용을 담고 있었다.

제3편은 〈은퇴자 시니어 취미 그림그리기〉로 미술교육에 첫발을 딛는 생 초보학습자에 대한 기초교육과 재료, 도구에 대한 설명 그리고 그것을 구입하는 방법까지를 알려주기 위해 나와 학습자가 함께 시장을 방문하는 현장의 모습을 담았다.

제4편은 〈노년은 벌이 아니다!〉로 은퇴자·시니어학습자들에게 학습동기유발과 필요성을 국내의 사례 '어느 95세 어르신의 수기'로 꾸몄고, 해외의 사례는 81세에 그림을 시작하여 102살까지 활동한 현대화단의 저명한 작가 '해리 리버맨'에게 포커스를 맞추어 학습 욕구를 부여하여 자신감을 제시하였다.

제5편과 6편에서는 〈수채화 쉽게 그리는 법-하늘〉 〈밤하늘 그리기 비법 공개〉로 내가 직접 시연을 하며 초보자들도 쉽게 따라 그릴 수 있는 실기 방법을 제시해 주며, 서정적인 그림을 그릴 때 생활주변에서 쉽게 구할 수 있는 재료를 이용하여 특수한 효과를 창출해 낼 수 있는 나만의 비법을 공개하였다.

제7편은 〈조선기생에게 배우는 예술정신을 배우다〉로 이 편부터는 본격적인 인문학 예술교육으로서 국문학에 등장하는 조선기녀들의 시조와

중국 당나라 기녀시인의 시를 인용하여 그들의 문학정신 원천을 상상력, 관찰력, 직관력이라는 것을 추출하여 미술수업에 대입시켰다. 또한 이런 예술정신이 우리나라의 지정학적인 문제인 독도문제까지도 해결할 수 있다는 사회학적인 예술정신을 제시하였다.

제8편은 〈영화보고 그림그리기〉로 내가 예전부터 가끔 해오던 그림그리기 습관을 공개한 것인데, 영화를 보고 나서 화면에서 받은 감동을 되살려 그림을 그리는 모습을 담았다. 즉 커머셜 아트Commercial art에서 파인아트Fine art로의 전환을 장예모 감독의 〈영웅英雄, Hero, 2002〉 영화를 모티브로 하였다.

제9편은 〈미술전시관 그림감상법〉으로 관람자가 미술관에서의 그림감상법을 전시장에서의 관람 포인트, 에티켓 등으로 나뉘어 설명하였고, 무엇보다 현재 우리나라에서 실시되고 있는 각 미술단체의 오픈식에서 불합리한 진행을 꼬집고, 그 대안을 제시하였다.

제10편에서는 〈기이한 수석의 세계〉편으로 내 작업실에 있는 수석壽石을 소개하는 장으로 여성 리포터Reporte와 함께 진행되었다. 이 편에서는 무엇보다 수석취미가 곧 예술의 영역이라는 점을 부각시키며 '다정이 수석에 빠진 날'이라는 타이틀로 수석입문에 필요한 수석에 관한 지식과 역사, 감상 포인트들을 문답식으로 진행하여 현장감을 살려내었다.

제11편은 〈고사관수도 잘못되었다!〉로 현재 국립중앙박물관에 소장되어 있는 15세기의 조선의 화가이자 학자인 강희안姜希顔의 〈고사관수도高士觀水圖〉의 대한 제명題名을 다시 생각해보는 시간이었다. 내용은 학술지에 등재하였던 나의 논문 내용을 바탕으로 했다. 즉 강희안은 그 당시 '물'을 바라보는 것을 그린 것이 아니고, '돌'을 바라보고 있는 옛 선비의 모습을 그린 것이므로, 그 그림의 제명은 고사관수도가 아닌 '고사관석도高士觀石圖'라는 것을 세 가지의 근거를 제시하며 논증 양식으로 진행된 프

로그램이었다.

제12편은 〈어? 헬스장에 그림이!〉편으로, 다소 엉뚱한 콘셉트의 타이틀로 도입부를 장식하였다. 내용은 현재 우리나라의 미술시장 확보에 관한 것이다. 그동안 백화점, 대형마트 혹은 고속버스 터미널 휴게소 등에서 상업화는 유통체계가 어느 정도 자리 잡고 있는 것에 비해, 순수미술 시장의 개척은 다소 미약한 것이 사실이다. 그래서 운동하는 공간이나 사무 공간 혹은 공공장소에 꼭 판매의 목적보다는 렌탈Rental, 즉 대여 형식의 순수미술 시장 개척 방안을 제시하였다.

제13편 〈유화 그리기 기법, 이 한편으로 마스터!〉로 타이틀이 의미하는 것처럼 유화 페인팅에서의 여러 가지 기법, 즉 블랜딩 기법, 임파스토 기법, 바림 기법, 나이핑 기법, 글레이징 기법 등 다양한 채색 기법을 강의하였다.

제14편과 제15편에서는 〈파스텔화 그리기〉편으로 파스텔의 어원, 재료, 종이 선택, 채색기법, 보관법 등을 입문편에서 소개했으며, 파스텔 도구를 사용하여 그림을 그리는 순서와 기법 등을 스케치 단계에서부터 완성 단계까지를 시연하며 보여주었다. 이렇게 숨차게 달려 온 유튜브 촬영·방영이 6개월 째 되는 이 시점에서 〈유화 그리기 편〉이 독자들의 큰 반응을 일으키고 있다. 탑재 한 달 만에 조회 수 5천회를 돌파하며, 매일매일 꾸준히 독자층이 넓혀지고 있는 것은 매우 고무鼓舞적인 일이다. 유튜브You Tube의 어원이 '당신You'과 '브라운관Tube'이라는 단어의 합성어이다. 나의 바람은 내 연기演技와 교육의 꿈을 넘어 '당신과 내가 함께하는 세상'을 꿈꾸는 것인 줄도 모른다. 이제 나는 제15편을 넘어 150편까지의 힘찬 여정을 내 딛어야하는 또 하나의 숙명을 짊어지고 나가야 한다.

내 자신에게 외친다. "신석주의 그림은 그리움이다. 화이팅!!!"

예술가의 무도武道

TV를 보다가, 중년 탤런트 '이정섭'씨를 보면 내 얼굴이 화끈거린다. 그런 느낌은 얼마 전 있었던 한복 홍보대사로 임명된 남자 뮤지컬 배우 '김호영'에게서도 마찬가지이다. 그 이유는 마치 그들의 외모와 행동, 말투와 여러 제스처Gesture 등에서 나의 어린 시절 모습이 서려있기 때문이다. 물론 지금은 많이 수정되기는 했지만, 아직도 나의 작은 행동 요소요소에는 그것이 많이 나타나있기는 하지만 말이다.

나는 어릴 때 계집아이 같았다. 생김새도 그랬고, 남들과 말도 잘 하지 않았지만 아마 예상컨대 말투도 그랬을 것이다. 요즘도 간혹 내 표현에서 '어머나!"라는 감탄사가 아주 자연스럽게 나오는 것을 보면 짐작해 알 수 있다.

학창시절, 나는 초등학교 총 6년 전체와 중학교 1학년까지 통틀어 '체육시간'에 체육복은 입지만, 결코 체육시간에 나가 본 적이 한 번도 없었다. 배가 아프다고 거짓행동을 하며 교실에 남아있거나, 남들 달리기와 공놀이 시간에는 철봉 밑에 쭈그려 앉아 땅바닥에 막대기로 그림을 그리고 있었다. 그래도 늘 반장 직을 도맡아 해 온 나의 어린 시절이 도저히 이해가 가질 않는다. 그렇게 무시무시한 체육 기피현상 때문에 내 인생 60년 동안 결국 철봉에 매달려하는 '턱걸이'를 나는 한 개도 기록 수립을 한 적이 없다. 나에게 있어 턱걸이 하나는 아마 올림픽에서의 금메달과 같은 것일 것이다.

오죽하면 어릴 적 별명이 '촌색시'였을까. ㅋ

그러던 내가 중학교 2학이 되던 해, 그 수치스러운 기록은 깨어진다. 서서히 기적이 일어나게 되는 것이다. 그래서 그 이후의 내 삶은 꽤? 남성다운 면모로 변해 왔다고 할 수 있다. 예를 들면, 어두운 골목길에서도 혼자 겁 없이 걸어갈 수 있고, 누군가가 치한癡漢에게 수모를 당하고 있는 장면을 목격하면 나는 여지없이 '정의의 사도'가 된 적이 한 두 번이 아니어서 결국 경찰서까지 동행할 수밖에 없었던 젊은 시절이 기억에 남아있다. 그런 나를 보고 늘 아내는 걱정을 하며 한마디 내 뱉는다. "여보! 남 싸우는데, 당신이 왜 끼어들어?" 혹은 "제발 오늘은 성질내지 말고 참아요~" 하며 신신당부申申當付를 하는 것이다.

그렇게 내가 바뀐 게 된 이유가 바로 〈합기도合氣道〉라는 무도, 즉 그 무술 수련이 일등공신 역할을 한 주역이 된다. 지금은 대한합기도협회 공인 5단을 보유하고 있지만, 중요한 것은 내가 만약 무도를 수련하지 않고 여태껏 살아왔다면 아마도 심각한 중성적中性的 인물이 되었을 것이다. 왜냐하면, 나는 지금도 옷을 사러가거나 고궁 기념품판매 가게 앞에서 남성들 취향의 상품 보다는 여성들이 간직하는 것들이 더 좋아 보이고 그것을 갖고 싶어하는 성향이 있기에 참으로 난색할 일이기 때문이다.

합기도는 결국 내 인생에서 중요한 인생의 전환점이 되었고, 어느새 내 정신적 지주支柱가 되었다. 합기도 유단자의 신분이라는 자신감 때문에 20대 초에 대기업 면접에서도 남들은 다 긴장하며 떨고 있었어도, 결코 난 떨지 않았다. 군 생활에서도 그 힘든 훈련소 생활도 단 한 번 쓰러진 적 없이 잘 견뎌내었다. 그 힘의 원천은 내 마음의 주문呪文이 있었기 때문이다. "저 사람들 내 발차기 한 방이면 보낼 수 있어!" "난 무도武道人이야!" 이런 단순하고 조금은 무식한 자신감은 어느새 여성스러웠던 나약한 나의 모습을 진정한 사내의 모습으로 탈바꿈해 놓기에 충분했다.

사실, 내가 합기도를 긴 세월동안 놓지 않고 수련하게 된 이유는 무엇보다 어린 시절 남들하고 싸움 한 번 안 해봤지만, 어쩌다 다투거나 치한들에게 당할 때 일방적으로 맞기만 한 내 자신이 한恨스러워 운동을 시작한 것이 첫 번째 이유이다. 그런데 그 것보다 더 내가 무도에 빠지게 된 연유는 바로, '예술적 상징'이라는 것이다.

태권도가 직선直線적인 운동이라면, 합기도는 곡선曲線의 운동이다. 단전호흡의 자세, 발차기, 호신술에서의 동작 등 모든 운동의 기본적 자세가 곡선의 흐름을 지니고 있다. 즉 부드러움 속에 강함을 일으키는 운동이다. 좀 직설적인 표현으로는 "고양이 같은 몸놀림으로 호랑이 같은 힘을" 내는 것이고, 좀 우아한 표현을 쓰자면, 천지자연의 흐름에 순응하는 "자연의 질서를 닮은" 자세인 것이다. 그러므로 합기도는 단순한 기교의 무술武術이라기 보다는 일종의 무도武道이다.

더 나아가 합기도의 기본정신은 나를 보호한다는 차원에 있는 것이 아니라, 나를 떠나서 남을 이해하고 구도하는 것에 깊은 차원이 있는 것이다. 그래서 합기도가 갖는 오묘한 동작의 원천은 개인적인 힘에 국한하지 않고, 대 우주적인 질서 속에서 거두어들이는 무한한 힘을 새로 모아서 다시 발산하는 동작이다. 그래서 그 동작 하나하나에 예술적 면모가 드러나 있는 것이고, 그 명칭 또한 기운을 모은다는 뜻의 '합기合氣'인 것이다.

저번 달 〈영화보고 그림그리기〉 유튜브 촬영을 하면서 나는 또 이 무술적 행위를 예술에 담아 표출해내었다. 그림 그릴 때 긋는 한 획 한 획이 칼을 휘두르듯 마치 무술을 하듯이 그려내는 것이었다. 간혹 흥興에 겨우면 "얍!"이라는 기합이 저절로 뿜어 나온다. 그런 행위는 이번이 처음이 아니고, 간혹 내 그림행위에 도입되는 행동이다. 그러다 보니 운 좋게 "그림에 힘이 느껴져요!"라는 좋은 평도 받곤 하는 것을 보면, 이제 합기도는 나의 인생전체를 아우르는 정신적 지주이고 내 행동의 원천이 된 것이다.

자신감을 갖고 살아간다는 것은 또 하나의 행운이다. 만약, 내가 이 무도를 하지 않았다면 글 앞에 나타난 연예인들 보다 더 심한 여성적 인물이 되었을 것을 이제는 간혹 터프가이macho같은 내 모습에 안도감을 느끼게 된다.

이글을 끝내는 순간 일본 무사 '미야모토 무사시宮本武'가 한 말이 내 심장에 다시 꽂힌다.

> 힘없는 정의는 무능력이고, 정의 없는 힘은 폭력이다.
> 무사는 항상 칼을 갈지만, 명분 없는 칼은 뽑지 않는다.

참으로 멋진 말이다. '무도가 예술이고 곧 예술이 무도이다'라는 내 생각을 이 책 끝머리에 조심스럽게 얹어 본다.

글을 닫으며

인생을 살아오면서 지난 10여 년간 끼적였던 글을 편집하여 책으로 묶어 세상 앞에 드러내었다. 참 부끄러운 글 솜씨라서 읽는 이들에게 흉이 보일까 겁이 나지만, 그래도 며칠 후 인쇄되어 나온 책을 받을 것을 생각하여 마음이 설레는 것은 어쩔 수 없는 글쟁이인가 보다.

솔직히 썼다!

글 솜씨의 화려함보다는 한 예술가의 일상을 있는 그대로 써 내려갔다. 한편으로는 내 주위에 있는 몇몇 사람들의 이야기를 꼬집어 쓴 글이 있었는데, 후한後恨의 걱정 없이 있는 그대로 표기하였다. 그것이 예술가로서의 자신감이고, 자존심이라고 생각해서였다. 이 글들을 매달 잡지와 신문에 보냈는데 벌써 10년 세월이 되었다. 이것저것 정해진 주제 없이 자유롭게 쓴 글이지만, 목차를 만들고 보니 내 삶의 색깔이 어떤 모습인지 나타나 있었다.

일상의 그림자 / 시간속으로 / 꽃과 돌 사이에 서서 / 한국의 미에 젖어서 / 내가 꿈꾸는 교육 / 예술가로 산다는 것. 이렇게 여섯 텍스트로 나누고 종합해 보니 내가 세상을 살면서 좋아했던 것들이 무엇 무엇인지가 면면히 얼굴을 드러내고 있었다.

그림을 그리고 글을 쓰는 예술가의 삶이지만, 한편으로는 대학 강단과 작업실에서 후학을 지도하는 것이 내 직업이었고, 날씨가 추워지면 제일 먼저 다가온 걱정이 화초들의 화분이었다. 그리고 마음이 아프고 슬퍼 스산할 때면 나는 늘 강과 바닷가에서 돌을 줍고 있었고, 홀로 어두운 영화관에서 스크린 속의 주인공의 삶을 살았다. 또한 명절이 아닌데도 두루마기 한복을 입고, 길거리에 낙엽을 바라보며 한국의 미에 대한 깊은 숙고를 한 것이 내 자신의 모습이었다.

그래서 이 글 속에서는 사업가의 실패에서 오는 혼돈과 삶에 대한 혼란,

그 이후 예술가로서-교육자로서 재기再起하기까지의 갈등과 고통, 기쁨과 환희의 모습까지를 나는 늘 그 모든 것을 술잔 속에 담아 입에 물고 허공에 내뿜어왔고, 그것이 내 인생의 투영透映이었다는 것도 잘 알 수 있었다.

더 열심히 살아야겠다! 길게 살고 싶다는 욕심이라기보다는, 지난 10년 아니 지나온 내 삶의 터전을 발판 삼아 더 좋은 글을 쓰고, 더 좋은 그림을 그려야한다는 일종의 의무감이 생기기 때문이다.

마무리 말로 감사의 말을 하고 싶다. 앞에 글들에서 표현되었지만, 늦깎이 공부하는 재미에 빠져 가정을 소홀히 하고, 이리저리 튀는 성격의 예술가 남편이자 아버지 또 한편 스승인 나를 잘 보듬어 준 우리 가족과 제자들 모두에게 감사를 표하고 싶다.

그리고 부족한 졸필을 선뜻 자사自社의 인쇄물에 게재해 준 수석문화, KBS저널, 좋은 생각, 행복한 동행, 에세이스트, KAI항공, 애드포토, 광진문학, 산업환경신문, 학생신문사에게도 감사의 뜻을 올린다. 또한 편집디자인을 맡아준 방용규方龍圭 후배와, 어지러운 나의 글을 꼼꼼히 혹은 정갈하게 교정으로 다듬어준 김월선金月仙, 이흥우李興雨 학형 두 분에게도 감사의 애정을 보낸다.

무엇보다 이 책을 접는 순간에도 내 뇌리 속에 깊게 들어와 있는 나의 테오 임기용林奇用 아우가 더욱 더 고맙게 느껴지는 날임을 고백하면서 오늘 밤 이 책의 글을 닫는다.

2021 辛丑年, 늦 가을날 밤, 남산골 붓고을 작업실에서

如小仙 **신 석 주**